La Lutte contre la Cherté et la Coopération

12933

Cours sur la Coopération

AU COLLÈGE DE FRANCE

Décembre 1924 - Mars 1925

Par CHARLES GIDE

**ASSOCIATION
POUR L'ENSEIGNEMENT DE LA COOPÉRATION**
85, RUE CHARLOT, PARIS

La Lutte contre la Cherté et la Coopération

Cours sur la Coopération

AU COLLÈGE DE FRANCE

Décembre 1924 - Mars 1925

Par CHARLES GIDE

ASSOCIATION

POUR L'ENSEIGNEMENT DE LA COOPÉRATION

85, RUE CHARLOT, PARIS

AVANT-PROPOS

Le cours pour l'enseignement de la Coopération, fondé au Collège de France par les Sociétés coopératives de consommation, ne peut guère être suivi par les coopérateurs, pas même par ceux qui l'ont créé. Il a donc paru nécessaire, pour répondre aux intentions de ses fondateurs et pour aider à l'œuvre admirable que l'Association pour l'Enseignement de la Coopération poursuit dans toute la France, de faire sténographier les leçons et de les faire imprimer, afin de les mettre à la portée de ceux qu'elles peuvent intéresser.

Depuis la fondation du cours, c'est-à-dire dans les trois années précédentes, ces leçons avaient été publiées sous forme de brochures — deux séries chaque année, le cours de chaque année portant sur deux sujets différents. Mais ce mode de publication a donné lieu à quelques réclamations, tant à raison des retards dans la parution que des difficultés à conserver les collections complètes de chaque série. Nous essayons donc d'un autre système en remplaçant ces deux séries de brochures par deux petits volumes. A vrai dire, ce n'est pas sans quelque hésitation, car les coopérateurs ne se sont pas montrés jusqu'à présent très avides de lire et il est à craindre qu'ils le soient encore moins pour des livres, même de modeste format, que pour des brochures.

Quoi qu'il en soit, voici l'un des deux cours comprenant une quinzaine de leçons, de décembre 1924 à fin mars 1925. L'autre cours, sur les coopératives agricoles, paraîtra en un volume séparé.

Mais je prie le lecteur de ne pas oublier que, même sous sa forme actuelle, ce n'est qu'un cours sténographié et qui, quoique révisé avant l'impression, ne peut prétendre à la précision scientifique d'un livre. On voudra bien excuser les défauts que comporte l'exposition orale, soit des explications qui pourront paraître oiseuses, soit, au contraire, l'omission de questions importantes mais qui ne nous ont pas paru de nature à retenir l'attention de l'auditoire. Ce livre n'est qu'une sorte de haut parleur pour permettre au professeur de se faire entendre en dehors de la petite salle du Collège de France; et par conséquent le lecteur doit se considérer comme un auditeur.

J'ai cependant supprimé les coupures des leçons pour y substituer une division plus méthodique par chapitres.

Quelques notes ont été ajoutées pour tenir compte des changements survenus dans l'intervalle entre les cours et la publication.

Peut-être sera-t-on surpris que dans un cours pour l'enseignement de la Coopération, les sociétés coopératives de consommation n'occupent qu'une place assez restreinte. C'est que leur action sur les prix est elle-même malheureusement assez restreinte. Simples molécules dans le corps social, elles ne peuvent réagir que bien faiblement sur le milieu économique qui les encercle, mais il importe aux coopérateurs de connaître les forces qui gouvernent ce milieu afin de pouvoir, le jour où ils seront suffisamment organisés, s'en rendre maîtres.

Charles GIDE.

PREMIERE PARTIE

Les effets de la cherté

CHAPITRE PREMIER

QU'EST-CE QUE LA CHERTÉ ?

Je dois m'excuser de traiter ici un sujet si rebattu et dont tout le monde parle, car les salles du Collège de France ne sont pas des salles de rédaction de journaux. Mais mon excuse c'est que rien n'intéresse plus les coopérateurs que la question de la cherté. On peut même dire qu'ils y attachent une importance exagérée, car j'aurai l'occasion de montrer dans ce cours qu'à notre point de vue le bon marché n'est pas le but principal du mouvement coopératif — il en est d'autres plus importants — et même que son efficacité à cet égard est assez restreinte. Mais il faut reconnaître cependant que sur les quarante millions de membres que comptent les sociétés de consommation dans le monde il y en a certainement les quatre-vingt-dix-neuf centièmes qui ne sont venus à la Coopération que pour y chercher les moyens de s'approvisionner à meilleur compte; et, par conséquent, ils mettent au premier plan tout ce qui touche à la cherté de la vie.

Le plan de ce cours est tout naturellement indiqué. Il s'agit de savoir :

Quels sont les effets de la vie chère?

Quelles en sont les causes?

Quels sont les remèdes, s'il y en a?

Dans cette leçon d'introduction je voudrais simplement me demander ce que c'est que la vie chère et ce qu'on entend par cette expression. Il n'est pas inutile de poser cette question et même il n'est pas très facile d'y répondre.

§ 1. — La cherté relativement à la monnaie

La cherté est une notion tout à fait relative. En ce moment-ci où « la relativité » est à l'ordre du jour dans toutes les sciences, même dans les sciences mathématiques, il n'y a pas à s'en étonner. Chacun de nous compare les prix actuels aux prix qu'il a connus et, s'il les trouve plus élevés, il dit que la vie a renchéri.

Cette première définition de la cherté résulte donc simplement d'une comparaison entre le prix actuel et le prix d'autrefois.

Mais il est évident que c'est là une notion temporaire, en ce sens qu'on dit qu'il y a vie chère aussi longtemps que cette comparaison entre le passé et le présent fait ressortir une différence, c'est-à-dire aussi longtemps que le souvenir des prix anciens persiste dans la mémoire. Mais ce souvenir va peu à peu s'effaçant, au fur et à mesure de l'accoutumance. Les hommes de ma génération, qui pendant toute leur vie ont connu les prix d'avant-guerre, ne peuvent pas se défendre d'un sursaut en voyant les prix actuels de s'écrier : comme c'est cher! Mais déjà nos fils commencent à s'y habituer et à faire la leçon à leurs parents en leur disant : mais non, ce n'est pas cher! c'est le vrai prix. Personne, quand une vingtaine d'années se seront écoulées, ne parlera plus de cherté, mais tout au contraire, quand on fera un retour sur le passé et les **prix** d'avant-guerre, on s'exclamera et on dira : comme tout était bon marché!

Non seulement cette première notion de la cherté n'est que relative et transitoire mais, de plus, elle pourrait bien être erronée, comme le sont fréquemment les appréciations de nos sens.

Qu'est-ce qui nous assure, en effet, que dans cette comparaison entre les prix du passé et ceux d'aujourd'hui, nous ne nous trompons pas? Etes-vous sûrs que la vie soit plus chère aujourd'hui qu'il y a quelques années? Comment le savez-vous?

Pour mesurer la cherté on se sert d'un étalon monétaire qui, depuis les temps historiques, a été l'or et l'est encore aujourd'hui. Or, si nous nous référons à cet étalon, qu'est-ce qu'il nous révélera?

Remarquons d'abord que cette mesure n'est pas d'un emploi facile, pour nous, en France, parce que l'or n'existe plus dans la circulation. J'ai toujours regretté, au point de vue économique et financier, qu'on n'eût pas laissé circuler librement la monnaie d'or et qu'une loi, la loi d'avril 1916, dont j'aurai à parler plus tard, ait interdit la circulation de la monnaie d'or et même puni de peines sévères tous ceux qui échangent l'or contre des billets, en faisant payer ou en payant eux-mêmes une certaine prime.

Si les pièces d'or de la République ou les napoléons d'or n'avaient pas été proscrits, ou plutôt condamnés à la prison perpétuelle dans les caves de la Banque de France où ils ne servent à rien du tout, sinon à couvrir nominalement les billets de banque, — couverture dont personne ne s'occupe — s'ils avaient continué à circuler, que serait-il advenu ? Il y aurait eu deux prix pour toutes choses, chacune aurait à la fois son prix en or et son prix en billets : c'est ce que nous appelons le dédoublement des prix.

Et alors vous verriez clairement que *les prix en or n'ont pas changé*, les prix en or seraient les mêmes qu'avant la guerre. Alors on ne crierait plus à la cherté.

Voici une anecdote que j'ai racontée plusieurs fois, mais que je me permets de répéter parce qu'elle éclaire parfaitement le sujet. Il y a quelques années, pendant la guerre, à un marché de bétail, l'acheteur, voulant acheter une paire de bœufs, demanda le prix : — 4.000 francs, répondit le vendeur. — C'est bien cher ! Avant la guerre ce n'était que 1.000 francs. — Eh bien, dit le vendeur, si vous voulez me donner ces *mêmes* 1.000 francs, les bœufs sont à vous. Ce sera le même prix.

Le paysan, étonné, alla chercher chez lui 1.000 francs d'or et reçut sa paire de bœufs : il n'osa plus dire qu'ils étaient chers.

Il faut ajouter (c'est ainsi que l'histoire a été connue) que vendeur et acheteur furent dénoncés, poursuivis et condamnés, pour avoir demandé et accepté un prix en or différent du prix en billets. Condamnation conforme à la loi, en effet, mais contraire au bon sens et à la vérité économique. Le fait s'est reproduit mille fois depuis.

Ainsi donc, nous n'avons plus l'étalon d'or chez nous et ne pouvons connaître le prix en or ni, par conséquent, nous rendre compte que ce prix n'a pas changé. Mais si la loi a pu proscrire l'or en France, elle n'a pu faire de même au dehors. L'or reste la mesure effective des prix dans le monde entier. C'est généralement sous la forme dollar qu'il sert d'étalon, mais pour ne pas nous embrouiller dans des complications de comptes, regardons le franc suisse qui, en ce moment, est exactement au pair de l'or, exactement ce qu'était notre franc or avant la guerre.

Or, vous savez ce que vaut le franc français en Suisse ou inversement le franc suisse en France; vous n'avez pas besoin de faire le voyage : vous n'avez qu'à regarder la cote des changes qui est publiée chaque jour dans les journaux; vous verrez que le franc français en Suisse vaut actuellement 27 centimes, c'est-à-dire guère plus du quart du franc-or.

Eh bien, ceci connu, faites la rectification pour chacun des objets dont la cherté nous scandalise, et votre étonnement se dissipera. Je vous invite à diviser par 3,70 — ou plus simplement par 4, ce qui sera un peu exagéré mais plus facile (1) — les prix de tous les articles que vous trouverez trop chers, et vous verrez que le prix ainsi rectifié ne sera pas plus élevé qu'avant la guerre, parfois moindre.

Voici un repas dans un modeste hôtel : 10 à 15 francs. Divisez par quatre, vous obtenez 2 fr. 50 à 3 fr. 75 : or, 3 fr. 75 c'était le prix classique avant la guerre, à table d'hôte, mais on n'en trouvait guère à 2 fr. 50, même dans une auberge de village.

Voici une paire de chaussures : disons 80 francs (pour celles confectionnées, pas celles sur commande) : divisez ce prix par quatre, vous avez 20 francs, c'était le prix d'avant-guerre.

Il y a même des objets pour lesquels vous trouverez des prix inférieurs à ceux d'avant la guerre. Si vous achetez un journal, *Le Temps* ou *l'Humanité,* pour prendre les deux extrêmes, ils sont l'un à 20 centimes, l'autre à 25 centimes; avant la guerre ils coûtaient, l'un 10, l'autre 15 centimes.

---

(1) Au jour où ces pages s'impriment, le franc vaut entre 23 et 24 centimes, et, par conséquent, le diviseur à employer pour rectifier les prix actuels est même supérieur à 4.

Le timbre poste pour l'affranchissement d'une lettre est de 30 centimes aujourd'hui; le quart serait de 7 centimes et demi; avant la guerre c'était 15 centimes.

Il faut donc en conclure qu'il n'y a qu'une cherté apparente, par la faute de l'instrument d'échange dont la valeur s'est modifiée; si l'instrument monétaire n'avait pas changé, il n'y aurait pas de vie chère.

Si vous comparez la situation de la France à celle des autres pays, vous voyez la confirmation de ce que je viens de dire : on ne peut pas soutenir que la vie soit plus chère en France qu'à l'étranger. Il faut dire au contraire, sans paradoxe, qu'à l'heure présente il n'y a pas de pays au monde où la vie soit meilleur marché qu'en France.

D'une enquête faite par le Ministre de l'Agriculture, il résulte que si l'on compare les prix des matières alimentaires en juillet 1924 et en 1913, et qu'on ramène ces prix à leur valeur-or, ces prix ont augmenté de 58 % en Suisse, de 54 % en Suède, de 47 % en Grande-Bretagne, de 40 % en Amérique, de 34 % en Pays-Bas, de 26 % en Allemagne, de 19 % en Italie. En France, dans le même temps, ils ont *diminué* de 5 %.

En voici une double preuve.

D'abord l'afflux des étrangers en France. Il y a deux catégories d'étrangers : les riches qui viennent pour s'y amuser, pour y faire la fête, et qui vous diront que nulle part on ne peut s'amuser plus économiquement qu'en France; — et la masse des ouvriers étrangers : ils sont en ce moment plus de deux millions en France. Pourquoi viennent-ils? Ce n'est pas que les salaires soient plus élevés en France qu'ailleurs, mais le coût de la vie y est moins élevé que chez eux, même pour les Polonais ou les Italiens.

Prenons un objet concret, le pain. Le prix a passé de 1 fr. 30 le kilo à 1 fr. 40 et maintenant à 1 fr. 60, et les journaux sont remplis de protestations. Pourtant, si vous faites le calcul que j'indiquais tout à l'heure, si vous divisez 1 fr. 50 par quatre, vous trouverez que le prix est de 40 centimes. Or, avant la guerre, le pain valait de 40 à 50 centimes. Il n'y a donc pas eu augmentation. Et si vous regardez à l'étranger, vous constatez que le prix du pain y est beaucoup plus élevé. Aux Etats-Unis, la livre de pain

pain coûte 9 cents; d'autre part, la livre américaine est de 445 grammes, cela fait donc 10 cents la livre française et 20 cents le kilo; or, le « cent » est la centième partie du dollar, ce qui correspondait à notre sou quand le franc était au pair. Donc 20 cents c'est le cinquième du dollar, et comme le dollar vaut présentement 20 francs, le prix du kilo de pain à New-York est donc de 4 francs, c'est-à-dire plus du double du prix qui fait scandale en France.

Faites maintenant la contre-épreuve. Si vous voyagez, vous constaterez que la vie est plus chère en tout pays qu'en France, que ce soit en Russie, avec le tchervonetz, en Pologne avec le zloty, équivalent du franc suisse, en Allemagne avec le nouveau mark qui vaut 5 francs français. A Berlin, le moindre dîner à table d'hôte coûte 5 marks, soit 25 francs; et si c'est dans un restaurant, vous payez de 6 à 7 marks, c'est-à-dire 35 ou 40 francs. Il n'y a plus aujourd'hui qu'un pays où le touriste français puisse voyager, c'est la Belgique.

En France, nous nous plaignons de la vie chère. Eh bien! nous n'avons qu'un souhait à faire : pourvu que cela dure! Car il est probable que les prix en France finiront par se mettre au pair avec les autres pays étrangers. Mais nous reviendrons sur ce point plus loin.

§ 2. — La cherté relativement aux ressources

Faut-il conclure donc que la hausse des prix ne serait qu'une illusion d'optique causée par le déplacement de valeur de l'étalon monétaire?

Cet hiver, en regardant le thermomètre de mon bureau, j'ai vu qu'il marquait 40 degrés, mais je ne m'en suis pas senti réchauffé. J'ai trouvé bien vite l'explication : c'était un thermomètre de pacotille acheté dans un bazar : le tube, mal fixé, s'était déplacé le long de l'échelle et marquait une hausse de température fictive. Il en est de même de la hausse des prix actuelle.

Vous avez peine à admettre cette comparaison. Pourquoi? Parce que vos sens vous avertiraient du détraquement du thermomètre, tandis qu'ici ils vous semblent confirmer l'indication du nombre indice des prix : vous *sentez* que vous souffrez de la hausse; elle n'est donc pas une illusion!

Pour prendre une autre image, vous êtes dans la situation de gens qui se croient malades et vont consulter le médecin. Le médecin leur dit : Vous n'avez rien du tout! Mais le malade se dit : Tout de même, je sens bien que je suis malade, et ce médecin est stupide.

Je crains que vous n'ayez la même opinion de la consultation que je viens de vous donner. Eh bien! vous avez peut-être raison. C'est sans doute qu'il y a un autre aspect de la question; sans doute y a-t-il une autre définition de la cherté. Peut-être faut-il apprécier la cherté de la vie au moyen d'un autre critérium que ceux que je viens d'employer? En effet, il y en a un autre.

On l'a formulé il n'y a pas longtemps à la Chambre. On a dit : la vie chère c'est la disproportion entre le prix des choses et les ressources des consommateurs.

Ceci est encore une notion relative, mais une relation d'un autre ordre que celle que nous avons exposée jusqu'à présent. Cherchons à préciser celle-ci.

D'abord, mettons-nous en garde contre une confusion possible.

Il ne s'agit pas d'une disproportion entre le prix des choses et les désirs des consommateurs. S'il en était ainsi, tout serait cher, parce que nos désirs, ou même nos besoins, hormis chez quelques sages, dépassent toujours nos ressources. De même qu'un enfant qui, entrant dans une boutique de jouets, voudrait tout emporter, chacun de nous voudrait tout acheter et gémit d'être obligé de s'abstenir.

La cherté ce n'est donc pas l'impossibilité ou la difficulté de réaliser nos désirs. Il s'agit d'une comparaison entré le prix des choses et nos ressources, entre le prix des choses et notre revenu en monnaie.

Si le rapport entre ces deux éléments n'est pas changé, s'il y a parallélisme entre la hausse des revenus et la hausse des prix, on ne peut pas dire que la vie est chère, car l'équilibre ne sera pas changé.

Sans doute, le consommateur pourra trouver étonnant qu'avec des revenus quadruplés il ne puisse se procurer que la même quantité de produits; il trouvera étonnant qu'avec 20 francs par jour il ne puisse avoir plus qu'avec 5 francs, et il lui faudra un effort de réflexion pour se dire qu'il obtient autant qu'autrefois et que, par conséquent, la vie n'a pas renchéri pour lui. Généralement l'ouvrier ne fait pas cet effort de réflexion : il s'étonne et s'indigne qu'avec un salaire quadruple il ne puisse pas obtenir plus de satisfactions qu'avec le salaire d'autrefois et croit qu'il est victime de quelque spoliation. Mais à la réflexion, cependant, il comprendra que son salaire réel est le même et que le coût de la vie n'a pas changé pour lui.

Reste maintenant à savoir si ce parallélisme existe, c'est-à-dire si le total des revenus évalué en argent a suivi exactement la hausse des prix?

Il n'est pas facile de répondre, car il n'est pas facile de mesurer exactement l'un et l'autre de ces deux mouvements.

Pour les prix, il y a une méthode, sinon très sûre, du moins généralement pratiquée : on procède par la méthode des *nombres indices.* Il n'y a pas si longtemps qu'elle est entrée dans le langage courant; avant la guerre, quand j'interrogeais des étudiants à l'examen et leur demandais ce qu'étaient les nombres indices, ils n'étaient pas du tout satisfaits de cette question. Aujourd'hui les journaux ont répandu cette notion dans le public, et il n'y a personne, même parmi les épiciers, qui n'ait appris à regarder les nombres indices sur les journaux qui les publient.

Il y a trois ans, ici même, dans un cours sur « le juste prix », j'ai consacré plusieurs leçons à exposer la méthode des nombres indices. Je rappelle simplement qu'on prend un certain nombre de produits types, ceux qui paraissent les plus importants; on additionne les prix, on compare ce total à celui obtenu de la même façon, et avec les mêmes articles, à la date que l'on veut prendre comme terme de comparaison, généralement l'année d'avant la guerre, 1914; et pour simplifier l'opération et parler aux yeux sans calcul, on ramène le nombre de base au chiffre de 100 et le nombre actuel à un chiffre de tant pour cent. Par exemple, le chiffre actuel (décembre 1924) est de 404 à Paris.

On répète cette opération tous les trois mois, tous les quinze jours s'il le faut, pour arriver à publier des moyennes exactes.

Ce procédé n'est pas infaillible, il laisse une certaine

place à l'arbitraire quant au choix des denrées dont on relève les prix et même en ce qui concerne le mode de calcul qui déterminera les moyennes.

Je dirai seulement qu'il y a trois modes de calcul : la moyenne arithmétique, la moyenne géométrique et la moyenne harmonique, et que les économistes ont écrit je ne sais combien d'articles pour se disputer sur le choix de celle qu'il faut préférer.

Rappelons aussi qu'on emploie presque toujours dans les statistiques des prix deux nombres indices différents, celui des *prix de gros* et celui des *prix de détail*.

Pour établir le premier, on prend les marchandises qui sont vendues et cotées dans les Bourses de Commerce, la farine, le charbon, le cuivre, l'étain, le fer, le café. Ce sont les marchandises de grande consommation et homogènes, qui ont un *cours*, comme on dit.

Il n'en est pas de même pour les prix de détail. Les articles qui sont débités dans un magasin d'épicerie sont innombrables et le prix de chacun est fixé par le marchand lui-même, non sans doute tout à fait à sa discrétion mais du moins sans être soumis à une cote quasi officielle (hormis pour le pain). Il est donc très difficile de faire un choix entre les articles mis en vente, et plus difficile encore de faire une moyenne entre les prix de vente chez tous les marchands. Le nombre indice des prix de détail présente donc beaucoup moins de garanties d'exactitude que le nombre indice des prix de gros, et cependant c'est celui-là seul qui nous intéresse en tant que consommateurs, c'est celui-là seul qui figure dans le budget de chacun de nous.

Il y a encore une troisième forme de nombre indice : c'est celui du *coût de la vie*.

On ne se contente plus d'additionner les prix par unités, 1 kilo pâtes, 1 kilo sucre, 1 kilo café, mais pour chacun des articles choisis on évalue *la quantité* normalement consommée par une famille de quatre personnes le mari, la femme et les deux enfants.

Voici les quantités évaluées pour les treize marchandises que l'on a choisies : pain, 700 kilos; viande, 200 kilos; lard, 20 kilos; beurre, 20 kilos; fromage, 20 kilos; œufs, 20 douzaines; pommes de terre, 250 kilos; haricots secs, 30 kilos; lait, 300 litres; sucre, 20 kilos; huile comestible, 10 litres.

Puis deux articles qui ne sont pas comestibles : le pétrole, l'éclairage du pauvre, comme on dit, 30 litres, et un article moins nécessaire que la Direction de la Statistique a cru devoir ajouter à sa liste, je ne sais pourquoi, d'autant moins que c'était le treizième : l'alcool à brûler, 10 litres.

On remarquera que dans cette liste ne figurent ni le vin, ni les vêtements, ni le logement : c'est parce que pour ces articles les prix sont trop variables.

On calcule les prix de ces quantités consommées durant l'année, et on traduit le total par des pourcentages, en prenant pour base le chiffre 1.000 (et non 100 afin d'éviter les nombres fractionnaires et d'avoir à mettre des virgules). Et on obtient ainsi comme budget de dépenses de la famille ouvrière (fin 1924) 4.300.

Ne nous arrêtons pas à ces détails et rappelons seulement les étapes successives de l'ascension des prix depuis la guerre.

Je prends quatre dates seulement. On prend pour point de départ généralement l'année 1914, durant les mois antérieurs à la guerre, et ,comme nous venons de l'expliquer, on l'exprime par le chiffre 100.

Durant toute la période de guerre, la hausse des prix a été continue, hormis une petite période de baisse qui a suivi immédiatement la guerre; et à la date d'octobre 1920, qui a marqué un premier maximum, le nombre indice s'est élevé à 506 pour les prix de gros et 373 pour les prix de détail, à Paris, 390 dans les villes des départements.

A cette date de 1920, le mouvement a changé de sens par suite de causes imprévues, sur lesquelles on n'est pas encore bien au clair, et il y a eu baisse de prix. Elle n'a été, toutefois, que temporaire, moins de deux ans. Au milieu de 1922 on trouve comme nombre indice 332 pour les prix de gros et 297 pour les prix de détail à Paris (313 dans les départements). Puis la hausse reprend, et en décembre 1924, les derniers chiffres publiés, nous trouvons comme nombre indice 518, c'est-à-dire un peu plus qu'en 1920, pour les prix de gros. Quant aux prix de détail, c'est 404 pour Paris et 428 pour les villes de province. On peut dire qu'à l'heure actuelle, en comparant avec les prix d'avant-guerre, nous voyons les prix quintuplés pour les prix de gros et quadruplés pour les prix de détail, presque exactement, en chiffres ronds.

Pour résumer cette histoire des prix, nous avons donc le tableau suivant (1) :

	Gros	Détail	Coût de la vie
1914. . . .	100 »	100 »	1.004 »
1920. . . .	506 »	373 »	3.204 »
1922. . . .	337 »	297 »	3.135 »
1924 (Décembre).	518 »	404 »	4.300 »

On peut être étonné de cette différence entre le nombre indice des prix de gros et le nombre indice des prix de détail, et sans doute serait-on tenté de croire qu'il devrait en être autrement puisque dans la pratique journalière nous constatons que les prix de détail sont toujours plus élevés que les prix de gros, prix qui sont majorés du bénéfice du commerçant. Comment donc se fait-il que ceux-ci n'aient que quadruplé alors que ceux-là quintuplaient? Cela tient à la façon dont sont établis ces nombres indices. Nous avons dit que pour le prix du gros, on prend les grandes marchandises cotées par masse dans les Bourses du Commerce, matières premières, métallurgie, produits alimentaires par grande quantité, la farine; et ce sont ces matières par grandes masses qui sont les plus sensibles aux variations de prix : elles font l'objet des spéculations des grandes affaires de Bourses. Au contraire, quand il s'agit du nombre indice des prix de détail, on procède tout autrement : on prend les prix dans tel ou tel magasin, souvent dans celui d'une société coopérative de consommation. Ces prix sont beaucoup moins sensibles aux variations que ceux de gros, non seulement parce qu'ils ne les suivent

---

(1) Dans ce tableau, le nombre indice pour chaque année est pris à la date de juillet-août, hormis pour la dernière année, 1924, où la date est celle de décembre. Les prix de détail sont ceux de Paris.

A la date de l'impression de ce livre, les derniers nombres indices publiés (août 1925) sont : 570, prix de gros; 423, prix de détail.

Dans la colonne « coût de la vie », on peut s'étonner de lire 1.004 au lieu du chiffre rond 1.000 : c'est que le chiffre de base pour les nombres indices du coût de la vie n'est pas le même : on a pris pour base la moyenne 1901-1910; la différence est insignifiante.

qu'à plusieurs mois d'intervalle, mais aussi parce que le client oppose une résistance que n'oppose pas l'acheteur en gros. Quand la hausse du prix de gros est rapide, celle du prix de détail des denrées est en retard : au contraire, quand le prix de gros baisse, le prix de détail se stabilise, et la différence entre les deux nombres indices, ainsi qu'on le voit dans le tableau ci-dessus, devient beaucoup moins accentuée.

Mais évidemment toute hausse des prix de gros fait présager une hausse des prix de détail, dans un délai plus ou moins éloigné, surtout depuis que les marchands détaillants ont appris à consulter les nombres indices et les cours du change, ce dont ils n'avaient cure autrefois.

En ce qui concerne le nombre indice du coût de la vie, la différence avec le prix de gros peut s'expliquer par une autre raison. Dans le choix qui a été fait, il y a plusieurs articles qui sont meilleur marché que la moyenne, par exemple le pain; le pain n'a pas haussé dans les mêmes proportions que les autres denrées, tant s'en faut; actuellement il se vend 1 fr. 40 le kilo : le prix du pain était avant la guerre de 50 centimes; il n'a donc pas triplé; or, il figure dans ce calcul de la moyenne pour un très gros chiffre, 700 kilos. Si on fait rentrer pour une très forte proportion un article dont la hausse a été moindre que la moyenne, celle-ci se trouve nécessairement diminuée d'autant.

S'il est assez difficile de mesurer exactement les variations de prix, ce qui est encore plus difficile c'est de mesurer le mouvement des revenus.

Avant la guerre, les économistes et les financiers avaient essayé de calculer le total des revenus des Français : ils s'accordaient généralement à évaluer ce total à 33 ou 35 milliards de francs (d'avant la guerre).

Supposons que le chiffre de 35 milliards soit exact.

Nous savons que le prix des choses a à peu près quadruplé, puisque le dernier nombre indice publié dépasse un peu 400. La question est donc celle-ci : le total des revenus des Français s'est-il également multiplié par quatre, c'est-à-dire l'ensemble des revenus de tous les Français, qui était de 35 milliards avant la guerre, est-il aujourd'hui de 140 milliards?

Pour ma part, je ne le crois pas. Je ne crois pas que les déclarations de revenus faites pour l'impôt général sur le revenu, même si elles étaient absolument sincères, donnassent comme total un chiffre quadruple de celui d'avant la guerre.

Chacun de nous peut individuellement résoudre ce problème. Autant il est difficile et presque insoluble quand il s'agit de faire le compte pour toute une nation, autant il est relativement aisé pour chacun de nous d'établir son budget des dépenses et recettes, et de voir si l'ensemble de ses revenus a quadruplé depuis la guerre. Je suis sûr que peu nombreux sont ceux qui répondraient affirmativement!

Il y a bien quelques catégories sociales pour lesquelles la hausse des revenus a égalé et dépassé la hausse des prix. Pour ceux-là, la vie n'a pas renchéri, elle a diminué. S'ils disent comme tout le monde que la vie est chère, c'est qu'ils emploient une formule courante comme on dit que le soleil se lève ou qu'il se couche.

Mais il y en a beaucoup pour lesquelles la hausse des revenus, si tant est qu'il y ait eu hausse, n'a pas suivi parallèlement la hausse des prix. Pour celles-là la vie est chère; leurs plaintes sont fondées. Cependant, à parler correctement, il faut dire que la cherté dont elles souffrent ne tient pas à une hausse réelle mais à une dépréciation de leur revenu et de son pouvoir d'achat.

Reste maintenant à examiner quelles sont les catégories sociales qui ont à souffrir de la cherté et quelles sont celles qui, au contraire, en bénéficient.

CHAPITRE II

LES BÉNÉFICIAIRES DE LA CHERTÉ

Vous devinez facilement quels sont ceux-ci. Ce sont tous ceux qui, dans la société, jouent le rôle de *vendeurs* : industriels, agriculteurs, marchands, fabricants, tous ceux qui ont n'importe quoi à revendre.

En quoi souffriraient-ils de la hausse des prix? Ils ne peuvent qu'en bénéficier, car ce sont eux qui, précisément, ont à toucher ces prix majorés et qui se réjouissent en les voyant monter. Leurs profits montent parallèlement à la hausse des prix.

Vous me direz : Il faut tenir compte que pour eux les prix de revient augmentent dans les mêmes proportions que les prix de vente? Sans doute. Le marchand paie plus cher le drap ou le linge acheté en fabrique; l'industriel est obligé de payer plus cher son charbon, sa laine, son coton; l'agriculteur est obligé de payer plus cher son bétail, ses engrais, ses semences; et les uns et les autres de payer plus cher la main-d'œuvre. C'est entendu. Mais vous savez bien que le profit n'est pas une différence arithmétique, le profit est un pourcentage; or, ce pourcentage augmente dans les mêmes proportions qu'augmentent les prix, prix de revient et prix de vente.

Voici un marchand qui avant la guerre revendait à 100 francs telle ou telle marchandise qui lui revenait comme prix d'achat à 80 francs; il réalisait 20 francs de bénéfice, soit 25 %. Aujourd'hui il revend la même marchandise 400 francs; il est vrai qu'il doit payer comme prix de revient 320 francs au lieu de 80, mais son bénéfice est de 80 francs, soit 25 % comme autrefois.

Le profit augmente donc dans la même proportion que les prix, et par conséquent tous les revenus fondés sur le profit augmentent exactement dans la même proportion que les prix. Mais ce n'est pas assez dire : ils augmentent dans une proportion plus forte que les prix. Et voici pourquoi. C'est parce que généralement — surtout quand la hausse des prix a pour cause l'inflation — le prix de vente monte plus rapidement que le prix de revient.

Il y a même certains éléments du prix de revient qui n'ont pas du tout augmenté. Il y a premièrement les intérêts des emprunts contractés avant la guerre, tels que les emprunts hypothécaires, par exemple, par l'intermédiaire du Crédit Foncier ou des notaires. Ces emprunts étaient faits à un taux fixe d'intérêts, établi pour dix, vingt, trente ans, cinquante ans, et qui ne peut changer, quoique pour les emprunts nouveaux le taux ait doublé et triplé.

Si c'est un agriculteur qui a pris sa terre à ferme, aussi longtemps que le bail n'est pas arrivé à expiration, le prix du fermage n'a pas changé pour lui. Le propriétaire ne gagne donc rien à la hausse des prix : elle ne profite qu'au fermier.

De même l'industriel ou le commerçant qui payait un loyer n'a subi jusqu'à présent, grâce aux prorogations légales, que de très faibles augmentations de loyer, bien inférieures à la hausse des prix. Autant de gagné pour lui.

En certains pays, il est même arrivé que le loyer et le fermage — en Allemagne, en Autriche, en Pologne, jusqu'à la dernière réforme — ont été réduits à zéro : quelques billets qui ne valaient pas le prix du papier.

On a fait le compte que l'industrie allemande avait été libérée d'une dette hypothécaire de 50 milliards de marks, qui ont été volatilisés. L'Etat tâchera de rendre quelque chose aux malheureux créanciers, peut-être 15 % ; mais en attendant, l'emprunteur s'est enrichi à leurs dépens.

De même, pour cet élément considérable du coût de production qui est la main-d'œuvre : les salaires montent, c'est évident, mais ils restent toujours en retard de quinze jours au moins, et dans ces 15 jours la hausse des prix peut être notable.

Et le plus souvent, le vendeur anticipe sur la hausse du prix : il l'attend, il l'annonce au client, il lui dit : « hâtez-vous! la semaine prochaine, demain peut-être, les prix auront monté. » Le client affolé s'empresse d'acheter pour se couvrir contre le risque et ainsi la prévision de la hausse crée la hausse — comme l'attente de la guerre finit par déclencher la guerre.

Voilà pourquoi, pour l'heureuse catégorie des vendeurs, la hausse des prix est une source de fortune. C'est même là l'unique source des fortunes énormes qui ont surgi depuis la guerre dans tous les pays. Elle vient de cette marge grandissante entre le prix de vente et le prix de revient, celui-là devançant celui-ci. Et lorsque cette hausse atteint des proportions quasi vertigineuses, comme tel a été le cas dans bien des pays pendant la guerre, la marge des bénéfices devient illimitée.

Et même quant à ceux des facteurs du prix de revient qui suivent la hausse des prix, ils ne la suivent généralement que lentement, pas à pas, laissant ainsi une marge qui augmente au fur et à mesure. Le fabricant ou le commerçant fait ses approvisionnements à l'avance, disons en décembre 1924, et ses ventes vont s'échelonner au cours de l'année 1925. Si donc, durant l'année le franc vient à baisser et les prix à monter, il bénéficiera de toute la plus-value. C'est ce qui arrive dans les périodes d'inflation, par exemple en Allemagne en 1922-1923, alors que les prix montaient de tant pour cent non seulement jour à jour, mais d'heure à heure!

On pourrait croire que cette inflation des profits doit être du moins enrayée par la concurrence. N'est-ce par le grand enseignement de l'Economie politique que le rôle de la concurrence est précisément de ramener sans cesse le prix de vente au niveau du prix de revient? Alors pourquoi n'agit-elle pas dans la circonstance?

Elle agit, en effet, dans certains domaines; notamment dans le commerce — j'entends par commerce le fait d'acheter pour revendre.

Pendant la guerre, il n'était pas très difficile de se faire commerçant : il suffisait d'acheter n'importe quoi, au hasard, les yeux fermés, et puis de revendre au bout de quinze jours, pour réaliser un bénéfice de 20, 30, 100 %. Et même si vous n'aviez pas de capital, cela ne faisait rien: vous n'aviez qu'à emprunter le capital; on avait beau vous le faire payer cher, qu'importe? car si l'intérêt à payer était de 10 % l'an, la hausse des prix était parfois de 5 % par mois. On pouvait donc non seulement payer l'intérêt, mais rembourser dans l'année le capital.

Il y avait donc une concurrence assez active dans le petit commerce, qui a modéré le taux du profit.

Mais dans les Grands Magasins, qui sont en possession d'une sorte de monopole de fait, ce frein n'a pas agi. Ces Magasins ne se sont même pas contentés d'élever leurs prix au niveau du nombre indice, mais y ont ajouté des majorations imposées aux clients, et qui leur ont valu d'être poursuivis devant les tribunaux pour délit de spéculation — poursuites d'ailleurs abandonnées, mais nous aurons à en parler plus tard.

Ce sont surtout les industriels qui n'ont guère été gênés par la concurrence, et voici pourquoi. C'est parce que cette même hausse des prix, qui leur vaut de si grands profits, rend très périlleux pour un concurrent l'établissement d'une industrie nouvelle. Quand les prix montent rapidement, on ne sait jamais ce qu'ils seront le lendemain, on est toujours enclin à se dire : cela ne peut durer! il va y avoir une réaction, et on n'ose pas se risquer, acheter des terrains, des machines, etc.

Si la construction des maisons est si peu active, c'est que les constructeurs n'osent pas s'y engager, étant donnée l'incertitude des prix.

C'est pourquoi malgré l'énormité des profits qui, en tout autre temps, aurait suscité une copieuse concurrence, les industriels ont été presque en possession d'un monopole et les grandes industries, telles que la raffinerie de sucre, ont fait des profits fantastiques.

Pour ceux-ci la cherté est une liesse perpétuelle. Ils ne demandent qu'une chose : c'est que cette situation se prolonge indéfiniment.

Et remarquez que cette catégorie sociale des bénéficiaires de la cherté n'est pas peu de chose. Ce sont tous ceux qui vendent, tous ceux qui produisent, c'est tout ce qu'on appelle la population active d'un pays : il faut même reconnaître que c'est celle qui est la plus importante au point de vue économique.

Or, si tous ceux-là sont unanimes à penser que la cherté n'est pas un mal, qu'elle est un bien et qu'il n'y a qu'à continuer, quels sont alors ceux qui protesteront? S'il y avait un plébiscite et si l'on pouvait mettre aux voix cette question : voulez-vous que la hausse des prix continue ou préférez-vous que vienne la baisse? — je crois que ceux-là mêmes qui crient le plus fort contre la vie chère aujourd'hui, hésiteraient à voter pour la baisse.

Je ne dis pas qu'il y aurait unanimité pour la cherté — nous verrons dans la prochaine leçon qu'il y en a d'autres qui se plaignent avec raison et qui souffrent, mais je crois que la majorité voterait pour la continuation de la hausse des prix.

Et alors, arrivé au terme de ces explications préliminaires, nous nous trouvons dans une situation déconcertante. Si, d'une part, il n'y a pas de cherté réelle dans le vrai sens du mot; si d'autre part, en admettant qu'il y ait une cherté, cette cherté est bienfaisante et si la majorité en est satisfaite, que signifie alors le titre de notre cours, emprunté cependant à la formule officielle de tous les discours et de tous les journaux : lutte contre la cherté?

S'il n'y a pas de cherté, ou si la cherté est un bien, pourquoi lutter contre elle?

CHAPITRE III

LES VICTIMES DE LA CHERTÉ

Nous venons de passer la revue de ceux qui sont satisfaits de la hausse des prix; ce sont tous ceux qui vendent et pour lesquels, par conséquent, la hausse des prix se traduit par une majoration de revenus. Arrivons à ceux qui en souffrent; ce sont, naturellement, ceux qui se trouvent dans la situation économique inverse, ceux dont le rôle social est d'acheter; pour ceux-ci, la hausse de la vie se traduit par une majoration non pas des recettes mais des dépenses. Cette catégorie-là porte généralement le nom de « rentiers », c'est-à-dire ceux qui vivent non d'un revenu provenant d'un travail productif, mais d'un revenu en argent provenant d'un capital ou d'autres ressources.

1° Quelles sont les catégories sociales lésées?

Il faut distinguer plusieurs catégories parmi ces rentiers et qui sont inégalement affectées par la hausse des prix.

1° Il y a d'abord la catégorie des rentiers qui ne sont pas, à proprement parler, des rentiers, parce que le mot « rentiers » implique un capital et qu'ils n'en ont point. Ce sont ceux qu'on pourrait appeler les rentiers prolétariens — fonctionnaires retraités, invalides de la guerre ou invalides du travail, tous ceux qui touchent des pensions en argent, payées par l'Etat ou par les Compagnies d'assurance, dont le taux a été fixé à l'origine et qui doit rester le même jusqu'à la fin de leur vie.

Pensez à tous les fonctionnaires retraités d'avant la guerre, dont les retraites étaient déjà très modestes, même étant donnée la valeur du franc à cette époque. Pensez aux invalides du travail, dont la pension avait été fixée par la loi de 1898 : ce sont de bien petites pensions, dont le maximum était de 3.250 francs pour la plus grande infirmité, pour l'aveugle, et qui descendaient, suivant la proportion de l'invalidité, jusqu'à des sommes bien plus faibles : 405 francs par exemple pour celui dont l'invalidité a été fixée à 30 %. Elles ont été augmentées depuis lors et vont l'être encore, mais elles ne rattraperont pas les prix.

Voilà une catégorie de personnes qui n'ayant rien à vendre, ni marchandises ni services, et devant tout acheter pour leurs besoins, voient, au fur et à mesure de la dépréciation du franc, leur revenu fondre entre leurs mains.

2° Voici maintenant la catégorie des rentiers proprement dits, c'est-à-dire de ceux qui ont un revenu provenant d'un capital qu'ils ont épargné, mais qui est aussi un revenu fixe.

Ce capital, ils l'ont placé en rentes viagères, en s'adressant à une Compagnie pour assurer leurs vieux jours, ou bien, ne voulant pas aliéner le capital mais le réserver pour leurs enfants, ils l'ont placé en bonnes valeurs, ce qu'on appelle des « valeurs de père de famille » : rentes sur l'Etat, obligations de chemins de fer, obligations du Crédit Foncier, obligations de la Ville de Paris. Ils ont fait leurs calculs de façon à s'assurer de quoi vivre. Supposons, pour prendre, non la plus petite catégorie mais une catégorie relativement à l'aise, un petit fonctionnaire qui, au cours d'une longue vie, aurait économisé avant la guerre, 100.000 francs : c'était déjà beaucoup. Il avait fait son compte et s'était dit : Ce capital à 3 % me rapportera 3.000 francs (c'était le taux de l'intérêt à cette époque-là), cela me fera 10 francs par jour : avec cette rente, à la rigueur, je pourrai vivre. Aujourd'hui, dans quelle situation se trouve-t-il ? Je suppose qu'il ait pris de la rente sur l'Etat comme le placement le plus sûr. Il a donc acheté un titre 3 % de 3.000 francs de rente, qu'il a payé 100.000 francs s'il l'a acheté il y a vingt ans : le 3 % était alors au pair, il a même monté à 105 en 1896. Eh bien! aujourd'hui, quelle est sa situation? Ses 3.000 francs de rente ne représentent qu'un pouvoir d'achat de 7 à 800 francs;

ou, si vous voulez exprimer la chose autrement, les 10 francs par jour qu'il touche ne représentent que le salaire d'un gamin, pas même la moitié du salaire d'un ouvrier, absolument insuffisant pour vivre.

S'il veut réaliser son capital, alors c'est bien pire! Ce titre de rentes qu'il a payé 100.000 francs en l'achetant au pair, vous n'avez qu'à en voir le cours aujourd'hui : il est à 50 francs. Il perdra donc la moitié de son capital, et bien plus encore! car c'était 100.000 francs en or qu'il avait payés, mais les 50.000 francs qu'il touchera aujourd'hui en vendant ce titre ne représenteront que 13 à 14.000 francs or (1). Il aura donc perdu les 6/7 de son capital. Encore n'est-il pas sûr qu'il puisse vendre facilement son titre de rente.

Cette catégorie de personnes est cependant bien intéressante, car c'est là que se trouvent les vieillards, les veuves, les orphelins, une grande partie de ce qu'on appelle la petite bourgeoisie. La classe moyenne se trouve ainsi, après une longue vie d'épargne, privée de ce qu'elle croyait s'être assuré pour ses vieux jours. C'est une situation très digne de pitié.

Et encore, pour ceux qui sont en France, ne sont-ils pas tout à fait ruinés; mais pensez quelle est leur situation, quand il s'agit de pays où la monnaie s'est complètement effondrée, comme l'Autriche, comme l'Allemagne naguère, comme la Pologne — ne parlons pas de la Russie, puisque là c'est la Révolution et non pas seulement la dépréciation de la monnaie qui les a expropriés. Là, ce n'est pas seulement les trois quarts de leur revenu, c'est la totalité qu'ils ont perdue.

La situation de ces personnes a un peu changé maintenant, mais il y a peu de temps elle était vraiment lamentable dans toute l'Europe Centrale. J'ai là un tableau de la vie des vieillards à Vienne il y a trois ou quatre ans :

« Etre vieux est toujours une situation tragique, mais

______

(1) Aujourd'hui, à raison de l'aggravation de la baisse de la rente, tombée à 48 francs, et de celle du franc, tombé à 24 centimes, les 100.000 placés avant guerre ne valent plus que 11.500 francs or. La perte est de 89 %.

combien plus à Vienne en ce moment, quand on n'est pas seulement vieux mais pauvre! Mauvaise nourriture et aucun aliment qui puisse tenter l'appétit. Un logement sans aucune espèce de confort et dans lequel on ne peut même pas réchauffer son sang refroidi. Les tramways coûtent trop cher pour qu'on puisse les prendre et il faut alors marcher à pied avec des chaussures trouées qui causent une véritable torture. Lente est la marche des heures, de ces heures qui rapprochent de la mort, quand il n'y a dans la maison ni feu, ni aliments chauds pour se réchauffer, ni même de livres pour se récréer, parce qu'ils coûtent trop cher! Personne pour tenir compagnie!

« Dans la semaine de Noël, toutes les personnes jeunes à Vienne se sont entendues pour sacrifier un jour de leur salaire, afin de venir au secours des personnes âgées. »

3° Il y a une autre catégorie de rentiers qui se trouvent aussi dans une situation intéressante et qui sont durement frappées, comme les précédentes, par la guerre : ce sont les personnes morales et les établissements d'utilité publique, les associations de bienfaisance, les instituts, tout ce qu'on appelle les fondations. Vous me direz : Pourtant celles-ci ne sont que des personnes morales, des entités; elles ne souffrent donc pas de la faim, ni du froid? Non, mais ceux pour qui elles sont faites, les pauvres qu'elles assistent, les savants ou les intellectuels à qui elles donnent des secours, les étudiants à qui elles allouent des bourses, les établissements de recherches scientifiques, les revues, les œuvres scientifiques ou littéraires, toutes ces personnes morales qui représentent, en somme, ce qu'il y a de plus noble en ce monde, toutes celles qui répondent à cette définition magnifique du droit français « association sans but lucratif », ce sont celles-là qui se trouvent frappées par la dépréciation de la monnaie, par la hausse des prix et acculées à la ruine. Je vous parlais tout à l'heure du sort des vieillards à Vienne. Eh bien! l'Université de Vienne, qui a été une des premières Universités de l'Europe, était tombée au dernier degré de la misère; elle a été obligée d'interrompre tous ses travaux, toutes ses publications. Et combien d'œuvres d'assistance ou de bienfaisance qui ont été obligées d'abandonner ceux qu'elles soutenaient et qu'elles faisaient vivre! En France, si elles ont été moins frappées que dans l'Europe Centrale, puisque la dépréciation de la monnaie y a été bien moindre, elles ont eu cependant à souffrir plus qu'ailleurs de la situation que leur impose la législation française, car celle-ci exige que tous les établissements d'utilité publique placent leurs fonds en rentes sur l'Etat. Aucune ne peut obtenir d'être reconnue d'utilité publique, c'est-à-dire obtenir la personnalité juridique qu'à la condition de placer ses fonds en rentes sur l'Etat. C'est une prescription contre laquelle j'ai toujours protesté avec indignation, parce qu'elle est hypocrite. Elle a, dit-on, pour but de protéger les intérêts de ceux que ces associations ou établissements publics prennent sous leur tutelle, les pauvres, les assistés, les œuvres scientifiques et littéraires, mais en réalité cette clause n'a pas d'autre but que de créer une clientèle pour les fonds d'Etat, de soutenir le cours des rentes. C'est d'ailleurs — permettez cette parenthèse quoique en dehors de notre sujet — dans le même esprit que, récemment, le législateur a voulu imposer aux banques en France l'obligation de placer en rentes sur l'Etat 1/10 de leurs réserves. C'est une mesure que j'estime d'ailleurs détestable même au point de vue du crédit public. Car c'est une triste situation quand, pour soutenir le crédit de l'Etat, on en est réduit à rendre le placement de ses titres obligatoire. Ce qui fait le prestige d'un titre c'est précisément — et tel a été jusqu'à présent le cas de la rente française — quand le public le recherche comme placement de tout repos. Il faut donc se garder, en obéissant à des préoccupations fiscales, de faire de l'acquisition de la rente une espèce de pénalité!

Les établissements publics en France se trouvent donc placés dans la même situation que les rentiers. Ils sont affectés par la hausse des prix et par la vie chère. Je pourrais citer des exemples. Je connais personnellement un grand établissement de bienfaisance dans le sud de la France qui nourrit 400 personnes. Pensez quelle surcharge représente pour lui le prix de la vie qui augmente d'année en année! Mais, du moins quand il s'agit d'établissements privés, comme ceux-ci peuvent faire appel à la charité publique, demander à leurs donateurs d'augmenter leurs dons, tandis que quand il s'agit de fondations proprement dites, c'est-à-dire dont le capital a été investi une fois pour toutes, il n'y a rien à attendre de l'avenir.

De même — mais ceci n'est pas fait pour susciter une grande pitié — les prix de l'Académie française perdent d'année en année de leur valeur : les prix de 1.000 et 1.500 francs, qui autrefois représentaient quelque chose, aujourd'hui ne sont plus qu'une aumône.

Mais après avoir constaté combien douloureusement la dépréciation de la monnaie affecte la situation de ceux qui touchent des revenus fixes, il y a pourtant certaines atténuations qu'il faut maintenant indiquer.

En ce qui concerne les plus malheureux à certains égards, c'est-à-dire les pensionnés et les retraités, le législateur a bien été obligé de s'émouvoir de leur situation et de procéder à des augmentations de pensions; mais il ne l'a fait que tardivement et incomplètement. Il ne faut pas trop lui en faire un reproche, étant données les charges effroyables du budget et étant donné aussi le fait que toute augmentation de traitements ou de pensions se traduit finalement par une hausse des prix; mais il est obligé cependant de céder aux réclamations des victimes de la dépréciation. On a déjà un peu augmenté les retraites des fonctionnaires, mais pas beaucoup. Considérons la retraite maximum. Par exemple, les fonctionnaires les plus payés touchaient 6.000 francs de retraite avant la guerre. Il y a trois ou quatre ans, on l'a portée à 8.325 francs et, tout dernièrement, on vient de relever ce chiffre à 12.000, c'est-à-dire que la pension se trouve doublée; mais pensez donc combien c'est loin de la hausse des prix qui, elle, est le quadruple! Si bien que le retraité, avec sa retraite doublée, n'aura qu'une capacité d'achat de la moitié de celle qu'il avait avant la guerre et qui n'était déjà pas brillante. Le législateur, obéissant à un sentiment égalitaire, s'est dit : ceux qui ont les grosses retraites se tireront toujours d'affaire. Quant aux autres, on les a augmentés un peu plus, mais pourtant pas dans la proportion de la hausse de la vie.

Quant à ceux que j'appelais tout à l'heure les rentiers capitalistes, qu'ont-ils en perspective? Ils n'ont pas d'augmentations de revenus à attendre d'aucun côté.

En Allemagne, les rentiers sur l'Etat ont subi la perte totale de leur revenu et de leur capital par la volatilisation du mark : l'Etat leur fera la charité de leur allouer 5 % de leur ancien revenu, peut-être 15 % pour les très petits rentiers.

2° Comment les rentiers peuvent se protéger contre la hausse des prix

Mais si nous passons à la catégorie des gros rentiers, ou même qui, sans être très gros, sont ce qu'on peut appeler les capitalistes avisés, qui sont informés du mouvement des affaires, qui suivent le cours des valeurs, qui savent « mouvementer » leur portefeuille, comme on dit, alors ceux-ci ont, tout de même, certains moyens de réagir contre cette dépréciation qui frappe leurs revenus. Le qualificatif de victimes, à eux appliqué, serait non seulement exagéré mais comique.

Quels sont ces moyens? Il y en a beaucoup.

Un premier moyen pour le rentier avisé c'est de placer son argent, son épargne, en valeurs étrangères — à la condition bien entendu, de savoir les choisir. Ceux qui ont placé leur épargne en valeurs russes, évidemment, auraient encore mieux fait de la mettre en rentes françaises; mais il y en a beaucoup d'autres qui ont fait des placements plus heureux. Tous ceux qui ont acheté des valeurs anglaises et américaines, des rentes hollandaises ou suisses, ou même une valeur qu'on n'appréciait pas beaucoup avant la guerre, la rente espagnole, ceux-là se sont tirés d'affaire. Vous n'avez qu'à regarder la cote de la Bourse, qui est très intéressante pour ceux qui savent la lire. Prenez la cote des rentes d'Etat, par exemple les rentes 3 % des différents pays. Pour la France, je l'ai dit tout à l'heure, la rente vaut 52 francs; mais si vous prenez le 3 1/2 % suisse, vous voyez 250 francs, le hollandais 280-300 fr.; mêmes cours et encore plus élevés pour les rentes américaines, anglaises, japonaises, si l'on convertit le dollar, la livre ou le yen en francs. Donc, ceux qui ont ces valeurs en portefeuille voient leur capital suivre la montée des prix, puisque ce sont des valeurs en or ou, du moins, évaluées au pair de l'or. Le dollar américain, le florin hollandais,

la livre anglaise, le franc suisse, sont exactement ce qu'était
le franc français avant la guerre. Par conséquent, pour
les possesseurs de toutes les valeurs qui sont libellées en
ces unités monétaires, la dépréciation du franc est indifférente. Elles montent de plus en plus, au fur et à mesure
que le niveau des monnaies avariées descend. Ces rentes
et ces valeurs étrangères sont pour les naufragés comme
l'arche sur le mont Ararat.

Oui, mais direz-vous, comment se procurer ces valeurs
étrangères puisque la loi française interdit l'exportation
à l'étranger des capitaux? Tous ceux qui ont voyagé savent qu'à la frontière on leur demande : Avez-vous de
l'argent? Vous ne pouvez emporter plus de 5.000 francs
en papier, mais pas un sou d'or. De même, si vous vous
adressez à une banque pour acheter des valeurs étrangères, dollars, livres, cette banque s'y refusera — du moins,
si elle veut observer la loi — ou ne vous les donnera que
sur la présentation d'un passeport et seulement jusqu'au
chiffre que je viens d'indiquer.

Je considère cette mesure comme déplorable parce que
la France se trouve ainsi bloquée dans ses frontières et elle
a perdu la situation éminente qu'elle occupait avant la
guerre, alors qu'elle était le banquier du monde entier et
que tous les pays qui avaient besoin d'argent venaient lui
en demander. Cette prohibition n'a d'autre motif que la
préoccupation de l'évasion fiscale, la crainte que des capitaux n'aillent chercher asile à l'étranger, et pourtant l'expérience a prouvé que cette mesure, tout en étant désas-
treuse au point de vue financier, est inefficace au point
de vue fiscal. Cette loi est néanmoins renouvelée tous les
six mois depuis six ans et chaque fois, le ministre est
venu dire : C'est absurde, mais nous ne pouvons faire
autrement : le fisc perdrait trop (1).

Néanmoins, cette loi, même pour ceux qui la respectent,
n'empêche pas tout placement en valeurs étrangères, parce

---

(1) Les placements en valeurs étrangères sont frappés aussi
par des majorations d'impôts; et, s'ils sont sous la forme de dépôts de titres à l'étranger, ils doivent être déclarés sous serment,
toutes mesures peu efficaces au point de vue fiscal et très pré-
judiciables au point de vue de la situation financière de la
France.

qu'il y a un certain nombre de valeurs étrangères qui sont cotées sur la place de Paris et que tout le monde peut acheter, notamment les rentes des Etats que j'énumérais tout à l'heure. Il peut paraître bizarre, au premier abord, qu'il soit défendu d'acheter des livres en Angleterre et permis d'acheter des rentes japonaises ou chinoises à Paris. La raison en est qu'il n'y a pas là d'exportation de capitaux. Du moment que vous achetez des valeurs étrangères à la Bourse de Paris, c'est nécessairement un Français qui vous les a vendues. C'est simplement de l'argent qui a passé d'une main dans l'autre, mais qui ne sort pas de France.

Un rentier avisé peut donc placer son argent en valeurs étrangères et se mettre à l'abri de la dépréciation du franc. Seulement, il faut qu'il s'y soit pris à temps, car aujourd'hui il paiera très cher ces valeurs étrangères à la Bourse de Paris, précisément parce qu'elles sont très recherchées.

Il en est de même pour certaines valeurs qui, tout en n'étant pas des valeurs étrangères, sont cependant à l'abri de la dépréciation de la monnaie française, parce que leurs revenus sont évalués en livres. Par exemple, les valeurs de Suez : ce sont des valeurs françaises, mais tous les revenus de la Compagnie, c'est-à-dire le péage des bateaux, sont payés en livres. Ainsi, quoique le franc baisse, les propriétaires d'actions de Suez sont sûrs que leurs revenus resteront en livres et que, par suite, ils échapperont à la baisse des prix (1).

Il y a d'autres moyens. En voici un : c'est d'acheter des valeurs au-dessous du pair, comme on dit, c'est-à-dire des valeurs qui seront remboursées à un prix supérieur à celui auquel elles ont été émises. Vous avez vu dans quelles conditions ont été émis les Bons de l'emprunt qui vient d'être clôturé; ce sont des Bons de 100 fr. ou de 1.000 fr., qui sont remboursables à 150 ou à 1.500 francs dans un délai de dix ans; c'est-à-dire que celui qui paie 100 francs

---

(1) C'est pour répondre à cette préoccupation des capitalistes que le ministre des finances, M. Caillaux, a eu l'heureuse idée d'émettre un emprunt qui sera garanti contre toute dépréciation éventuelle du franc; il devrait avoir beaucoup de succès.

maintenant touchera, dans dix ans, la moitié en sus, plus, bien entendu, l'intérêt à 5 % pendant les 10 ans. Il y a d'autres titres comme celui-là, notamment en 1920 l'emprunt 5 % qui a été émis dans les mêmes conditions, à 100 francs remboursables à 150 francs. Même avant la guerre, presque tous les emprunts d'Etat étaient émis à un prix très inférieur au pair afin précisément de tenter le capitaliste par la perspective d'une plus-value possible et qui s'est, en effet, souvent réalisée. Le 3 % ancien n'a jamais été émis à 100 francs; il a été émis à 60, 70 francs, puis peu à peu, il a monté jusqu'au pair et au delà : les rentiers qui avaient souscrit à cet emprunt à l'émission avaient donc fait une très bonne affaire.

Même aujourd'hui, dans une certaine mesure, cette prime de remboursement soutient le cours. Regardez les cours des rentes françaises. Comparez le cours du 3 % et le cours du 6 %. Vous verrez que le cours du 3 % est à 52 et le cours du 6 % à 72. Voilà qui paraît bizarre. Puisque l'une de ces rentes rapporte le double de l'autre, le 3 % étant à 52 francs, le 6 % devrait être à 104 francs; ou bien, à l'inverse, le 6 % étant à 72 francs, le 3 % devrait être coté seulement 36 francs (1). Pourquoi est-il à 52? Il est à 52 parce que son possesseur se dit : Peut-être un jour arrivera-t-il à 100 francs; j'aurai alors une prime de 48 francs. Il vaut la peine de le garder. Tandis que le possesseur du 6 % n'a pas autant de marge de gain : 28 francs seulement. Il y a donc beaucoup plus de perspective de plus-value pour le 3 % que pour le 6 % et c'est ce qui soutient son cours.

On a vu, dans l'histoire, le 3 % aussi bas qu'aujourd'hui. En 1871, au moment où il y avait à la fois la Commune et les 5 milliards à payer à l'Allemagne, il est déjà tombé à 50. Au moment de la Révolution de 48 il est même tombé à 30. Il s'est relevé rapidement. Il y a des rentiers qui se disent aujourd'hui : Il se relèvera peut-être, d'autant plus que tous les économistes, les financiers le lui affirment : « Mais certainement, il se relèvera! Vous le verrez de nou-

---

(1) A la date où nous corrigeons les épreuves, les cours sont tombés à 48 francs pour le 3 % et à 65 francs pour le 6 %, mais l'inégalité entre les deux titres reste à peu près la même.

veau au pair ». Si donc l'on suppose que l'emprunt qui a été émis la semaine dernière à 100 francs-papier, c'est-à-dire à 27 francs-or, remontera dans dix ans au pair avec le franc-or, alors on remboursera au rentier 150 francs d'or! Dans ce cas, ce dernier aurait fait une magnifique affaire. Il toucherait 6 fois ce qu'il aurait souscrit. Je crois qu'il ne doit pas y compter beaucoup; et même que si telle aventure arrivait, l'Etat lui imposerait un certain rabais sur le remboursement; et ce serait justice, car on ne peut faire des rentes sur l'Etat une loterie.

Voici encore un autre procédé pour le rentier qui veut se mettre à l'abri, dans une large mesure, de la dépréciation de la monnaie : c'est, au lieu d'acheter des rentes, des obligations ou des valeurs à revenu fixe, d'acheter des actions de Compagnies industrielles ou de banques. Alors sa situation change du tout au tout, parce que, par cette habile manœuvre, il change de camp et se transporte de la catégorie des consommateurs et acheteurs dans celle des vendeurs. Parfaitement! Si vous êtes actionnaire d'une Compagnie de houille ou de pétrole, ou d'une Compagnie maritime, vous êtes vendeur de pétrole, de charbon, de tickets. Vous devenez vendeur ou, du moins, associé de vendeurs; chaque hausse de prix se traduira pour vous, tout naturellement, par une augmentation de dividendes. Ainsi munis, les rentiers avisés peuvent voir sans crainte la dépréciation de la monnaie et même en bénéficier. Et c'est ce qui explique pourquoi les valeurs à revenu fixe sont précisément délaissées, tandis que les valeurs à dividendes, c'est-à-dire industrielles, voient leurs cours monter — quoique pourtant pas dans la proportion de la hausse des prix, je vous dirai tout à l'heure pourquoi. Je vous prie de vous reporter aux tableaux quotidiens de la Bourse, ou mieux encore aux nombres indices des valeurs de Bourse, qui ne figurent que dans des journaux spéciaux. Tous les mois le *Bulletin de Statistique* donne la moyenne des cours des valeurs, en rapprochant ceux d'avant la guerre et ceux d'aujourd'hui. Ces valeurs sont classées en deux catégories : d'une part les valeurs à revenus fixes (rentes, obligations, etc.), d'autre part, les actions industrielles. Voici les chiffres que vous trouverez dans le dernier bulletin de la Statistique, le cours de 1914 étant pris pour base et compté pour 100 :

Valeurs à revenus fixes (moyenne de 45 principales obligations ou titres de rente) 52. Elles ont donc baissé de moitié.

Voici maintenant les *valeurs industrielles* : 265. C'était même 276 en septembre 1924, donc ces valeurs avaient presque triplé. S'il y a eu un peu de baisse de septembre à octobre, c'est à cause de différents petits événements, tels que visas pour le paiement des revenus et différents projets financiers qui ont déterminé des ventes assez nombreuses de valeurs (1).

Voici donc les résultats : les valeurs à revenus fixes sont tombées de moitié; les valeurs actions ont presque triplé. Par conséquent, les valeurs actions sont à peu près garanties contre la dépréciation de l'argent, pour la raison bien simple qu'elles suivent la hausse des prix. Pourquoi toutefois ne la suivent-elles pas complètement? Car, enfin le nombre indice pour les prix est aujourd'hui 400 : pourquoi les valeurs industrielles, les charbonnages, les pétroles sont-ils à 265 et non à 400? Qu'est-ce qui a brisé leur essor et les arrête en chemin? — C'est une raison bien simple et indépendante de la hausse des prix : c'est parce que le taux de capitalisation des valeurs a complètement changé. C'est que les mêmes valeurs qui se capitalisaient à 3 ou 4 % avant la guerre, se capitalisent sur le pied de 8 ou 10 % aujourd'hui. Vous aviez, par exemple, une action de mines de houille qui, avant la guerre, rapportait 5 francs de dividende et qui, au taux courant de 5 %, valait 100 francs. Aujourd'hui, grâce à la hausse des prix, au lieu de vous donner 5 francs de dividende, elle devrait vous donner 20 francs, puisque le prix a quadruplé. Supposons qu'en effet, suivant la hausse des prix des charbons, le dividende monte de 5 à 20 francs. Mais ces 20 francs ne se capitalisent plus aujourd'hui que sur le pied de 8 % ou même de 10 %; l'Etat lui-même emprunte à 8 %. Par conséquent, un dividende de 20 francs ne représente en

____

(1) En juillet 1925 le nombre indice des valeurs à revenu fixe est descendu à 47; celui des valeurs à revenu variable a un peu baissé aussi, 248, mais l'inégalité reste la même.

capital pas plus de 240 francs, peut-être même que 200 francs, et, par conséquent, l'action qui valait 100 francs avant la guerre ne devrait être cotée qu'à ce prix. C'est donc déjà très joli, étant donné le taux de 8 % à 10 %, qu'elle soit cotée 265 francs; c'est qu'on escompte une plus-value à venir (1).

C'est là un phénomène absolument général. En Allemagne, alors que toutes les valeurs s'effondraient — la rente sur l'Etat, en Allemagne comme en Autriche, est tombée à zéro — toutes les grandes valeurs industrielles

---

(1) Voici, à la date de juin 1925, les taux de capitalisation d'un certain nombre de valeurs des quatre catégories indiquées ci-dessus : rentes françaises, rentes étrangères, valeurs à revenu fixe (obligations), valeurs à revenu variable (actions de Compagnies industrielles). Les fonds d'Etat étrangers sont ceux cotés à la Bourse de Paris et dont, par conséquent, l'achat est possible en France : leur revenu, livres, piastres, yens, etc., a été naturellement calculé, dans ce tableau, au cours du change.

	Cours	Revenu net
Fonds d'Etat français :		
Rente française 3 %	44	6,87
— — 6 %	63	9,47
Fonds d'Etat étrangers :		
Rentes : Angleterre 2 1/2 %	240	4,16
— Argentine 4 %	325	4,92
— Chine 5 %	430	4,64
— Japon 4 %	366	5,00
— Egyptienne 4 %	336	4,80
— Norvège 3 %	249	4,80
Valeurs à revenu fixe :		
Obligations : Ville de Paris 6 %	365	8,08
— Crédit Foncier 6 1/2 %	330	7,80
— Ch. de fer P.-L.-M. 5 %	244	8,21
— C. de fer Midi 6 %	250	7,64
Valeurs industrielles :		
Actions : Banque de France	6.340	4,67
— Suez	10.580	2,52
— Mines d'Anzin	1.055	3,75
— Banque Indo-Chine	3.500	4,80
— Ouest-Lumière (électricité)	320	3,22
— Afrique Occidentale	2.116	2,55

On voit que le taux de capitalisation pour les fonds étrangers et les valeurs industrielles est bien supérieur à celui des rentes sur l'Etat et des valeurs à revenus fixes.

allemandes montaient au fur et à mesure. Les charbonnages de Harpener, une houillère célèbre de l'Allemagne, conservaient leurs prix d'avant-guerre. Ceux qui les avaient n'ont rien perdu, par la raison que je viens de dire : ces valeurs sont, par le fait, des valeurs or, puisqu'elles ont pour revenu les prix des marchandises, prix qui devancent le nombre indice puisque c'est d'après eux qu'il est fait.

Néanmoins, l'emploi des mesures que je viens d'indiquer suppose des capacités, des prévisions, des ressources, une tactique financière, qui ne sont pas à la portée de tout le monde. C'est pourquoi on peut dire que la plupart des rentiers — non seulement les petits mais bon nombre de gros rentiers, quand ils ne sont pas en même temps industriels, commerçants — ont subi des pertes considérables par le fait de la dépréciation du franc et ont vu leur situation sociale très amoindrie. Il y a bien peu de capitalistes aujourd'hui qui, en faisant l'inventaire de leur portefeuille, gros ou petit, et en le traduisant en or, trouvent un chiffre égal à ce qu'était leur fortune avant la guerre. Certes, il y en a quelques-uns qui trouveront des chiffres supérieurs, mais il faudra qu'ils aient été bien habiles. Pour l'immense majorité, ce sera un chiffre très inférieur (1).

Voici encore une dernière catégorie de rentiers : ce sont les rentiers immobiliers, si on peut les nommer ainsi,

-----

(1) Une grande Compagnie d'assurances sur la Vie, dans son rapport à l'Assemblée générale des actionnaires, qui est publié par *L'Economiste Français* (1925), a donné le relevé des valeurs composant son portefeuille. On sait avec quel soin et quelle compétence sont formés ces portefeuilles qui représentent la garantie des assurés. Or, ces valeurs représentaient 701 millions de prix d'achat, et au 31 décembre 1924 elles ne représentaient que 396 millions, au cours de la Bourse : différence, 305 millions, soit 42 % de dépréciation ! Ainsi, au lieu d'avoir quadruplé, comme le nombre indice des prix, elles avaient presque perdu la moitié de leur valeur.

Toutefois, le rapport fait remarquer que si le portefeuille ne vaut plus que 396 millions, il y a en perspective, comme prime de remboursement à une échéance plus ou moins éloignée, une plus-value presque égale : 373 millions. C'est un exemple intéressant de ce mode d'assurance contre la dépréciation de la monnaie à laquelle peut avoir recours un rentier avisé et que nous avons indiquée dans le texte.

c'est-à-dire ceux qui tirent leurs rentes de la propriété urbaine ou de la propriété rurale, sous forme de loyers ou sous forme de fermages. Il est vrai qu'ils ne sont pas dans une situation aussi tragique que les rentiers capitalistes parce que leurs baux ne sont pas éternels, et qu'au renouvellement ils pourront majorer le loyer ou fermage — quoique difficilement dans la même mesure que la hausse des prix — mais aussi longtemps que le bail dure, ils sont dans la situation des rentiers que j'indiquais tout à l'heure, c'est-à-dire qu'ils voient le montant de leurs fermages et de leurs loyers perdre sans cesse de sa valeur. En admettant même qu'ils touchent leurs loyers — ce qui n'a pas été le cas pour tous — ils vivent dans l'attente de l'expiration du bail : attente qui, en ce qui concerne les propriétaires de maisons, a été trompée d'année en année par des prorogations successives qui leur imposent soit le maintien des anciens loyers, soit le maintien de ces loyers avec une assez faible majoration. Et néanmoins leurs « charges » — concierge, ascenseur, chauffage, éclairage, impôts — n'ont cessé d'augmenter (1).

Il est douteux, même si la location redevient libre, que les propriétaires urbains puissent quadrupler leurs loyers, parce que les locataires ayant les moyens de les payer se feront rares.

De même, la plupart des propriétaires agricoles auront peine à augmenter leurs fermages dans la proportion de la hausse des prix. Les fermiers sont devenus plus rares; la loi de l'offre et de la demande qui a joué si longtemps contre eux, s'est retournée en leur faveur; ils sont devenus beaucoup plus exigeants, ils ne se contentent pas de la part qui leur restait avant la guerre. Je n'ai pas de statistiques, mais je serais très surpris si le taux des fermages avait même doublé, ce qui veut dire qu'en francs-or ils seraient très inférieurs à ce qu'ils étaient avant la guerre.

Au reste, même en admettant qu'ils puissent quadrupler leurs loyers d'avant la guerre, quand toutes les prorogations seront expirées, il n'en faudra pas conclure que la valeur en capital d'une maison rapportant 10.000 francs

---

(1) En Autriche les propriétaires ne touchent que 1 % des loyers d'avant-guerre, évalués en or.

de loyer aura quadruplé; non, parce que la loi de capitalisation jouera ici aussi. Avant la guerre, les 10.000 francs se capitalisaient à 5 % et une maison rapportant 10.000 francs de loyer valait 200.000 francs. Maintenant, l'argent se capitalisant à 10 %, un loyer de 40.000 francs ne représentera qu'une valeur en capital de 400.000 francs; la maison aura doublé de valeur en francs-papier, voilà tout; elle sera loin de représenter ce qu'elle valait en or avant la guerre.

CHAPITRE IV

LES SALARIÉS

Nous avons vu, dans la première leçon, ceux qui bénéficiaient de la hausse des prix, dans la seconde, ceux qui en souffraient. Il existe une classe intermédiaire entre ces deux catégories et pour laquelle il est plus difficile de reconnaître dans quelle mesure la hausse des prix la touche : c'est celle des salariés.

On peut la subdiviser elle-même en trois sous-catégories qui sont :

1° Les ouvriers;
2° Les fonctionnaires;
3° Les professions libérales.

§ 1. — Les ouvriers

Parlons aujourd'hui des ouvriers.

Faut-il les classer parmi les victimes de la hausse des prix? L'économiste américain Irving Fisher dit qu'ils sont deux fois frappés par toute variation des prix, alors que les autres classes sociales ne le sont qu'une fois : ils sont frappés en cas de hausse par l'élévation du coût de la vie, c'est-à-dire par la diminution du salaire réel, et en cas de baisse des prix, ils sont frappés par le chômage.

C'est une appréciation un peu pessimiste.

La classe ouvrière se rapproche de la catégorie des rentiers en ce sens qu'elle vit d'un revenu fixe payable en monnaie, qu'elle joue sur le marché le rôle d'acheteur, de consommateur, et par conséquent, à ce point de vue, elle semble devoir souffrir des mêmes préjudices que la classe des rentiers et même plus, ne trouvant pas comme ceux-ci, dans la possession d'un capital, les moyens de se défendre que nous avons exposés dans la précédente leçon.

Mais, en retournant leur personnalité économique, on peut dire qu'ils sont aussi des vendeurs, des marchands; vendeurs non de produits mais de services. Ils sont vendeurs de main-d'œuvre, de ce qu'on appelle dans le langage marxiste « la force de travail », et par conséquent à ce point de vue, ils semblent rentrer dans la catégorie des marchands, des producteurs, de ceux qui bénéficient de la hausse des prix. Je n'hésite pas à dire que c'est ce second caractère qui domine dans la condition de la classe ouvrière; et par conséquent le prix de leur marchandise, le prix de la main-d'œuvre qui s'appelle le salaire, doit suivre normalement la hausse des prix. Comme nous allons le montrer tout à l'heure, c'est bien le cas.

Cependant il y a des différences entre ces vendeurs-là et les vendeurs qui sont les marchands ou les fabricants, et ces différences sont à leur préjudice.

1° *Obstacles à la hausse des salaires*

La première de ces différences c'est que dans la vente proprement dite, dans la vente de marchandises, c'est le marchand qui tient le haut bout, c'est lui qui fixe le prix et c'est le consommateur qui le subit. Habituellement, si l'acheteur proteste, le marchand lui dit : « si vous n'êtes pas content, allez ailleurs »; le consommateur capitule et paie le prix qu'on lui demande. On voit cela tous les jours; dans la vente des marchandises, le consommateur, le client, comme on dit, joue un rôle passif; il ne se défend même pas — à moins qu'on ne vienne à son secours par les Sociétés coopératives ou les Ligues de consommation.

Mais quand il s'agit de l'ouvrier, où est l'acheteur de

cette sorte de marchandise, la main-d'œuvre? C'est le patron, c'est l'industriel. Or, lui, sait se défendre; ce n'est pas
du tout comme lorsque nous, consommateurs, nous allons
acheter des articles chez le boucher, le boulanger ou le
magasin de nouveautés. Qui tient le haut bout? C'est l'acheteur : les rôles sont intervertis. Si l'ouvrier proteste et
trouve que sa marchandise, sa main-d'œuvre, n'a pas été
payée suffisamment, c'est le patron qui lui répond : « Cherchez ailleurs! » C'est le vendeur ici qui capitule, à moins
qu'on ne vienne à son secours, comme tout à l'heure pour
le consommateur, par des ligues, des syndicats, qui lui
permettent de débattre les prix; mais s'il est laissé à lui-
même, il sera obligé de vendre sa marchandise au prix
qu'on lui offrira.

Voilà une première raison qui suffirait à expliquer pourquoi — quoique en théorie le prix de la main-d'œuvre
dût suivre les prix de toutes choses — en fait elle a bien
souvent peine à les suivre.

Une seconde raison, moins forte que la première mais
qui a tout de même une certaine valeur, c'est celle-ci : en
ce qui concerne les marchandises, l'aiguille qui marque les
variations de prix est, comme celle du baromètre, très
sensible et se déplace rapidement; mais il s'en faut que le
prix de la main-d'œuvre soit aussi mobile. Et même sa
raison d'être, à ce que prétendent tous les économistes,
c'est que c'est un prix à forfait qui est déterminé sinon pour
toujours, du moins pour longtemps.

Il y a dans cette stabilisation relative du prix de la
main-d'œuvre une inertie qui l'empêche de suivre rapidement le mouvement des prix. Il est vrai que cette inertie
devient avantageuse à l'ouvrier quand les prix baissent,
mais inversement elle lui devient préjudiciable quand les
prix haussent : il faudra une forte pression pour que le
salaire les suive, de même que lorsqu'un baromètre est
paresseux il faut taper sur le cadran pour déclencher
l'aiguille.

Le patron sait que, une fois qu'il aura consenti une augmentation de salaires, il ne lui sera pas facile de revenir
à l'ancien taux : s'il vient dire à l'ouvrier, le lendemain
ou même au bout de l'année : « les prix ont baissé, donc

le salaire doit baisser aussi », il trouvera une vive résistance (1).

Si je dessinais sur le tableau noir un diagramme représentant le mouvement des prix, vous verriez généralement une ligne avec de fréquentes et brusques oscillations; et si j'inscrivais au-dessous la courbe des salaires, celle-ci serait une courbe à longues ondulations, mais avec beaucoup moins d'oscillations que la courbe des prix.

Enfin j'indiquerai une troisième raison qui explique pourquoi le prix de la main-d'œuvre ne suit pas très rapidement le prix des marchandises. C'est parce que la hausse agit sur le salaire, non pas par voie directe mais par répercussion; en d'autres termes, la main-d'œuvre n'est pas, comme la viande, le sucre, le pain, les œufs, ou même les vêtements, une marchandise qui sert immédiatement à la consommation et dont le prix se détermine par la satisfaction qu'on en attend le jour même. Elle n'a de valeur que comme instrument de production. Celui qui l'achète, c'est-à-dire le fabricant, s'il hausse le prix de la main-d'œuvre, ne le fait que parce qu'il spécule sur la hausse des produits que produira cette main-d'œuvre; c'est dans l'attente de la hausse des produits qu'il consent à augmenter le prix de cette main-d'œuvre qui est la condition de la production. Mais on comprend que cet effet de répercussion ne soit pas direct. Le fabricant, avant d'augmenter le salaire, se dit : Il faut que j'attende, je ne sais pas à quel prix je vendrai mes produits, peut-être baisseront-ils. Ne nous hâtons pas!

Voilà pourquoi l'ouvrier, quoique vendeur de main-d'œuvre, ne voit pas le prix de sa marchandise suivre toujours le prix des marchandises : elle ne le suit que *pede claudo*, comme on disait de la Justice, d'un pas boiteux. Pourtant, presque toujours il finit par l'atteindre, et je vais vous en donner la preuve par les chiffres qui indiquent que, somme toute, le taux des salaires se règle sur le mouvement des prix.

---

(1) Tel est le cas en ce moment en Angleterre pour les ouvriers des mines de charbon : l'Etat, pour conjurer une grève formidable, a dû leur garantir le maintien de leurs salaires, malgré la mévente du charbon.

2° *Variations du taux des salaires*

Pour vérifier si les deux mouvements ont bien été parallèles, il faudrait évidemment avoir un tableau des nombres indices pour les salaires, comme nous en avons un pour les prix.

Malheureusement c'est beaucoup plus difficile, et nous n'en avons que de fragmentaires.

Le mouvement des salaires depuis la guerre peut être divisé en trois périodes.

De 1914, c'est-à-dire de la veille de la guerre à la fin de 1915, les salaires ont baissé. Cela s'explique facilement : au lendemain de la guerre la moitié des usines a été fermée; en sorte que si peu nombreux que fussent les ouvriers qui n'étaient pas mobilisés, ils étaient de trop et ne trouvaient pas d'ouvrage. A ce moment, il y avait une espèce de consternation générale qui faisait qu'on ne montait aucune entreprise et qu'on n'embauchait aucun ouvrier. D'ailleurs, il y a eu aussi, à ce moment, une baisse des prix, quoiqu'elle ait duré moins que la baisse des salaires, quelques semaines au plus; le marchand se disait : qu'est-ce qui va arriver? peut-être l'invasion? il faut nous défaire de nos stocks de marchandises.

A partir de la fin de 1915 les prix s'étaient déjà relevés, et les salaires n'ont pas tardé à se relever aussi.

Faut-il dire que c'est la hausse des prix qui a déterminé, à ce moment, la première hausse des salaires? Question très difficile à résoudre. Certains ont dit que c'était au contraire la hausse des salaires qui avait déterminé la hausse des prix. Mais pourquoi alors les salaires auraient-ils monté spontanément?

Le mouvement, dit-on, fut déclenché par le Ministère des Armements, dans les usines où travaillaient les ouvriers mobilisés pour la guerre. Il fallait produire intensivement, décupler, centupler, la production des munitions, des obus, des canons, des fusils. Alors le gouvernement pensa — on ne peut guère lui en faire de reproches, quoiqu'on l'ait fortement incriminé pour cela — à payer n'importe quel prix pour que les ouvriers travaillassent à mort : ce n'était pas la journée de huit heures, on travaillait douze heures et quelquefois quinze heures.

C'est là un fait un peu attristant, soit dit entre parenthèses, car enfin ces ouvriers qu'on était obligé de payer double pour obtenir un rendement, c'étaient des soldats qui venaient des tranchées et qu'on mettait dans les usines et il semble qu'ils auraient dû être très heureux de travailler à l'abri pour rien, j'entend comme les soldats eux-mêmes, pour leur nourriture et leurs cinq sous par jour? Alors que les camarades donnaient leur vie, n'auraient-ils pas pu, eux, donner leur temps et leur travail? On a réclamé parfois « la conscription du capital » : mais pourquoi pas alors la conscription du travail? On l'a essayé, au début de la guerre, notamment dans les usines d'aviation; mais le rendement était quasi-nul; il a donc fallu y renoncer, en venir au travail salarié et hausser de plus en plus les salaires.

Les salaires, durant cette période de 1915 jusqu'en octobre 1920, n'ont donc cessé de monter.

A la fin de 1920, brusque changement qui, à ce moment-là a été une surprise pour les économistes et, aujourd'hui encore, reste mystérieux dans ses causes : il y a eu une baisse soudaine des prix. Elle a commencé par le Japon et, après avoir passé par l'Amérique et fait le tour du globe, elle a gagné l'Europe.

Contrairement aux enseignements de l'Economie politique que toute baisse de prix entraîne une augmentation de la demande, celle-ci a déterminé une mévente générale des marchandises; la mévente a amené la fermeture des usines, la fermeture des usines a amené le chômage, et nécessairement le chômage a amené une baisse du taux des salaires, pas tout de suite, car ceux-ci ont résisté mais ont fini par céder. Quand une partie de la population ouvrière chôme, il faut bien que l'autre capitule.

Toutefois, cette période de baisse n'a guère duré, un peu moins de deux ans; et à partir de 1922 on a vu le mouvement des prix reprendre sa marche ascensionnelle, et le mouvement des salaires aussi, mais cette fois encore avec un notable retard.

Ce rapide historique terminé, et nous plaçant à l'heure actuelle, à la fin de l'année 1924, les statistiques nous montrent-elles que le mouvement des salaires ait atteint au moins la hausse des prix?

Voyons quelle réponse donnent les statistiques.

Pour cela, il faut mettre en regard d'une part la colonne des nombres indices des prix, d'autre part celle des nombres indices des salaires.

Nous avons déjà donné le tableau du mouvement des prix depuis 1914 jusqu'à aujourd'hui (ci-dessus p. 11). Nous rappelons en ce qui concerne les prix de détail, les seuls qui importent au point de vue du coût de la vie, qu'ils avaient quadruplé, en chiffres ronds. La seule question qui se pose est de savoir si les salaires ont quadruplé aussi?

Sans avoir besoin d'enquête savante, à s'en tenir à l'observation la plus vulgaire, on peut répondre oui, approximativement. On sait qu'avant la guerre le prix normal du salaire dans les villes était cinq francs. Je me rappelle très bien qu'avant la guerre, lorsqu'il y avait des réclamations d'employés ou d'ouvriers, ils disaient : « Il faut pour vivre avoir la pièce ronde », la monnaie populaire française, l'écu de cinq francs.

Aujourd'hui le salaire normal c'est vingt francs. Le salaire a donc bien quadruplé. Evidemment ce n'est qu'une moyenne et, comme toutes les moyennes, elle suppose des salaires inférieurs. Dans le journal *l'Humanité*, tous les matins, depuis quinze jours, il y a un article de première page sous le titre : « Ceux qui n'ont pas un salaire de vingt francs par jour ». Et il cite des cas nombreux; les chiffres qu'il donne sont sans doute exacts : il y a en effet des ouvriers qui ne touchent pas vingt francs par jour, même parmi les ouvriers des villes, mais ce sont peut-être ceux qui débutent. Il ne faut pas croire non plus que tout le monde touchât cinq francs avant la guerre. Bon nombre touchaient moins, suivant le métier ou suivant l'âge; je ne parle pas seulement des femmes cela va sans dire, mais des hommes. Quand donc le journal énumère « ceux qui ne touchent actuellement que 16 francs » il oublie que ceux-là, avant la guerre, ne touchaient peut-être que 4 francs; la hausse est donc la même pour eux. D'autre part, il y a bon nombre d'ouvriers dont les salaires sont très au-dessus de la moyenne, notamment dans les fabriques d'automobiles, et qui vont jusqu'à 40 et 50 francs par jour.

Vous avez vu dans les journaux depuis des mois que l'on bataille pour savoir que est le taux minima que le gouvernement doit fixer pour les fonctionnaires. Ceux-ci réclament le chiffre de 6.000 francs. Le gouvernement répond : ce n'est pas possible, mettons 5.600.

Or, que représente comme salaire quotidien ce chiffre de 6.000 francs? Si vous divisez non pas par 365 mais par 300, nombre des jours ouvrables, cela fait précisément 20 francs. Le chiffre de 5.600 accepté par le gouvernement ne donnerait que 18 fr. 65 par jour.

Donc cette majoration des traitements minima correspond à peu de chose près à l'accroissement des prix.

Ces constatations à vue d'œil se trouvent confirmées par les statistiques.

La statistique des salaires n'est pas établie par un Bureau Central institué et agencé spécialement à cette fin, comme l'est le *Bureau de Statistique Générale de la France* pour les prix avec des employés professionnels. Elle est simplement établie d'après les renseignements fournis par les Conseils de prud'hommes ou les maires, et elle n'est pas périodique, mais intermittente. Elle a été faite pour la première fois en 1896 et a été renouvelée tous les cinq ans. Interrompue pendant la guerre, elle a été reprise partiellement en 1921, puis de façon plus complète cette année même, octobre 1922. Les résultats sont publiés dans le Bulletin du Ministère du Travail et présentés en deux tableaux différents, l'un donnant la moyenne des salaires par *profession*, l'autre la moyenne par *département*. Il ne s'agit que des ouvriers proprement dits : ni les salaires des employés, ni ceux des travailleurs agricoles, ni ceux des mines de charbon n'y sont compris.

Si nous regardons le tableau des salaires par profession (45 métiers différents), nous voyons que le nombre indice moyen (octobre 1924) pour toute la France (villes) est de 477 pour les salaires masculins; 496 pour les salaires féminins. Naturellement il y a d'assez fortes inégalités d'une profession à l'autre. Celles où l'augmentation est la plus forte sont les industries féminines (repasseuses, 548, dentellières, 521), ce qui s'explique simplement parce que c'étaient les plus mal payées avant la guerre. Pour les hommes, les briquetiers (532), les carriers (526), les terrassiers (515), et la raison en est sans doute la même. Inversement, les métiers où l'augmentation est la moindre sont les chaudronniers (432), les tourneurs en métaux (438).

Si nous regardons le tableau par régions, nous voyons aussi de grandes inégalités, qui s'échelonnent entre un minimum de 433 dans la Saône-et-Loire, à un maximum de 638 dans le Pas-de-Calais. Ces inégalités confirment la remarque que nous avons faite pour le tableau précédent : c'est dans les régions où avant la guerre le salaire était le plus bas, départements du Centre et Bretagne, que la hausse est la plus forte. Toutefois elle est très forte aussi dans les régions du Nord dévastées par la guerre, ce qui s'explique bien facilement par la surenchère des travaux de reconstruction.

La moyenne pour l'ensemble de la France est de 454 (1). Cette moyenne générale est donc un peu inférieure à celle du tableau précédent (qui est 477 pour les hommes) et pourtant elle comprend les mêmes métiers, et seulement les métiers masculins. Cela s'explique sans doute par le fait que les métiers les plus payés, qui comptent à égalité pour la moyenne du premier tableau, ne tiennent qu'une petite place dans l'ensemble de la population ouvrière.

En somme, les statistiques constatent une augmentation qui varie entre le quadruple et le quintuple, plus encore pour les femmes. Elle concorde parfaitement avec les observations que peut faire chacun de nous; c'est bien le chiffre que, sans avoir besoin d'enquête officielle, donnerait le premier venu, « l'homme de la rue », comme disent les Anglais.

----

(1) Je dois signaler ici une erreur qui est couramment commise dans les journaux et contre laquelle je vous mets en garde : c'est de confondre le tant pour cent et le nombre indice. Ce sont deux choses tout à fait différentes. Je viens de dire que le nombre indice était 454 ; mais gardez-vous de dire que l'augmentation est de 454 *pour cent!* Elle est de 354 *pour cent.* Quand on dit qu'un prix a haussé de 100 pour cent, cela veut dire qu'il a doublé, et par conséquent, si vous l'exprimez en nombre indice, vous inscrirez 200. Si vous dites qu'un nombre a augmenté de 200 pour cent, cela veut dire qu'il a triplé, et par conséquent vous inscrirez en regard comme nombre indice 300. Et si vous dites, comme ici, qu'il a augmenté de 350 pour cent, cela veut dire qu'il a plus que quadruplé, ce qui est exprimé par le nombre indice 450. En un mot, si l'on traduit le nombre indice en pourcentage, il faut toujours retrancher 100.

L'enquête sur les salaires dont nous venons de parler ne donne pas seulement les nombres indices, elle donne aussi les salaires en monnaie. La moyenne de tous les départements est de 21 fr. 65, variant entre un minimum de 16 fr. 35 dans la Lozère, et un maximum de 30 fr. 50 dans la Seine. Le même tableau donne les salaires en 1911 : ils variaient entre 3 fr. 60 (Lozère) et 7 fr. 35 (Seine); moyenne générale, 4 fr. 77. La moyenne aurait donc un peu moins que quintuplé : elle serait un peu plus élevée que celle en nombres indices. Toutes ces constatations concordent donc très bien (2).

Prenons encore comme confirmation une catégorie d'ouvriers délimitée, celle des ouvriers des mines de houille, qui fait l'objet de statistiques plus exactes que dans aucune autre industrie.

Ces ouvriers touchent un salaire élevé. Ils sont considérés comme des ouvriers qualifiés, comme on dit. C'est en même temps une catégorie très homogène sur tous les points de la France, les salaires des ouvriers mineurs étant à peu près partout les mêmes. Nous avons donc là un critère qui paraît précis pour mesurer la hausse des salaires.

Voici les chiffres pris dans les statistiques publiées périodiquement dans le Bulletin du Ministère du Travail.

Le salaire de l'ouvrier mineur (du fond), en 1913, en prenant la moyenne des huit principaux centres ouvriers de France, était de 5 fr. 96; en 1925, il est de 25 fr. 52.

Si maintenant vous traduisez ces nombres concrets en nombres indices, vous avez : en 1913, 100; en 1925, 428. Le salaire des ouvriers mineurs a donc un peu plus que quadruplé.

---

(1) M. March, naguère directeur de la *Statistique de la France*, donne les chiffres que voici dans un des volumes de la Collection Carnegie sur *Les mouvements des prix et des salaires* : ils sont un peu moindres :

		Salaire en monnaie	Nombre indice
1911	Paris	7,78	100
	Départements	4,61	100
1921	Paris	27,52	353
	Départements	18,92	410

Donc, il n'y a pas seulement parallélisme absolu entre les deux échelles, mais il y a même un petit avantage pour les salaires des mineurs, puisque le nombre indice est 413 au lieu de 400.

Cette amélioration apparaîtra d'autant plus réelle qu'elle correspond à une journée de travail très diminuée, diminuée de presque un cinquième.

L'ouvrier mineur ne fait guère plus aujourd'hui que six heures de travail au lieu de huit heures : le prix de l'heure a donc passé de 0 fr. 75 à plus de 4 francs.

Nous avons une autre preuve de cette diminution de travail, dont il n'y a pas beaucoup à se louer : depuis 1913 la moyenne d'extraction, qui était de 978 kilos de charbon par jour, un peu moins d'une tonne, est tombée, en 1924, à 746 kilos. C'est une diminution de près du quart, 24 %.

Ainsi donc, à une production réduite d'un quart correspond un salaire plus que quadruplé, ce qui fait que le coût par tonne à la mine — ceci soit dit en passant — s'est élevé de 7 fr. 77 à 41 fr. 66 : il a plus que quintuplé (1).

Enfin, si nous considérons les ouvriers agricoles, il en est encore de même. On a fait dernièrement une enquête sur le salaire des ouvriers agricoles; on a trouvé que leur salaire variait suivant les départements, de 3.000 à 6.000 francs par an, mettez en moyenne 4.500 francs, ce qui représente à peu près 14 à 15 francs par jour. Eh bien, avant la guerre les salaires des ouvriers agricoles, en laissant de côté les travaux de vendange et les moissons, ne dépassaient pas 3 à 4 francs par jour; d'après une enquête faite la veille de la guerre, le salaire agricole moyen était de 3 fr. 43 par jour. Le salaire agricole a donc aussi un peu plus que quadruplé.

---

(1) Ceux qui ne se tiendraient pas pour satisfaits par les chiffres que nous venons de donner pourront en trouver à satiété dans *l'Enquête sur la Production*, ouvrage monumental publié par le Bureau International du Travail, sous la direction de M. Edgar Milhaud. Dans le tome IV, vol. 2 (pp. 420, 870) les salaires et le coût de la vie dans 28 pays sont analysés. Ces statistiques confirment les chiffres que nous venons de donner : seulement elles s'arrêtent au premier trimestre 1923.

Toutefois, même en admettant que le salaire suive tant bien que mal la hausse des prix, ou parfois même la devance, il faut prendre garde que cette adaptation ne se fait point spontanément, par une loi naturelle, mais seulement au prix d'efforts incessants de la classe ouvrière, là où elle est organisée, syndiquée, et où, il faut l'avouer, elle ne craint pas de recourir à la grève. Mais si elle reste inerte, son salaire ne suit pas ou, en tout cas, ne suit que de très loin la hausse des prix.

Nous venons d'en avoir un exemple ces jours-ci qui a rempli les journaux : les ouvrières de Douarnenez gagnaient 0 fr. 80 de l'heure. Il a fallu six semaines de grève pour leur faire obtenir 1 franc de l'heure, ce qui, en supposant huit heures de travail par jour, ne représente qu'un salaire quotidien de 8 francs, salaire qui, même pour des femmes, est aujourd'hui relativement faible.

Et même il faut dire que cette adaptation n'est réalisable que là où la hausse des prix est, comme en France, relativement lente. Mais elle devient impossible dans les pays où la hausse des prix prend une allure vertigineuse. Alors, le salaire ne peut plus suivre, et l'ouvrier se trouve véritablement dans des conditions misérables. Je pourrais prendre mille exemples dans les pays, malheureusement nombreux, où la hausse des prix, partant la dépréciation de la monnaie, a pris des allures vertigineuses. Je prends un seul exemple, celui de la Pologne, d'après les chiffres qui viennent de paraître dans la Revue du Bureau International du Travail, de Genève.

Vous allez voir combien la lutte a été inégale entre les deux progressions, celle des prix et celle des salaires.

En septembre 1923, le nombre indice des prix était 10.776, en partant de la base de 100 en 1913. Il ne s'agit plus de 400, comme en France : les prix ne sont pas simplement quadruplés, mais plus que centuplés!

Mais le nombre indice des salaires, partant toujours de la même base de 100, pour l'année 1913, était, en septembre 1923, de 7.157.

Ainsi, tandis que la hausse des prix représentait plus de cent fois le prix d'avant-guerre, la hausse des salaires n'était que de soixante et onze fois, ce qui veut dire que le salaire ne représentait en réalité qu'un peu plus des deux tiers de ce qu'il était avant la guerre.

Passons au mois de novembre 1923. Le nombre indice des prix s'est élevé à 77.600. Il a plus que septuplé.

Au cours de ces deux mêmes mois, le nombre indice des salaires a passé de 7.157 à 31.000. Il a quadruplé, mais calculé en or, le salaire ne représente à ce moment-là que 40 % du salaire ancien.

Vient le mois de décembre, auquel je m'arrêterai parce que ce mois a marqué le point critique, le maximum de la dépréciation monétaire, et qu'ensuite est venue la réforme monétaire. A cette date, le nombre indice des prix a monté à 206.000; il a donc de nouveau triplé pendant le courant de ce mois et représente 2.000 fois le prix d'avant la guerre.

Quant au nombre indice des salaires, pendant ce même mois tout ce qu'il a pu faire à grand peine a été de s'élever de 31.000 à 77.000, c'est-à-dire qu'il a un peu plus que doublé. Il s'est donc de nouveau trouvé dépassé dans cette course effrayante, et le salaire calculé en or n'est plus que de 38 % de ce qu'il était avant la guerre.

C'est une démonstration saisissante de cet effort pitoyable du monde du travail pour obtenir un salaire équivalant à la hausse des prix. Si en France la dépréciation du franc s'accentuait, elle exposerait la classe ouvrière au même danger.

En Allemagne le salaire actuel est évalué à 70 % de celui d'avant la guerre.

3° *Si le bien-être de l'ouvrier a augmenté*

Ainsi dans les pays où la hausse des prix a été lente, comme en France, il semble que les ouvriers n'aient pas trop à se plaindre; ils ne seraient pas, il est vrai, dans la première catégorie, celle des fabricants, des producteurs, des agriculteurs, des marchands, qui ont réalisé des profits énormes; mais ils ne seraient pas non plus dans la seconde catégorie, celle des petits bourgeois, rentiers et retraités, celle des victimes de la hausse; ils seraient Gros-Jean comme devant, ni plus ni moins, rien de gagné, rien de perdu.

Mais il faut pousser notre analyse un peu plus avant. Si nous voulons, au point de vue du coût de la vie, savoir ce que représente un salaire pour l'ouvrier actuel, il y a un certain nombre de corrections à faire qui ont pour résultat, les unes de montrer que sa condition est meilleure qu'il ne paraît, les autres, au contraire, qu'elle est moins bonne qu'il ne semble.

D'abord si l'ouvrier touche autant ou même un peu plus qu'avant la guerre, ce n'est pas beaucoup dire, car il faut reconnaître qu'avant la guerre les salaires étaient très bas. Avec 5 francs or il ne pouvait se procurer grand'chose, et avec ses 20 francs papier d'aujourd'hui non plus — d'autant moins que 20 francs de salaire par jour ne veut pas dire 20 francs de rente. Il ne faut jamais oublier, comme on le fait généralement, que quand il s'agit du salaire de l'ouvrier, à la différence de l'employé, on ne compte que les jours ouvrables; pour toute l'année, cela ne fait donc que 6.000 francs. Et si vous divisez ce chiffre par 365 jours — car les dimanches, les jours fériés, les jours où il y a un pont, et il y en a beaucoup aujourd'hui, on mange tout comme les autres jours et même un peu plus — cela ne fait guère que 16 francs par jour.

Inversement, si au lieu de compter par jour, vous comptez par heure de travail, la hausse apparaîtra bien plus grande parce que le nombre des heures de travail a diminué considérablement. Tandis qu'avant la guerre c'était la journée de 9 heures, 9 heures et demie même, qui était la règle, aujourd'hui c'est 8 heures. Si donc vous divisez 20 francs par huit heures, cela fera 2 fr. 50 l'heure, tandis qu'avant la guerre si vous aviez divisé 5 francs par 10 heures de travail, cela n'aurait fait que 50 centimes. Le prix de l'heure a donc quintuplé, si le prix de la journée n'a que quadruplé. Peut-être me direz-vous : « cela ne met pas plus d'argent dans la poche ». Si, car cela permet de faire des heures supplémentaires, lesquelles sont payées à des taux majorés. Et, d'autre part, le loisir, le bien-être, la diminution de peine, ont bien une valeur qui ne se chiffrent pas en monnaie mais qu'il faut compter tout de même.

D'autres corrections sont à faire pour apprécier ce que représente ce salaire pour l'ouvrier. Si l'ouvrier a une famille, les membres de la famille peuvent toucher aussi des salaires. Autrefois, il était rare que la femme travaillât, aujourd'hui c'est très fréquent; elles ont pris cette habitude pendant la guerre et elles continuent. Les enfants travaillent aussi à partir de 13 ans; de là une augmentation du revenu familial qui est assez générale. Si donc, au lieu de prendre le salaire individuel, on totalise le salaire de la famille ouvrière, on peut arriver à des sommes assez rondes. Je connais des familles ouvrières qui se font 50 francs par jour. Et même remarquez ceci : s'il y a des enfants trop jeunes pour travailler, la famille peut bénéficier d'un supplément de revenu, inconnu autrefois, mais qui devient de plus en plus fréquent dans l'industrie : c'est ce qu'on appelle les « allocations familiales ». C'est par centaines de mille que ces familles ouvrières bénéficient des allocations familiales (1); celle-ci varient selon les maisons, mais il y en a où le salaire est augmenté de 25 francs par mois à partir du premier enfant, puis progressivement (et non pas simplement proportionnellement) avec le nombre des enfants jusqu'à 80 francs par mois à partir du quatrième enfant. C'est assez rare en France qu'une famille de six enfants, il y en a pourtant dans la classe ouvrière : alors cela fait 300 francs par mois ajoutés au salaire du père et au salaire éventuel de la mère. En somme, il y a des possibilités d'augmentation de revenus qui peuvent non seulement égaler, mais dépasser la hausse des prix.

Je rappelle enfin ce que je disais tantôt : il y a bon nombre d'ouvriers aujourd'hui qui profitent de la journée de huit heures pour faire des travaux supplémentaires et pour ajouter, par conséquent, à leur salaire normal un autre salaire d'une demi-journée pour un autre travail; le cas est très fréquent pour les ouvriers agricoles aussi bien que pour ceux de l'industrie, et même pour les employés. On m'a cité un employé, d'une grande administration de la Ville de Paris, qui, dès que la journée est terminée, va au Magasin de nouveautés qui se trouve en face.

Somme toute, je crois donc que l'ouvrier a aujourd'hui

---

(1) Environ 10.000 entreprises groupant 1.200.000 ouvriers et distribuant 125 millions de francs par mois.

plus de ressources, plus de bien-être, qu'avant la guerre. Mais il ne le croit pas et n'est pas disposé à prêter l'oreille aux démonstrations que je viens de donner. Pourquoi?

Pour deux raisons, d'ordre psychologique plutôt qu'économique.

La première, c'est que l'ouvrier ne se fait pas à cette idée que 20 francs d'aujourd'hui ne peuvent lui donner que la même somme de satisfactions que 5 francs d'autrefois. Et, du reste, nous en sommes tous là; le bourgeois qui a aujourd'hui 100.000 francs de revenus a peine à admettre qu'il ne soit pas plus riche qu'avec 25.000 francs avant la guerre; cette démonstration le choque. L'ouvrier a la même impression; il dit : « ce n'est pas admissible que mes 20 francs ne me procurent pas plus que 5 francs »; on a beau lui montrer les nombres indices, il a le sentiment qu'il est dupé par quelqu'un, par les patrons ou par les marchands. Et ce sentiment le ronge.

Une autre raison, d'une plus grande portée, c'est que les besoins de l'ouvrier ont augmenté depuis la guerre. L'ouvrier mobilisé a été gorgé, c'est le cas de le dire, de viande, de vin, de tabac, de café, d'alcool, hélas! Il a pris ces habitudes et aujourd'hui il n'est pas disposé à y renoncer. Des ouvriers autrefois qui s'estimaient heureux de manger de la viande une fois par semaine à la campagne, deux ou trois fois à la ville, aujourd'hui se croient tout à fait malheureux s'ils ne mangent pas de viande tous les jours et s'ils n'ont pas à boire tous les jours plusieurs litres de vin. Il y a donc là un changement dans le niveau des besoins qui fait que tout en ayant un salaire qui a le même pouvoir d'achat qu'autrefois et qui, par conséquent, lui procure la même somme de jouissance, l'ouvrier se sent privé de quelque chose.

Ce ne sont pas seulement les besoins d'ordre matériel qui ont augmenté dans la classe ouvrière mais aussi les besoins d'ordre social, si l'on peut dire. Cet ouvrier qui a fait la guerre, qui peut-être a eu des citations, peut-être des décorations, peut-être porté des galons, qui, en tout cas, s'est entendu proclamer le sauveur de la patrie, n'accepte pas facilement de reprendre simplement la place qu'il avait autrefois; et en s'y retrouvant sans avoir rien gagné, il a le sentiment d'avoir rétrogradé.

4° *De l'interdépendance du salaire et des prix.*

Nous avons supposé jusqu'à présent que la hausse des salaires ne faisait que suivre, et à grand'peine, la hausse des prix. Mais ne peut-on soutenir que l'ordre des faits est inverse et qu'en réalité c'est la hausse des salaires qui est la principale cause de la hausse des prix? Naturellement les ouvriers protestent contre cette doctrine qui ferait retomber sur eux la responsabilité des maux dont ils se plaignent. Cependant on peut citer certains faits où l'on a vu incontestablement la hausse des salaires devancer et déclencher la hausse des prix. Par exemple, en France, pendant la guerre, dans des villes d'usines où il y avait une nombreuse population ouvrière, il suffisait qu'on annonçât dans les journaux que les salaires allaient être augmentés de 10 % pour qu'immédiatement les marchands de la localité changent leurs étiquettes et mettent un prix supérieur de 10 % aux prix de la veille.

Et le raisonnement aussi corrobore cette observation de fait. Quand les salaires montent, ils agissent sur les prix, nécessairement, et cela par deux modes d'action, deux rouages, si je puis dire, qui, quoique en sens opposé, convergent au même résultat.

La hausse des salaires agit sur les prix d'abord en augmentant le prix de revient. Car les salaires, qui sont le prix de la main-d'œuvre, constituent le principal élément du prix de revient de toutes choses. Quand vous vous étonnez du prix atteint par la construction des maisons, ou l'impression des livres, on vous répond : voyez les salaires des maçons ou des typographes! (1).

La hausse des salaires agit sur les prix, secondement,

______

(1) A l'heure où s'impriment ces pages, les tarifs des tramways et autobus viennent d'être relevés à seule fin de pouvoir relever les salaires et traitements des employés.

En même temps, le Conseil municipal de la Ville de Paris, pour faire face aux traitements des empoyés des services municipaux, a dû voter 500 millions d'impôts : ces impôts portant en partie sur les octrois, aliments et matériaux de construction, auront nécessairement pour effet d'élever le coût de l'alimentation, de la construction et du logement.

parce qu'elle augmente la demande. Quand chacun a plus d'argent dans sa poche, naturellement il se fait une surenchère sur le marché et si, par hypothèse, l'offre n'a pas changé, nécessairement les prix montent.

Eh bien, si vous supposez une hausse générale de tous les salaires et de tous les traitements, il est évident qu'il y aura une plus grande quantité de monnaie sur le marché et qu'elle entraînera, toutes choses égales, une hausse proportionnelle à l'augmentation de sa quantité, de telle sorte que dans quelque temps cette hausse des salaires sera mangée précisément par la hausse des prix.

On pourrait faire la contre-épreuve. Un patron disait une fois, sous une forme très brutale évidemment : « Si nous ne payions plus nos ouvriers, les prix baisseraient bien, car ils n'auraient plus d'argent pour acheter! » C'est certain. Si vous supposez que, par quelque force inéluctable, les salaires soient ramenés à 5 francs par jour, — et en même temps, bien entendu, que tous les profits et dividendes soient ramenés au taux d'avant la guerre ou confisqués par l'Etat — il faudrait bien que les prix baissent au niveau d'avant la guerre parce que les gens n'auraient pas plus d'argent qu'avant la guerre pour acheter.

Est-ce à dire qu'il faut renverser l'ordre des choses et enseigner que la hausse des prix n'est que l'effet, la hausse des salaires étant la cause? Non, contentons-nous de dire qu'il y a là un effet réciproque : il y a action et réaction. Du reste, en Economie politique, et dans la plupart des sciences en général, on renonce aujourd'hui à cette question qui paraît oiseuse : où est la cause, et où est l'effet? C'est la question qui revient si souvent dans la vie ordinaire, lequel a commencé? Toutes les fois que deux enfants se battent à l'école et qu'on demande à l'un lequel a commencé, il répond : Monsieur, c'est l'autre! Et de même chaque fois que deux nations sont en guerre. Il faut abandonner cette recherche vaine, lequel des deux phénomènes est cause, lequel est effet, pour étudier simplement les rapports de dépendance qui existent entre eux; on doit constater seulement que les deux faits sont en fonction l'un de l'autre, comme on dit en langage mathématique, ou simplement sont interdépendants. C'est là ce qui fait l'objet de la science à proprement parler.

Par exemple, longtemps on a enseigné que l'offre et la demande déterminaient les prix, ceux-ci étant l'effet, l'offre et la demande étant la cause. Mais il est évident que le prix, à son tour, détermine l'offre et la demande. De même ici : retenons simplement qu'il y a entre le mouvement des prix et celui des salaires action réciproque.

Mais ceci pose un autre problème. Puisqu'il y a une interdépendance naturelle entre le mouvement des prix et celui des salaires, pourquoi ne pas chercher à la consolider par la loi ou par un contrat? Ne serait-ce pas là la vraie solution? Ne pourrait-on faire varier périodiquement les salaires en fonction du nombre indice des prix? Chaque quinzaine ou chaque mois, en payant l'ouvrier, on multiplierait son salaire par un coefficient égal à celui du nombre indice. Si le nombre indice avait doublé d'un mois à l'autre, on doublerait le salaire; s'il avait triplé, on triplerait le salaire, et s'il avait augmenté de 4 à 5 %, on ferait subir au salaire une hausse égale de 4 à 5 %.

Ce serait, semble-t-il, une règle bien imaginée pour couper court aux conflits et pour arrêter cette chasse haletante du salaire courant après les prix?

Ce procédé, connu sous le nom d'échelle mobile des salaires, a été expérimenté. Il y a dans bien des villes de France ce qu'on appelle une Commission paritaire, chargée précisément de dresser tous les mois le nombre indice du coût de la vie et de régler les salaires en conséquence. Et plusieurs fois, à la suite de grèves, les ouvriers ont demandé que leurs salaires fussent réglés dorénavant sur cette base-là (1).

Mais cette solution qui, à première vue, semble si sim-

---

(1) Tel a été le cas d'une grève, ou plutôt d'un lock-out qui, en mars de cette année 1925, a eu lieu au Danemark. Cette lutte gigantesque a duré trois mois et s'est terminée par la victoire des travailleurs.

Les syndicats demandaient le maintien du système de l'ajustement de la rémunération ouvrière aux variations du coût de la vie, calculé d'après les nombres indices. Ceux-ci auraient motivé une augmentation générale de 3 % que les patrons refusaient.

ple et si juste à la fois, n'a pas donné de très bons résultats dans la pratique et même au point de vue théorique n'a pas trouvé une approbation unanime, tant s'en faut.

Voici pourquoi. Au point de vue pratique, cela va bien tant qu'il y a hausse. Mais le jour où la Commission vient dire : « Ce mois-ci, le nombre indice a diminué de 10 %, nous allons donc réduire le salaire de 10 % », cela ne va plus du tout. Certes, il est arrivé parfois que des syndicats ouvriers — il faut leur rendre cet hommage — ont accepté loyalement la baisse, quand il y a eu baisse du nombre indice, mais ce n'est pas fréquent et généralement les ouvriers protestent quand on leur parle de baisse.

Dans le journal l'*Humanité* il y a eu toute une série d'articles pour démontrer que les nombres indices sont truqués, qu'ils sont établis de façon tendancieuse par des employés de l'Etat, des statisticiens, des professeurs, qui n'ont pas de sympathie pour la classe ouvrière et préfèrent se fier aux chiffres fournis par les patrons.

Les ouvriers sont naturellement disposés à croire ces incriminations et qu'il ne faut pas se fier à ces chiffres.

Et dès lors, les patrons, même ceux qui seraient disposés au besoin à accepter cette façon de régler les salaires, hésitent parce qu'ils se disent : nous en serions dupes.

Mais il y a aussi des arguments de doctrine. Ce système de l'échelle mobile des salaires est également désavoué par les économistes de l'école classique économique et par les socialistes de l'école marxiste.

Il est désavoué par les économistes classiques, parce que ceux-ci disent que le salaire ne peut être réglé par les besoins de l'ouvrier; le salaire étant le prix de la main-d'œuvre, est réglé, comme le prix de toute marchandise et de tout service, par la loi de l'offre et de la demande.

A première vue, cette objection semble porter à faux puisque ce que demandent les ouvriers c'est précisément que le prix de leur travail suive le cours du prix des marchandises : si celui-ci est réglé par la loi de l'offre et de la demande, eh bien! le salaire ne le sera-t-il pas aussi solidairement?

Mais l'objection porte néanmoins, parce que l'offre et la demande ne jouent pas de la même façon dans les deux cas; les lois naturelles qui régissent les salaires ne sont pas les mêmes que celles qui régissent les prix et, par conséquent, si on solidarise les deux par un engrenage de fer, il y a à craindre des frictions et un détraquement de tout le mécanisme industriel (1).

Quant aux socialistes marxistes, — les socialistes purs — ils ne goûtent pas non plus cette solution. Ils peuvent l'accepter comme un pis aller, en temps de crise; mais eux non plus ne peuvent admettre comme un principe que le salaire doit se régler sur les besoins de l'ouvrier (2). Car, la thèse socialiste c'est que l'ouvrier a droit à tout le produit de son travail, et par conséquent c'est nier ce droit que de lui dire : Sur le produit de ton travail, on va calculer ce qui t'est nécessaire pour vivre, et on t'assurera ce minimum, mais pas plus. C'est faire revivre la loi d'airain. De quel droit tarifer le salaire selon les besoins de l'ouvrier? Alors, pourquoi pour le patron aussi, ne pas tarifer son profit dans la mesure de ses besoins nécessaires et légitimes? Que pour lui aussi le coût de la vie soit la règle, si elle l'est pour l'ouvrier!

Voilà pourquoi la solution conciliante dont nous parlons ne me paraît guère avoir chance de se généraliser.

A Vienne, en Autriche, où elle avait été adoptée, elle vient d'être abandonnée d'un commun accord.

§ 2. — Les fonctionnaires

Passons à une autre catégorie sociale qui se rapproche de la précédente, mais qui en diffère cependant, celle des fonctionnaires.

____

(1) En ce moment (juillet 1925) nous en voyons un remarquable exemple dans l'industrie du charbonnage : le prix du charbon est en baisse tandis que le nombre indice des prix monte. Il en résulte que, d'une part, les patrons déclarent ne pouvoir continuer à payer les mêmes salaires puisqu'ils ne peuvent vendre leurs charbons au même prix, et que les mineurs déclarent ne pouvoir accepter une baisse des salaires puisque le coût de la vie augmente. Le système de l'échelle mobile des salaires, s'il eut été appliqué, aurait donné raison aux ouvriers, mais peut-être déterminé la fermeture des mines.

(2) Le secrétaire de la C. G. T., Jouhaux, dit : « Le salaire ne peut être fonction du coût de la vie. Il a une valeur en soi. »

Elle n'est pas aussi nombreuse que celle des ouvriers, dont nous venons de parler, mais considérable cependant. Les ouvriers se chiffrent par une dizaine de millions, tandis que les fonctionnaires sont un peu moins de 1 million, soit 726.000 fonctionnaires de l'Etat et 180.000 fonctionnaires des communes. Mais on peut y joindre une catégorie de salariés qui, généralement, suit le sort des fonctionnaires : ce sont les employés des chemins de fer, dont une partie d'ailleurs — ceux des réseaux de l'Etat, c'est-à-dire de l'Ouest et de l'Alsace-Lorraine — sont bien des fonctionnaires puisqu'ils appartiennent au service de l'Etat. Mais même les employés des grandes Compagnies sur les autres réseaux sont plus ou moins assimilés aux fonctionnaires, puisque l'Etat prétend intervenir sinon dans leur nomination du moins dans leur révocation et leur réintégration, et toutes les fois qu'il y a hausse de traitement pour les fonctionnaires, les cheminots en réclament le bénéfice. Et ils sont près de 400.000.

Quelle est la situation des fonctionnaires dans la crise de la vie chère?

Leur situation est beaucoup plus fâcheuse que celle des ouvriers, et cela pour deux raisons :

La première, c'est parce que leurs traitements ne sont pas au jour le jour, ou par semaine, comme le salaire des ouvriers mais établis de façon définitive : ils ne sont pas réglés par la loi de l'offre et de la demande, ni par un contrat de travail toujours résiliable, mais bien par des lois que votent les Chambres.

En temps normal, c'est là une grande supériorité du fonctionnaire sur l'ouvrier et c'est elle qui rend sa situation très recherchée, même lorsque le traitement est inférieur au salaire, mais en temps de hausse des prix et d'inflation c'est au contraire un gros désavantage.

En effet, la précarité du salaire le rend plus élastique, tandis que la fixité du traitement l'immobilise. Chaque fois qu'il s'agit de changer le traitement des fonctionnaires, c'est tout un mécanisme qu'il faut mettre en branle. Il est nécessaire que le Parlement fasse une loi nouvelle, et la complication est énorme parce qu'il faut respecter plus ou moins la hiérarchie des fonctionnaires, c'est-à-dire régler le taux des augmentations suivant le grade pour chaque fonctionnaire. On commence par en bas, et puis il faut établir une majoration proportionnelle à tous les degrés de l'échelle. C'est une opération qui, pour aboutir, exige non pas seulement des mois mais des années.

La seconde différence avec les salaires des ouvriers proprement dits, c'est que, jusqu'à hier, les fonctionnaires n'étaient pas syndiqués, ou du moins s'ils l'étaient, ils l'étaient illégalement et n'étaient donc pas aussi bien armés que les ouvriers pour déclencher l'augmentation des traitements. Aucune loi n'avait jusqu'à présent reconnu les syndicats de fonctionnaires. C'était la thèse de tous les gouvernements qui s'étaient succédé au pouvoir, depuis quarante ans, que la loi de 1884 sur les syndicats ne s'appliquait pas aux fonctionnaires, et c'était aussi la jurisprudence. Ils pouvaient bien former entre eux des associations, conformément aux droits de tous les citoyens français, mais ils n'avaient pas le droit de former des syndicats proprement dits.

Il est vrai que depuis bien des années, à cette interdiction légale se substituait une tolérance de fait, et tout dernièrement le nouveau gouvernement a reconnu aux fonctionnaires le droit de former des syndicats proprement dits, quoique pourtant ils ne soient pas encore reconnus juridiquement.

Un bon nombre de fonctionnaires non seulement se sont constitués en syndicats mais ont fait acte d'adhésion à la C. G. T. précisément afin d'exercer sur le Gouvernement la même pression que les ouvriers syndiqués exercent sur les patrons. Car ici c'est l'Etat qui est le patron.

L'action syndicale des fonctionnaires peut devenir extrêmement redoutable pour le Gouvernement. Il est vrai que le gouvernement actuel, qui a déclaré reconnaître leur droit syndical, s'est refusé à leur reconnaître le droit de grève. Mais il est possible que cette seconde barrière bientôt tombe à son tour, car non seulement les fonctionnaires syndiqués mais aussi le parti socialiste nient absolument cette limitation du droit des fonctionnaires. Ces jours derniers, le principal leader du parti socialiste a déclaré à la

Chambre que lui, et son parti, n'admettaient pas que ce fût une faute pour des fonctionnaires — dans l'espèce il s'agissait d'une grève générale d'employés de chemin de fer — d'interrompre un service public et qu'ils en avaient parfaitement le droit, sans encourir ni pénalité ni même révocation.

Et assurément, le jour où les fonctionnaires auront à leur disposition l'arme de la grève, ils pourront faire voter au Parlement toutes les augmentations de traitement qu'ils voudront et il faudra s'en remettre à leur discrétion.

Ce n'est point à dire que toute grève de fonctionnaires soit bien redoutable. S'il n'y avait à craindre que les grèves des sous-préfets, des préfets, des agents des contributions ou agents des douanes, voire même grève des instituteurs ou professeurs de l'Université, voire même des sergents de ville, quoique ceci soit déjà un peu plus grave — l'opinion publique ne serait pas émue outre mesure. Mais il en serait autrement d'une grève des employés des Postes et Télégraphes, des employés de chemins de fer, des services de l'électricité, des eaux ou d'éclairage.

Peut-être, cependant, peut-on supposer qu'en telle circonstance les consommateurs prendraient eux-mêmes la défense de l'intérêt public et que les Ligues dites « d'action civique » retrouveraient une certaine faveur.

Au reste, même sans recourir à des moyens de guerre, par la force des choses, la hausse des traitements finit toujours par suivre, mais très inégalement, la hausse des prix.

Les gouvernements s'efforcent d'abord de tourner la difficulté en donnant à leurs fonctionnaires, au lieu d'une augmentation de traitement, une indemnité de vie chère. C'est préférable parce que l'indemnité de vie chère a pour caractéristique d'être provisoire. Elle implique que si le prix des choses vient à baisser, l'indemnité de vie chère sera supprimée.

Mais comme la cherté n'a fait que s'accentuer, l'indemnité soi-disant provisoire s'est continuée d'année en année, et les fonctionnaires n'ont pas tardé à demander la consolidation de l'indemnité. Les gouvernements se sont finalement ralliés à l'augmentation de traitement. On a posé cette question à la Chambre à propos de l'élévation des traitements : si le franc remonte et que la vie baisse, que fera-t-on? Le gouvernement a été obligé de répondre que la majoration des traitements était définitive, c'est-à-dire qu'elle ne pourrait plus disparaître ou être réduite que par la promulgation d'une autre loi.

C'est là le danger. Les augmentations de traitement consolident la hausse des prix et en quelque sorte la consacrent.

Toutefois, même quand les gouvernements augmentent les traitements et même lorsque cette augmentation de traitement devient définitive, elle conserve cependant le caractère d'une indemnité de vie chère en ce sens qu'elle n'est pas proportionnelle aux traitements.

Ce qui caractérise l'indemnité de vie chère c'est qu'étant destinée à payer les dépenses de première nécessité, elle doit être la même pour toutes les catégories de fonctionnaires, en principe. C'est ainsi qu'on vient de voter, ces jours derniers, une indemnité de vie chère de 500 francs pour tous les fonctionnaires. Cette indemnité sera égale pour tous. Le Président de la République touchera ses 500 francs comme le facteur rural.

De même, quand on établit les augmentations de traitement, on dit : ceux qui ont de gros traitements n'ont pas besoin d'être augmentés, ou pas autant que les petits.

Voici par exemple comment s'exprimait, dans le précédent cabinet, le Ministre des Finances, M. de Lasteyrie :

« Les augmentations de traitement que nous avons consenties en 1923 varient de 350 à 400 pour 100, par rapport aux traitements d'avant guerre, pour les petits fonctionnaires, facteurs ruraux, les instituteurs, les douaniers...

« L'augmentation a été de 250 à 300 % pour les fonctionnaires moyens (par exemple, les rédacteurs dans les ministères, les sous-chefs de bureau, les professeurs de lycée, les officiers à deux ou trois galons).

« Elle a été seulement de 100 à 150 % pour les fonctionnaires supérieurs (par exemple, les ingénieurs en chef, les directeurs des ministères, les magistrats de la Cour de Cassation, les professeurs des Universités) » (1).

Voici, au lieu de pourcentages, quelques chiffres concrets qui seront plus clairs.

Pour les instituteurs, le traitement mensuel était, avant la guerre, de 187 francs; il a été porté, en 1924, à 888 fr. Le nombre indice de cette augmentation est 475 : c'est presque le quintuple. Leur traitement est donc relativement supérieur à ce qu'il était avant la guerre.

Les agents des contributions qui recevaient en 1914 183 francs touchent en 1924, 798 francs. Le nombre indice est 440 : un peu plus que quadruplé.

Les facteurs des Postes et Télégraphes touchaient, en 1914, 245 francs; ils reçoivent, en 1924, 817 francs. Le nombre indice est de 333; le chiffre d'avant-guerre a été un peu plus que triplé. Ils sont un peu moins bien traités que les précédents (2).

Somme toute, on peut dire que, pour les petits traitements, l'augmentation des traitements a été en moyenne égale à celle des prix : ils sont donc au moins dans la même situation qu'avant la guerre; ils n'ont pas eu à souffrir de la cherté de la vie.

La preuve que les fonctionnaires inférieurs n'ont, somme toute, pas trop à se plaindre de la cherté de la vie et de la hausse des prix, c'est que précisément, comme le faisait

---

(1) D'après M. March (livre cité ci-dessus) l'augmentation des traitements serait exprimé par les nombres indices que voici — le chiffre d'avant-guerre étant 100 (indemnité de vie chère incluse).

	célibataire	marié avec 2 et 3 enfants
au-dessous de 3.000 francs	283	389
3.000 à 6.000 francs	226	283
6.000 à 12.000 francs	189	210
12.000 à 25.000 francs	148	158
au-dessus de 25.000 francs	110	117

Mais la statistique de ce tableau s'arrête à 1919. Une nouvelle augmentation va être effectuée : 900 millions de francs ont été votés à cet effet.

(2) Ils s'en sont aperçus! Aussi, à l'heure où ce livre s'imprime, ils ont fait une grève d'avertissement dans les bureaux des Postes de Paris et menacent de déclarer une grève générale si on ne leur accorde immédiatement la péréquation des traitements. Mais nombre d'autres pourraient réclamer de même.

observer à la Chambre le même ministre des Finances que j'ai nommé tout à l'heure, jamais il n'y a eu davantage de demandes d'emploi pour être nommé fonctionnaire.

Il est évident que si les fonctionnaires étaient plus malheureux que les ouvriers, les emplois de l'Etat ne seraient pas tellement recherchés.

Voici quelques chiffres donnés par le ministre :

pour les contributions directes :

> en 1914 .... 1.500 candidats
> en 1923 .... 2.700 —

pour les douanes :

> en 1914 .... 950 candidats
> en 1923 .... 2.920 —

pour les commis des Finances :

> en 1914 .... 356 candidats
> en 1923 .... 1.300 —

Enfin le poste le plus envié semble être celui de facteur rural. Il y avait :

> en 1914 .... 270 candidats
> en 1923 .... 2.515 —

dix fois plus! Cela veut dire que les ouvriers ruraux veulent tous quitter leur ferme et leur charrue pour porter la boîte du facteur rural, encore qu'il y ait une trentaine de kilomètres à parcourir chaque jour.

Mais on peut dire, par contre, que les fonctionnaires moyens et surtout les fonctionnaires supérieurs reçoivent des traitements très inférieurs à ceux qu'ils avaient avant la guerre, puisque l'augmentation n'a été que de 100 à 150 %. Et encore, le taux réel est-il souvent inférieur à celui indiqué par le Ministre, car si je prends celui que je connais le mieux, celui des professeurs de l'Université de Paris de 1re classe, je constate que le traitement qui était avant la guerre de 15.000, a été porté successivement à 21.000, à 25.000 et enfin, l'année dernière, à 28.000 fr., ce qui correspond au nombre indice 187. Le traitement n'a donc pas même été tout à fait doublé. Si on exprime en or les 28.000 francs payés aujourd'hui, ils représentent 7.300 francs d'avant-guerre. En réalité, le traitement a été réduit de plus de moitié!

Les fonctionnaires qu'on appelle supérieurs sont donc au premier rang des victimes de la cherté : ils ne le cèdent qu'aux petits rentiers, et encore est-ce à savoir.

Sans doute, on peut voir là un progrès démocratique en ce sens qu'on se rapproche d'une égalité des fonctions. Il y a aujourd'hui beaucoup moins de différence qu'avant la guerre entre les petits et les gros traitements. On marche vers un régime d'égalité démocratique analogue au régime bolcheviste qui ne comportait, du moins il y a dix-huit mois, quand j'étais à Moscou, qu'une échelle de traitements très restreinte entre un minimum de 60 roubles par mois pour les plus petits traitements, et un maximum de 150 roubles pour les plus gros.

Mais reste à savoir si cette égalisation n'aura pas des conséquences fâcheuses pour les services publics et pour l'intérêt national. Nous avons vu tout à l'heure que l'élévation des petits traitements avait déterminé une affluence de candidats. On peut donc, inversement, s'attendre à ce que la diminution relative des traitements des hautes fonctions publiques en rende le recrutement plus difficile ou même ne le tarisse. Cette crainte n'est pas chimérique : je pourrais citer dans l'enseignement supérieur plusieurs cas de jeunes gens ayant renoncé à leur carrière pour trouver ailleurs un emploi plus rémunérateur de leurs capacités.

§ 3. — Les professions libérales

Pour terminer, j'ai encore à dire un mot des professions libérales, quoique, à vrai dire, ceux qui les exercent ne soient pas précisément dans la condition des salariés, mais plutôt des producteurs indépendants. Ils vendent directement leurs services au public, ils ont des clients mais n'ont pas de patrons. Les professions libérales sont tout ce qu'il y a de plus varié : avocats, médecins, littérateurs, artistes, acteurs, professeurs libres, journalistes. On y trouve les rôles les plus éclatants aussi bien que les plus modestes, ceux des célébrités du barreau, des étoiles du cinéma, des dames qui « vont en ville » donner des leçons d'anglais ou de piano. Il faut y ranger aussi, depuis la séparation des Eglises et de l'Etat, les membres du clergé des diverses religions.

Vous comprenez pourquoi, avec une telle hétérogénéité, il est impossible d'établir des statistiques et de dégager des moyennes. Nous n'avons pour nous renseigner que des moyens d'investigation éparpillés.

A cette question : dans laquelle des trois catégories faut-il classer les professions libérales : celle qui souffre de la vie chère, celle qui en bénéficie, ou celle à qui elle est indifférente? il est donc difficile de répondre d'une façon absolue.

Je dirais que ce qui caractérise les professions libérales, c'est que les revenus de ceux qui les exercent sont en fonction des revenus de la clientèle particulière de chacune d'elles.

Les professions libérales qui s'adressent aux classes riches ont dû bénéficier de la hausse des prix, tout comme les fabricants et les marchands de bijoux, de toilettes, etc. Il y a certainement des avocats, des médecins, des architectes, des peintres, des acteurs, tous ceux qui ont la chance d'être investis d'une espèce de monopole conféré par une haute situation, qui ont profité de la hausse des prix plus que n'importe quel fabricant.

Mais à côté, ou au-dessous de ceux-là, il y a ceux dont la clientèle est recrutée dans les classes moyennes, et ceux-là ont vu leurs revenus diminuer ou même tarir en même temps que ceux de leurs clients. Les petits médecins, les petits avocats, les professeurs libres dont je parlais tout à l'heure, ces dames ou ces demoiselles qui vont donner des leçons de piano ou d'une langue étrangère, tous ceux-là ont souffert et souffrent cruellement de la hausse des prix. Ils en souffrent d'autant plus qu'ils n'ont pas de syndicats pour se défendre, et moins encore la ressource de la grève, car une grève de ces professions libérales n'aurait aucun effet et serait risible : elle n'existe déjà que trop sous la forme coercitive du chômage.

Les professions intellectuelles ont souffert plus que toute autre. On peut en citer des exemples tragiques dans les pays qui ont été ravagés par l'inflation, comme en Allemagne et en Autriche — sans même parler de la Russie, où d'autres coups sont venus s'ajouter à ceux de l'inflation. Vous savez qu'en Allemagne, quiconque veut devenir professeur commence par enseigner comme professeur libre (*privat docent*) dans une Université; c'est-à-dire qu'il ouvre un cours et n'a d'autre revenu que les droits payés par les étudiants, tant par heure de cours hebdomadaire. Un *privat docent* fait cinq, six ou sept heures de cours par semaine. Et avant la guerre, s'il avait 50 élèves, il pouvait se faire de 4 à 5.000 marks de revenus. Mais depuis la guerre, par suite de la dépréciation du mark, quelle a été leur situation? On m'a cité un *privat docent* qui avait cinquante auditeurs présents à son cours : il a gagné, l'hiver dernier, 100 millions de marks. Mais ces 100 millions de marks valaient 60 pfennigs-or, c'est-à-dire un peu moins de un franc-or, ou 5 francs de notre monnaie actuelle. Ce n'était pas suffisant pour payer le prix d'une paire de chaussures, à peine le prix d'un ressemelage !

Qu'est-il arrivé? C'est qu'il a été impossible, pendant les années qui viennent de s'écouler, à quiconque n'était pas un fils de famille riche, de devenir professeur et que les Universités ont été, pendant cette période, absolument fermées aux prolétaires. Chose piquante! C'était précisément le contraire de ce qui se passe dans les Universités russes, qui sont fermées à tous les fils de bourgeois et ne sont ouvertes qu'aux fils de prolétaires.

Et, même en dehors de ces situations exceptionnelles, on peut dire que les travailleurs intellectuels ont été beaucoup plus éprouvés par la hausse des prix que les travailleurs manuels. Pour ne parler que des professions libérales que je connais le mieux, par exemple les auteurs de livres ou les journalistes, voici quelle est leur situation.

Les auteurs de livres ont, dans une certaine mesure, bénéficié de la hausse des prix, en ce sens que, comme ils sont payés par un droit d'auteur à raison de tant pour cent sur le prix de vente des livres, et que le prix des livres a augmenté, les bénéfices des auteurs ont augmenté dans les mêmes proportions. Mais quoiqu'on se plaigne de leur cherté, le prix des livres n'a pas quadruplé : le livre de 3 fr. 50 avant la guerre ne se vend pas 14 francs; il se vend 7 fr. ou 7 fr. 50. De même le livre de 7 fr. 50 ne se vend généralement pas 30 francs, à moins qu'il ne s'agisse d'un livre d'art ou de science avec planches. Par conséquent, les droits d'auteur ne comprennent pas, pour l'auteur, la dépréciation de la monnaie.

Remarquez d'ailleurs que si, pour les livres déjà édités, leurs auteurs ont pu bénéficier d'une partie tout au moins de la hausse du prix, d'autre part, les nouveaux auteurs ne trouvent plus d'éditeurs. On n'édite que les livres dont les auteurs consentent à payer les frais d'édition, ou encore ceux qui sont appelés à une grande vente, soit parce qu'ils ont obtenu quelque prix littéraire, soit parce qu'ils sont assurés d'une vente dans les écoles, soit parce qu'ils seront vendus sous forme d'éditions de luxe à un très haut prix.

Tous les étudiants savent ce qu'il en coûte aujourd'hui de faire imprimer des thèses de doctorat!

Les journalistes, eux aussi, sont parmi les victimes de la cherté de la vie, car le prix des articles n'a pas suivi la hausse des prix, si ce n'est peut-être pour ceux qui sont attachés à un journal à titre permanent pour faire des chroniques.

Avant la guerre, un article dans un journal était payé couramment 100 francs. Pensez-vous qu'aujourd'hui il soit payé 400 ou 500 francs? Tant s'en faut! Rarement il est payé 300 francs, plus souvent 200 francs seulement. Je sais des revues très connues qui, jusqu'à il y a deux ans ne payaient que 50 francs, aujourd'hui 120 à 150.

Au reste il ne faut pas s'en étonner, car les éditeurs de journaux à qui l'on reprocherait de ne pas mieux payer leurs rédacteurs répondraient : Nous ne pouvons pas quadrupler les honoraires de nos rédacteurs par la raison bien simple que nous ne pouvons pas quadrupler nos prix d'abonnement, ni ceux de vente au numéro. Dans aucun pays les abonnements des journaux n'ont été quadruplés.

Et pourquoi ne peuvent-ils quadrupler leurs prix d'abonnement ou de vente? C'est parce que leurs abonnés ou leurs acheteurs se recrutent dans la classe moyenne, dans les professions libérales dont je parlais tout à l'heure, et ce sont elles précisément qui ont le plus souffert de la cherté de la vie. C'est tellement vrai qu'en Allemagne, où les classes moyennes ont le plus souffert, le massacre de la presse a été général. Elle revit peut-être maintenant, mais il y a trois ans, à peine un journal sur dix avait pu survivre.

CHAPITRE V

L'ÉTAT ET L'INTÉRÊT NATIONAL

Après avoir passé en revue les diverses catégories sociales qui sont affectées en bien ou en mal par la hausse des prix, reste à voir quel est l'effet de la cherté sur l'ensemble de la nation, non plus au point de vue des intérêts privés ou professionnels, mais au point de vue de l'intérêt général.

§ 1. — Les charges de l'État

Le représentant de l'intérêt public c'est d'abord l'Etat. Quelles sont les répercussions de la cherté sur l'Etat?

Evidemment la hausse des prix, quoi qu'on puisse en penser, lui est très avantageuse. Et cela même quand elle prend les formes pathologiques, comme actuellement, d'une hausse des prix résultant de l'inflation et de la dépréciation monétaire. Elle lui procure un double avantage.

Le premier, c'est d'augmenter ses revenus. Un très grand nombre d'impôts, en effet, sont proportionnels au prix des choses, non seulement s'il s'agit d'impôts de consommation mais aussi de ceux d'entregistrement ou de timbre sur les transferts. Et même s'il s'agit d'impôts sur le revenu, que ce soit l'impôt général ou l'impôt cédulaire, bon nombre de revenus sont en fonction des prix. Il en résulte donc que quand les prix montent, presque tous les revenus de l'Etat montent aussi. Vous en avez la preuve actuellement dans les relevés des recettes mensuelles de l'Etat. Vous voyez tous les mois le gouvernement et les journaux se féliciter de l'énorme plus-value des impôts. L'année 1924 aura donné une plus-value d'impôts de plus de 4 milliards de francs, soit de plus de 12 %. S'il survenait une baisse des prix, nous verrions les revenus de l'Etat baisser aussi.

Vous me direz : mais si la hausse des prix augmente

ses recettes, elle augmente aussi ses dépenses; alors, cela doit revenir au même? Non, car quoique le budget des dépenses de l'Etat soit aussi affecté par la hausse des prix ce n'est pas dans la même proportion que le budget des recettes. Voici pourquoi.

Les dépenses de l'Etat se subdivisent en trois catégories très inégales.

La première c'est celle des achats qu'il doit payer à ses fournisseurs. Celle-ci, en effet, suit la hausse des prix. C'est pourquoi vous voyez à chaque budget demander les crédits additionnels pour l'entretien des armées, des arsenaux, des postes et télégraphes, des constructions, etc. Mais c'est la portion relativement moindre du budget.

La seconde catégorie de dépenses de l'Etat, ce sont les traitements des fonctionnaires; et celle-ci est considérable: une douzaine de milliards actuellement! Mais j'ai expliqué précédemment que les traitements des fonctionnaires ne suivent que d'assez loin et jamais intégralement la hausse des prix, en sorte que l'Etat profite de toute cette marge. S'il y a un retard d'un an, deux ans, trois ans, entre la hausse des prix et celle des traitements, cette marge-là est un bénéfice pour l'Etat. Et j'ai démontré que si le niveau des prix finit par être rattrapé par les petits traitements, cela n'arrive jamais pour les gros traitements ni les pensions. Nouveau bénéfice pour l'Etat.

La troisième, et malheureusement la plus grosse partie des dépenses de l'Etat, ce sont les intérêts de la dette publique. Actuellement, sur notre budget de 32 milliards de francs, il y a 19 milliards pour les intérêts de la dette publique. Et, avec ce que nous devons aux pays étrangers à qui, jusqu'à présent, nous n'avons pas payé les intérêts, mais qui commencent à réclamer, avec les intérêts à payer pour les dépenses nécessaires à l'achèvement de la reconstitution des régions envahies, nous verrons d'ici quelques années le chiffre de 25 milliards d'intérêts à payer pour notre dette. La seule consolation dans cette déplorable situation, c'est que cette charge-là ne sera jamais aggravée par la hausse des prix. C'est une somme fixe, elle ne changera plus; éternellement, ce sera la même chose, les titres de rente dite perpétuelle, que l'Etat a délivrés à ses prêteurs représenteront le même chiffre de francs en capital et en revenu. Et mieux que cela! Si la hausse des prix devait continuer et s'aggraver par suite d'une dépréciation croissante du franc, au fur et à mesure la charge de la dette publique, soit en capital, soit en intérêts, quoique restant la même nominalement, serait en fait décroissante puisqu'elle représenterait une valeur sans cesse dépréciée, jusqu'à se réduire à rien si, comme en Allemagne, en Pologne, en Autriche, la valeur de la monnaie tombait au millième, au millionième, au milliardième, de sa valeur ancienne.

L'Etat est quitte légalement en versant tous les ans entre les mains de ses petits rentiers le même nombre de billets, lequel peut finir par ne plus représenter que son poids de papier et même pas.

A la fin de l'année dernière, quand l'Allemagne a été obligée de changer son système monétaire et de balayer tous ses marks-papiers, à ce moment-là la dette publique de l'empire d'Allemagne, qui était, avant la guerre, d'à peu près 10 ou 12 milliards de marks, ne représentait plus que quelques pfennigs-or, quelque chose comme quelques francs français. N'importe qui aurait pu faire la générosité de rembourser la dette du gouvernement allemand! Elle a été volatilisée. Il en est de même pour la dette russe, celle intérieure du moins; en l'abolissant, le gouvernement bolcheviste n'a rien fait perdre aux rentiers, car ils avaient déjà tout perdu.

En France, nous n'en sommes pas là : néanmoins les 20 milliards payés annuellement pour le service de la dette publique ne représentent plus que 5 milliards francs-or, ce qui veut dire que les rentiers ont perdu les 3/4 de leur rente, et par conséquent que l'Etat se trouve soulagé d'autant. C'est une banqueroute, si vous voulez; pourtant le mot n'est pas juste quoiqu'on l'emploie continuellement, car la banqueroute suppose la mauvaise foi, la fraude, tandis qu'ici c'est parfaitement légal. L'Etat a promis des francs ou des marks, et s'il arrive que ces marks ou ces francs tombent à zéro ce n'est pas la faute de l'Etat : on ne peut pas dire en effet que l'Etat l'ait fait volontairement. Il est vrai qu'on a beaucoup dit en France que c'était volontairement que l'Etat allemand avait provoqué cette dépréciation de la monnaie, afin précisément de se libérer de sa dette; mais je ne le pense pas, car en somme, ce sont les citoyens allemands qui ont été principalement les victimes de cette dépréciation, quoique bon nombre d'étrangers qui avaient spéculé sur le mark aient tout perdu aussi.

Certes! il serait exagéré de dire que la dépréciation de la monnaie n'ait que des avantages pour l'Etat : quand elle est rapide, comme elle l'a été en Allemagne, elle diminue le rendement des impôts en faisant tomber dans les caisses de l'Etat une monnaie de plus en plus dépréciée et déjoue par là toute prévision et tout établissement des budgets. L'Etat a beau augmenter les impôts : il ne peut tenir pied à la dépréciation de la monnaie.

Mais, en laissant de côté le cas d'inflation catastrophique et en ne considérant que le phénomène de la hausse des prix, il n'y a pas à mettre en doute qu'elle ne soit, somme toute, très avantageuse à l'Etat.

Et ce n'est pas seulement dans la situation présente, c'est depuis des siècles que la dépréciation de la monnaie vient au secours des Etats et les soulage progressivement du fardeau de leurs vieilles dettes. Elle a été vraiment pour eux providentielle.

Pour confirmer les explications que je viens de donner, vous n'avez qu'à faire la contre-épreuve, en vous demandant ce que seraient les charges de l'Etat si, au lieu d'une hausse des prix et d'une dépréciation de l'instrument monétaire, on voyait demain un mouvement inverse, une baisse des prix et une hausse de la monnaie.

C'est pourtant ce qu'on fait espérer au public français : les économistes, les financiers, les chefs du gouvernement, ne cessent de lui répéter : Attendez, prenez patience, vous verrez que le franc redeviendra au pair de l'or! Mais une telle perspective, loin de me rassurer, m'apparaît effroyable, car si elle se réalise, cela voudra dire que l'Etat aura à payer annuellement 25 milliards de francs-or, et éventuellement, s'il veut rembourser le capital de ses dettes, 400 milliards de francs-or. Où les trouvera-t-il?

§ 2. — **Les répercussions économiques**

Elargissons maintenant notre horizon : au-dessus de l'Etat, il y a l'intérêt général dont l'Etat n'est pas le seul représentant : quels peuvent être à ce point de vue, les effets salutaires, bienfaisants, ou au contraire les effets nocifs, malfaisants, de la cherté?

Il y a lieu ici, je crois, de distinguer entre deux aspects de la hausse des prix, celle que j'appellerai naturelle, et celle que j'appellerai artificielle.

La hausse des prix naturelle est celle qui résulte de causes économiques naturelles, telles, par exemple, que l'augmentation de la population, la multiplication des besoins, l'augmentation des richesses, tous phénomènes qui sont, en effet, l'ordre naturel des choses dans tout pays prospère.

La hausse des prix artificielle est celle qui résulte seulemnt de l'inflation, c'est-à-dire de la multiplication volontaire de la monnaie.

En ce qui concerne la hausse des prix résultant de lois naturelles, elle nous paraît salutaire et même on pourrait la définir par ce seul mot de progrès; tout progrès économique en effet se traduit par l'augmentation de la population et par l'augmentation des besoins et des ressources, tous les trois cumulant leur action dans l'augmentation de la demande, qui à son tour se traduit par la hausse des prix. Tout cela ce sont les signes d'une bonne santé du corps économique.

Cette hausse des prix est bienfaisante, d'abord parce qu'elle stimule la production.

J'ai expliqué dans la première leçon de ce cours comment les industriels, les fabricants, les agriculteurs, en un mot toute la partie active de la population, est la première à bénéficier de la hausse des prix, de la cherté. Et par conséquent cette cherté agit comme un stimulant sur la production. Le producteur y va plus gaiement quand il est soutenu par la perspective d'une hausse des prix.

Les premiers économistes qui étaient les Physiocrates français, à la fin du dix-huitième siècle, attachaient une extrême importance en ce qu'ils appelaient « le bon prix ».

Un bon prix, pour eux, c'était la condition de la santé économique d'un pays et ils employaient une expression très pittoresque : « cherté foisonne », ce qui voulait dire cherté crée l'abondance.

Cependant la question n'est pas si simple qu'il le semble. Il n'est pas sûr qu'une période de hausse des prix ininterrompue fût l'idéal au point de vue de la productivité et de la santé économique.

Il ne serait pas bon d'avoir un printemps perpétuel et ce ne sont pas les pays qui en sont doués qui sont les plus productifs. Le rythme des saisons, l'hiver qui succède à l'été, comme dans nos pays, est plus favorable peut-être pour tonifier l'organisme animal et aussi l'organisme économique. Les périodes de baisse des prix sont des périodes de réfrigération, de resserrement, de recueillement, durant lesquelles l'élan s'arrête un peu, mais ce n'est pas un mal.

Alors, le producteur, se voyant en face d'une baisse des prix, ne peut plus se laisser aller à cet optimisme qui se repose tranquillement dans l'attente d'une hausse des prix automatique. Obligé de réagir contre la baisse, alors il cherche les moyens de diminuer le coût de production. Les périodes de baisse des prix ont marqué souvent, plus que les périodes de hausse, des ères d'invention mécanique, de réorganisation non pas seulement dans l'ordre technique mais aussi dans l'ordre économique et même peut-être dans l'ordre moral.

C'est ainsi que si l'on veut organiser des associations coopératives ou mutuelles dans les campagnes, ce n'est pas dans les moments de hausse et de prospérité qu'il faut aller catéchiser les paysans. Dans ces moments-là, ils n'en ont pas besoin, parce que chacun peut vendre ce qu'il veut. Mais dans les moments de crise, dans les moments où les prix baissent, alors les hommes éprouvent le besoin de se serrer les uns contre les autres, et c'est un moment favorable pour créer toutes les œuvres de solidarité.

Ainsi, en résumé, la hausse des prix désirable me paraît se présenter sous l'image d'une ligne lentement ascendante, en pente douce, mais pas d'une régularité telle qu'elle ne comporte à des intervalles éloignés quelques oscillations. Ainsi que je l'ai fait remarquer souvent, c'est précisément sous cette forme-là qu'apparaît, sur le cylindre d'un baromètre enregistreur, la ligne qui marque le beau temps et annonce sa durée. C'est aussi par le même diagramme que se marque le beau temps dans le ciel économique.

Voyons maintenant l'autre aspect de la hausse des prix, celle que j'ai appelé la cherté fictive, c'est-à-dire celle qui résulte non plus du jeu naturel des lois économiques mais de l'inflation. Celle-ci, au contraire, n'a que des effets déplorables au point de vue de l'intérêt public. Sans doute, on peut retrouver dans cette sorte de cherté quelques-uns des avantages que je signalais tout à l'heure comme résultats de la cherté naturelle, mais on ne les y retrouve que viciés.

Ainsi d'abord j'ai dit que la cherté stimulait la production. Or, l'inflation la stimule aussi parce qu'elle fait grossir dans des proportions incalculables les profits. Seulement, quand elle est sous cette forme, cette hausse des prix n'est plus l'accélération du pouls qui résulte d'un effort sain mais celle qui résulte d'un accès de fièvre et qui consume peu à peu les forces vitales du pays. C'est un stimulant comme l'alcool. Elle ronge et détruit successivement ces deux facteurs essentiels de la production qui sont le travail et l'épargne.

Elle tue le travail d'abord parce qu'elle montre qu'il est inutile, parce que dans des périodes comme celle où nous sommes, et encore plus dans les pays qui ont passé par le dernier degré de l'inflation, ce n'est plus le travail qui procure la richesse : c'est un mécanisme automatique du système monétaire. La phrase fameuse de Franklin, tant de fois répétée par les économistes et qui se trouve dans tous les manuels de morale : « Si quelqu'un vous dit qu'on peut s'enrichir autrement que par le travail et par l'épargne, ne l'écoutez pas : c'est un empoisonneur public » — paraît ridicule. Si Franklin revenait aujourd'hui, en face de toutes les fortunes créées depuis la guerre, il n'oserait plus répéter qu'on ne peut s'enrichir autrement que par le travail et l'épargne. Mais il pourrait redire tout de même qu'il y a eu un empoisonnement du public.

Pour l'épargne, c'est la même chose et peut-être pire. Là où la dépréciation des monnaies et la hausse consécutive des prix ont dépassé un certain degré, en Allemagne, on a vu l'épargne devenir absolument impossible par la raison bien simple que quand la monnaie perd de sa valeur chaque mois, chaque semaine, chaque jour, il faudrait être fou pour déposer des billets de banque dans une caisse, que ce soit celle de l'Etat ou la caisse d'épargne, avec la perspective de voir ces mêmes billets, lorsqu'on vous les rendra, n'être plus que des chiffons de papier. Il n'y a aucun intérêt à épargner quand la valeur monétaire s'effondre chaque jour. C'était un proverbe courant au moment de l'inflation, en Allemagne, que « l'on ne peut épargner que ce que l'on a consommé ». On voyait les ouvriers, le jour même de la paye, aller dépenser chez le marchand tout le produit de leur paye et acheter n'importe quoi, même ce dont ils n'avaient aucun besoin, en se disant : Quoi que ce soit, il nous restera quelque chose, tandis que de la monnaie, dès la semaine prochaine peut-être, il ne restera plus rien.

Nous n'en sommes pas encore là, heureusement, en France. L'épargne continue. Dans les Caisses d'Epargne les dépôts dépassent de beaucoup les retraits. Et je dois dire que j'admire la robuste confiance du paysan français, même de l'ouvrier, ou de l'homme de la classe moyenne, qui apporte par milliards ses billets à la Caisse d'Epargne, ce qui prouve qu'il a confiance et croit fermement que quand il ira les rechercher dans un mois, un an, deux ans, ils vaudront autant qu'aujourd'hui. Admirable optimisme qu'assurément il faut encourager! Et même quand il se manifeste sous forme de thésaurisation dans l'armoire, j'estime qu'on a bien tort de gourmander ce paysan, comme l'a fait récemment encore un ministre des finances. N'est-ce pas le plus bel hommage qu'on puisse rendre à une monnaie de papier que de la thésauriser? Et d'ailleurs, retirer des billets de la circulation c'est diminuer la pression que leur quantité exerçait sur les prix, c'est faire de la déflation.

Mais si la situation actuelle reste encore satisfaisante à ce point de vue, elle n'en est pas moins précaire et à la merci d'une surprise qui pourrait ruiner cette confiance et faire refuser sur le marché tous ces billets thésaurisés ou placés. Si l'épargne est encore active en France elle pourrait être tuée demain. Déjà celle du riche ne se porte plus que sur les valeurs étrangères : c'est un symptôme grave.

§ 3. — **Les perturbations morales**

Ce n'est pas seulement au point de vue économique mais au point de vue moral que la cherté quand elle est le résultat de l'inflation, devient un fléau national. Par la double action que nous avons exposée dans les chapitres précédents — profits pour les vendeurs, ruine pour les consommateurs — elle aggrave formidablement l'inégalité des classes. On a, sans cesse, parlé des nouveaux riches que la guerre a créés, et c'est certain. On voit aujourd'hui, en France, des fortunes qui eussent paru incroyables avant la guerre. A ce moment, des fortunes de 100 millions en France étaient une rareté; aujourd'hui il y en a un certain nombre, Mais à côté, il y a aussi les nouveaux pauvres. Ainsi, l'abîme entre les deux classes de la société va grandissant, ce qui est le meilleur bouillon de culture pour le bolchevisme qu'on redoute tant. Et comme nous le disions tout à l'heure, le lien qui semblait unir, au moins en théorie, la richesse au travail et la misère à la paresse ou à l'imprévoyance, semble avoir absolument disparu. La richesse se trouve discréditée.

J'ai vu des industriels honorables qui étaient confus et presque honteux de leurs gains; mais que faire? Ils ne pouvaient pourtant, pas les réduire, vendre au-dessous du cours, car ils n'auraient fait par là qu'augmenter les profits des intermédiaires. Ils disaient : « Nous ne savons que faire de nos bénéfices; indiquez-nous du moins quelque moyen de les employer utilement. » Mais ceux-là sont rares, et plus nombreux sont ceux qui les dépensent en les jetant par les fenêtres. On n'entend parler dans les journaux que de ventes de meubles, tableaux, timbres-poste, à des prix inouïs. Chaque jour les journaux annoncent que quelque dame a perdu un collier de quelques centaines de mille francs, et sur la même page ils annoncent le suicide de quelque déchu. Jamais le luxe n'a été plus effronté que depuis cette hausse des prix (1).

Cette ruée exaspère la classe ouvrière. Elle l'exaspère non seulement par le spectacle de ces fortunes créées dans les ateliers ou dans les fabriques où ils travaillent. Mais elle les exaspère aussi par le jeu diabolique de cette course entre les salaires et les prix dont je parlais tout à l'heure, qui fait que lorsque, pressés par la hausse des prix, ils réclament et obtiennent une augmentation du salaire, aussitôt ils voient cette augmentation des salaires hâter et précipiter la hausse des prix, et ainsi ils se sentent enfermés dans une espèce de cercle diabolique où ils tournent sans pouvoir trouver une issue.

Dans je ne sais quel livre de contes pour enfants j'ai vu l'image d'un âne attelé à une petite voiture, qu'on fait courir en suspendant une botte de foin devant son museau; il court toujours pour l'attraper et fait ainsi, du même effort, avancer la voiture et fuir le but.

Ajoutez enfin un danger déjà signalé, l'effet inhibitoire qu'exerce cette cherté inflationiste sur la production intellectuelle, sur les œuvres désintéressées.

On a vu pendant la guerre les sociétés dont le besoin se faisait le plus sentir, les sociétés pacifistes, être réduites à interrompre leur œuvre parce qu'elles n'avaient plus les moyens de payer les brochures ni de louer des salles pour leur propagande.

Au premier rang de ceux qui souffrent de l'inflation et qui sont disposés à lutter contre elle, sont les coopérateurs, non seulement parce qu'ils en souffrent, ne pouvant spéculer sur les hauts prix et obligés au contraire de freiner en temps de hausse, mais surtout parce que la coopération, comme je le dis souvent, se définit par ce double but : établir le juste prix, éliminer l'injuste profit. Eh bien, il n'y a pas de situation qui soit plus contraire à l'établissement du juste prix et plus favorable à l'injuste profit que le régime économique créé par l'inflation.

Peut-être pourrait-on plaider les circonstances atté-

---

(1) « Le luxe le plus insolent qui se soit étalé depuis le Directoire », a dit quelques mois plus tard, M. Herriot.

muantes pour l'inflation en faisant valoir cet argument que la hausse des prix tend à diminuer le pouvoir de la monnaie, l'empire du capital placé, de la richesse acquise, et cela à l'avantage des richesses nouvelles et du jeune travail? Peut-être dira-t-on qu'au fur et à mesure que l'argent perd de sa valeur, les créanciers voient leur créance diminuer, puisqu'ils n'ont à toucher qu'un argent qui vaut de moins en moins, et par conséquent les entreprises existantes ne sont plus accablées par le poids du passé?

Un grand financier qui a vécu sous la Restauration, dont le nom a été donné à une rue de Paris, Laffitte, — et remarquez qu'il n'était nullement socialiste — disait :

« Quel est en général la qualité du capitaliste dans la société? C'est ordinairement celui qui a travaillé, ou qui ne travaille plus, ou plus ordinairement encore, c'est celui dont les pères ont travaillé autrefois et l'ont dispensé de travailler lui-même aujourd'hui.

« L'homme qui vit ainsi sur une œuvre passée doit devenir continuellement plus pauvre, parce que le temps le transporte avec la richesse d'autrefois au milieu d'une richesse toujours croissante.

« A défaut du travail, il n'y a qu'un moyen de se soutenir au niveau des valeurs actuelles, c'est de diminuer sa consommation. Il faut ou travailler ou se réduire. Le capitaliste a le rôle de l'oisif; sa peine doit être l'économie, et elle n'est pas trop sévère. »

Voilà avec quel détachement philosophique un grand capitaliste appréciait cette érosion qui, comme la mer fait des falaises, ronge peu à peu la valeur et le pouvoir de l'argent. Mais il est à remarquer que dans cette page célèbre Laffitte n'avait pas en vue la diminution de valeur de la monnaie résultant de l'inflation dont il ne pouvait prévoir les ravages, mais la diminution de la valeur de la monnaie résultant de ce que j'appelais tout à l'heure les causes naturelles, notamment la multiplication des richesses. Dans ce cas, en effet, la loi peut être considérée comme ayant une valeur morale.

Elle l'avait surtout dans le passé, beaucoup moins dans le présent. Sans doute, dans l'histoire, la personne du débiteur apparaît comme plus sympathique que celle du créancier. Il est naturel et juste que l'on s'intéresse plus au pauvre qui emprunte pour vivre qu'au riche qui prête pour s'enrichir. Mais il faut prendre garde que si ces deux mots de créancier et de débiteur, de prêteur et d'emprunteur, évoquent dans le passé, d'un côté la puissance, de l'autre la faiblesse, au temps présent le point de vue change tout à fait. On ne peut plus dire d'une façon absolue que le prêteur soit le fort et l'emprunteur le faible. L'emprunteur, aujourd'hui, ce sont les grandes sociétés financières et les Etats. Et le prêteur, c'est le public, c'est tout le monde, c'est le paysan qui tire ses billets, sinon du bas de laine aujourd'hui bien suranné, du moins de sa poche ou de ses armoires. Le prêteur c'est souvent l'exploité!

Ce n'est donc plus l'heure de verser un pleur sur la condition des emprunteurs. Et si la marche des choses et les dépréciations de la monnaie et la hausse des prix nous montrent les prêteurs ruinés au profit des emprunteurs, il n'y a nullement lieu de s'en féliciter.

C'est ce qui s'est passé. Les grandes Compagnies dans tous les pays d'Europe, aujourd'hui, ont gagné tout ce qu'elles ont voulu par la ruine des gens qui leur avaient prêté. Tous les industriels d'Allemagne et les agriculteurs se sont libérés de toutes les hypothèques et les pauvres gens qui leur avaient prêté n'ont plus rien.

Mais c'est surtout quand il s'agit de la dépréciation de la monnaie résultant de l'inflation qu'il serait absurde de croire que la puissance du capital et des possesseurs de monnaie en soit diminuée. Bien au contraire! ce sont eux, seuls qui bénéficient de la situation, parce que ce sont eux seulement qui sont en mesure de profiter des variations des prix et de celles du change, qui savent trouver le moment propice pour se défaire des valeurs qui vont baisser et acheter celles qui vont monter; ce sont eux qui ont les disponibilités nécessaires pour prêter aux taux énormes provoqués par l'inflation. Tandis que les portefeuilles des petits épargnants se vident, ceux des capitalistes se gonflent. Jamais le capitaliste n'a été plus puissant en Europe que depuis qu'elle est ravagée par l'inflation, et les financiers peuvent sourire de la prophétie de leur illustre prédécesseur leur annonçant qu'ils « devront ou travailler ou se réduire ».

DEUXIÈME PARTIE

La cherté considérée du côté marchandise

Puisque, ainsi que nous l'avons montré dans la première leçon, la hausse des prix peut tenir aussi bien aux variations de valeur de la monnaie qu'à celles des marchandises, il convient de l'examiner sous ces deux aspects dans deux parties distinctes.

Et dans chacune de ces parties il y aura lieu d'abord d'exposer les causes, puis de rechercher les remèdes — pour autant du moins que l'on considère que la hausse des prix soit un mal.

PREMIÈRE SECTION

Les causes de la cherté

Nous arrivons maintenant à l'étude des causes de la hausse des prix. Cette question s'est posée bien souvent depuis des siècles.

Elle s'est posée au XVIe siècle notamment, où il y a eu une hausse des prix presque égale à la hausse actuelle : ils ont quintuplé. Seulement cette hausse s'est espacée sur près d'un siècle de durée, tandis que la hausse actuelle s'est réalisée en un très court laps de temps, cinq années seulement et, par là même, a été beaucoup plus frappante.

Il y a eu une seconde période de hausse au début de ce siècle, de 1897 à 1912 environ, hausse de prix qui aujourd'hui nous paraît misérable car elle n'a pas dépassé 30 à 35 %, mais à cette époque elle a paru très considérable et a fourni matière à une quantité d'articles.

J'ai fait moi-même, à l'Ecole de Droit, en 1910, un cours

d'une année sur cette hausse des prix. Mais dans ce cours je ne ferai pas l'histoire des prix et me limiterai à la situation actuelle.

Les causes de cherté portant sur les marchandises sont nombreuses. Ce sont celles qui attirent presque exclusivement l'attention du public et qui font l'objet de discussions au Parlement et dans la presse — quoique ce soient celles qui aient la moindre part dans la crise actuelle. Mais elles agissent pourtant.

Bornons-nous aujourd'hui à les énumérer en nous réservant de revenir sur celles qui sont les plus intéressantes, et écartons d'abord celles dont la recherche nous paraît aboutir à un cercle vicieux.

Je lisais dans un journal de ce matin qu'au dire d'un député le prix des transports était une des principales causes de la hausse des prix. C'est évident, mais c'est comme si l'on disait que la hausse du prix du charbon est une cause de la hausse des prix; le charbon n'est qu'un produit qui rentre lui-même dans l'ensemble des marchandises. De même les tarifs des chemins de fer et le prix des transports maritimes sont des facteurs de la hausse du prix, mais ils en sont également les effets. C'est un truisme que de dire que la hausse du prix de revient est une des causes de la hausse des prix.

Quand on étudie les causes de la hausse, il faut chercher les causes externes au mouvement et non celles qui sont en quelque sorte internes, c'est-à-dire qui ne sont que les répercussions du prix des matières premières, ou des salaires, ou des services productifs, sur le prix des produits définitifs.

<h2 style="text-align:center">CHAPITRE PREMIER</h2>

<h1 style="text-align:center">LES CAUSES DE CHERTÉ TENANT A LA GUERRE</h1>

La crise de cherté actuelle a ses origines dans la dernière guerre. Cela est bien évident en ce qui concerne la cause principale qui est la dépréciation du franc, mais c'est vrai même en ce qui concerne les causes affectant la valeur des marchandises.

Toutefois, pendant la guerre il y a eu des causes de

cherté qui n'existent plus aujourd'hui ou qui n'existent que sous une forme d'une prolongation plus ou moins atténuée.

1° La première c'était l'épuisement rapide de tous les stocks amassés avant la guerre, qui ont été consumés en un rien de temps, ce qui a amené une raréfaction de l'offre des marchandises. Cette cause-là a disparu aujourd'hui dans l'industrie. Les stocks se sont reconstitués. Cependant dans l'agriculture le nombre des bœufs, des porcs et surtout des moutons, n'a pas encore retrouvé le chiffre d'avant la guerre (1). La superficie des terres emblavées est inférieure aussi à celle d'avant la guerre, à raison de la rareté et de la cherté de la main-d'œuvre agricole.

2° Une seconde cause de cherté a été la raréfaction de production due à l'occupation, par l'ennemi, de sept ou huit départements français, la région la plus productive et la plus riche de France, tout ce que nous avons de mieux pour le charbon, le fer, le sucre, les tissages, les marchandises de grande consommation. Il y a eu de ce chef des déficits impossibles à combler. Cette cause-là n'a pas encore tout à fait disparu depuis six ans que les départements sont libérés. La production dans ces régions n'est pas revenue à ce qu'elle était avant la guerre. Il y a certaines industries qui se ressentent encore aujourd'hui des destructions qu'elles ont subies.

On pourrait même voir là une des causes de la crise du logement; sans doute elle n'est pas spéciale aux départements dévastés, mais l'effort énorme qu'on a dû faire dans ces régions pour reconstruire 5 à 600.000 maisons a eu nécessairement une répercussion sur toute l'industrie de la construction en faisant renchérir le prix des matériaux et de la main-d'œuvre.

---

(1) Voici le nombre de têtes de bétail (ajoutez trois zéros) :

	Bœufs et vaches	Moutons	Porcs
1913	14.783	16.031	7.036
1924	14.025	10.171	5.800
Diminution ..	5,15 %	37 %	17,5 %

On voit que la diminution porte sur tout le bétail : elle est énorme pour les moutons. Il n'est pas étonnant que les côtelettes soient si chères !

3° Une autre cause qui a agi pendant la guerre et qui heureusement a complètement disparu, c'est le blocus, c'est-à-dire l'arrêt des importations et aussi la perte de milliers de navires avec leurs cargaisons, ce qui, naturellenment, a diminué d'autant l'offre des produits sur le marché. Celle-là est passée; la flotte s'est reconstituée, les frets évalués en or ne sont guère plus élevés que ceux d'avant guerre. N'en parlons plus.

4° Une cause de même nature a été des difficultés de transport, même à l'intérieur, qui ont agi d'une façon formidable sur les prix pendant la guerre : les transports par voies ferrées étaient presque accaparés par les nécessités de la défense nationale, pour le transport des hommes, des munitions, des permissionnaires, des millions de colis qu'on envoyait aux soldats, ce qui faisait que le transport des marchandises civiles était réduit au minimum.

5° Une autre cause de cherté qui a agi pendant la guerre d'une façon formidable ç'a été la diminution de la main-d'œuvre, causée elle-même par la mobilisation de toute la population mâle. Le nombre d'hommes qui ont été mobilisés en France a été de 8 millions (exactement 7 millions 930.000) et tous pris dans la population masculine adulte. Or, la population masculine totale entre 20 et 60 ans n'était que de 10.230.000. Par conséquent ce sont les 4/5 (80 %) qui ont été enlevés en travail productif.

Sans doute un certain nombre de ces mobilisés ont été ramenés du front dans les usines de guerre : presque tous les ouvriers d'industrie ont été rappelés pour travailler dans les usines. Mais que faisaient ces ouvriers rappelés dans les usines? Ils faisaient des obus, des canons, des mitrailleuses, des tanks, c'est-à-dire rien qui pût servir à satisfaire aux besoins d'ordre économique.

Cette dernière cause a-t-elle disparu? Question angoissante! Il faut répondre : oui et non.

Oui, en ce sens qu'un grand nombre de ces mobilisés ne sont pas revenus; 1.375.000 Français ont été tués, et environ 5 à 600.000 ne sont revenus qu'invalides ou réformés, par conséquent impropres au travail et à la production. Le déficit dans la population productive est donc à peu près de 2 millions, ce qui représente un grand vide.

Je viens de dire qu'avant la guerre le nombre des hommes adultes entre 20 et 60 ans était de 10.230.000; s'il y en a eu 2 millions de supprimés, cela fait près de 1/5, 20 % de déficit dans la capacité productive, dans la main-d'œuvre nationale.

Parmi eux les agriculteurs ont été les plus nombreux. Cela s'explique. Pour les ouvriers de l'industrie, on les a rappelés du front pour les mettre dans les usines. Mais les paysans, on ne les a pas rappelés; ils étaient à leur place pour creuser les tranchées, on les y a laissés et bon nombre y sont encore.

Il y a cependant ici certaines corrections à apporter. Il serait exagéré de dire que ces 2 millions d'hommes morts ou invalides étaient tous des travailleurs productifs. Il s'en faut de beaucoup, hélas! que dans nos sociétés de luxe et de plaisir chaque individu soit un travailleur productif. Bon nombre dans la classe riche ne sont que des parasites et bon nombre parmi les commerçants, les fabricants ou les salariés, ne servent qu'à entretenir ces parasites riches. La fameuse parabole de saint Simon sur l'inutilité des oisifs est incomplète car il faudrait l'étendre à tous ceux qui produisent des inutilités.

Je dirai même que si la France a pu réaliser ce prodige, — auquel personne, aucun économiste, n'aurait pu croire avant de l'avoir vu — de vivre pendant près de cinq années alors que tous ses hommes valides étaient mobilisés, l'explication qu'on peut donner ce n'est pas seulement celle, réconfortante, qu'il y avait dans la nation des énergies, des possibilités latentes, qu'on ne soupçonnait pas, mais c'est aussi celle, moins flatteuse, que même en temps de paix il y avait un effroyable gaspillage de travail humain et qu'à cet égard la guerre n'y a pas changé autant qu'on aurait cru. Si l'on songe à tout le travail humain qui est gaspillé en marchandises et services absolument inutiles ou même nocifs, on s'étonnera moins que la nation ait pu vivre alors que tant de ses citoyens ne faisaient rien d'utile économiquement parlant. C'est qu'un grand nombre de ceux-là ne produisaient pas davantage avant la guerre.

Mais ici il faut voir un autre aspect de la question. Dans les autres pays, les morts ont déjà été ou seront bientôt remplacés, parce que l'excédent des naissances comblera bientôt le déficit. Mais la France n'a pas à compter sur ce remplacement-là ni dans vingt ans ni dans mille ans. Elle ne remplacera jamais ses morts à moins qu'il n'y ait une révolution dans la natalité, que rien absolument ne fait prévoir dans les statistiques de la natalité des dernières années.

Mais si nos morts et nos invalides ne sont pas remplacés par des Français, ils le seront — ils le sont déjà et au-delà — par des étrangers.

Avant la guerre, le nombre des étrangers en France était de 1.100.000, mais durant la guerre un grand nombre sont partis ou ont été expulsés. On évalue aujourd'hui à plus de 3 millions le nombre des étrangers en France, sur lesquels il y a peut-être 8 ou 900.000 Italiens, 5 ou 600.000 Polonais, Espagnols, Belges, Kabyles, Chinois même (1).

Ils sont donc remplacés, nos morts, et bien remplacés au point de vue de la main-d'œuvre; et ils sont peut-être plus que remplacés parce que, parmi ces morts, il y en avait beaucoup qui travaillaient pour satisfaire à nos besoins de luxe, de gaspillage, de mode, dont le travail n'était pas économiquement productif, tandis que tous ces étrangers eux, travaillent productivement.

Il faudrait déduire, il est vrai, de ce chiffre, le nombre des étrangers qui viennent ici pour s'amuser, pour dépenser leurs dollars ou leurs livres, et dont l'action sur les prix est assez curieuse car en même temps que par leurs dépenses ils concourent à les faire monter, d'autre part, ils tendent à les faire baisser en relevant le cours du franc.

Mais ils ne sont qu'une proportion infime. L'immense masse des étrangers, ce sont les travailleurs employés dans le Nord à produire le charbon; en Lorraine, à produire le fer; dans les campagnes de France, à produire le blé, donc tout ce qui est le plus indispensable à la vie nationale, le fer, le charbon, le pain. Leur présence et leur accrois-

______

(1) D'après une déclaration du Préfet de Police, ce nombre s'élevait (au 1er janvier 1925) à 2.835.000. Le nombre s'accroît de 200.000 en moyenne par an. Le nombre des ouvriers étrangers entrés, déduction faite des rapatriés, a été de 203.000 en 1923, de 192.000 en 1924. L'accroissement naturel de la population française n'est guère qu'un tiers de ce chiffre : 72.000 en 1924.

sement a des effets économiques à grande portée et notamment celui-ci : un certain déclassement de la classe ouvrière. L'ouvrier français, aujourd'hui, ne veut plus du travail pénible. Ne croyez pas que ce soit là un propos de bourgeois, insultant pour la classe ouvrière : je ne fais que répéter ce que m'ont dit les membres de la C. G. T. : les ouvriers français laissent à l'ouvrier étranger le travail de force. Ce qu'ils veulent c'est devenir employés, fonctionnaires, contremaîtres, contrôleurs dans les chemins de fer, les trams ou le métro, en sorte que dans la classe ouvrière il se forme deux couches : la couche supérieure qui est de plus en plus celle des ouvriers français, et la couche inférieure, qui est celle des ouvriers étrangers, un quatrième Etat.

Si vous remarquez que cette nouvelle catégorie de prolétaires n'a pas le droit de vote, puisqu'ils ne sont pas citoyens, qu'ils n'ont pas de droits politiques, qu'ils restent en marge de la nation, que bon nombre ne tiennent pas à se faire naturaliser Français, que bon nombre aussi ne sont pas syndiqués et se soucient peu de revendications sociales et, à cause de cela, sont préférés par les patrons et les grandes Compagnies — vous en conclurez qu'il y a là une situation assez semblable à celle qu'on trouve dans les colonies — à cette différence près qu'ici ce sont les nationaux qui tiennent la place des colons et les étrangers qui tiennent la place des indigènes, noirs ou jaunes. C'est là une situation qui peut être grosse de conséquences, mais elles sont en dehors de notre sujet, passons.

6° Une autre cause de la cherté pendant la guerre c'est que, en même temps que l'offre était raréfiée sur le marché, la consommation ne diminuait pas, il s'en faut! Tandis qu'elle aurait dû se régler sur la production ralentie et sur l'offre raréfiée, les consommateurs, au contraire, se sont rués sur le peu qui restait sur le marché. La consommation aux armées a pris les proportions d'un gaspillage formidable, et celle des civils, tant des familles de mobilisés qui recevaient des allocations inespérées, que celle des ouvriers, peu habitués encore aux salaires qu'ils touchaient et qui leur semblaient inépuisables, n'a guère été moindre.

Cette dernière cause de la hausse des prix n'a pas été seulement temporaire, elle se perpétue encore dans une large mesure par les habitudes de consommation déréglée que la guerre a léguées à la population et à la génération actuelle. Retenons donc cette cause, nous aurons à y revenir.

En dehors de ces causes de cherté inhérentes à la guerre et qui ont plus ou moins complètement disparu avec elle, il en est d'autres qui, quoique antérieures ou indépendantes, ont été cependant intensifiées par la guerre. Tels sont évidemment les impôts, qui ont été sextuplés en francs papier et au moins doublés en francs or. Les droits de douane ont suivi plus ou moins la même progression, et en outre la guerre a donné à la politique protectionniste une impulsion irrésistible, à ce point que même les nations libre-échangistes l'adoptent aussi.

Une cause de cherté souvent dénoncée par les économistes et les industriels — nous examinerons plus loin dans quelle mesure cette assertion est fondée — c'est la limitation de la journée de travail à 8 heures. Sans doute, la réduction de la journée de travail est bien antérieure à la guerre, mais cependant il est à penser que la guerre en a hâté la réalisation. C'est au lendemain de la guerre que la loi des huit heures a été votée, non seulement en France, mais dans la plupart des pays, comme une sorte de récompense donnée au peuple pour sa longue épreuve.

La spéculation est aussi dénoncée fréquemment — mais celle-ci du côté opposé, par les socialistes et la classe ouvrière — comme une des causes les plus agissantes sur les prix. Or, ici aussi, s'il est vrai que la spéculation sous toutes ses formes ne date pas de la guerre, on peut dire cependant que celle-ci, et l'inflation qui a suivi, lui a fourni un milieu extraordinairement favorable; et les habitudes prises ont persisté; chacun veut gagner beaucoup et sans peine.

La multiplication des intermédiaires — qui de toutes les causes de cherté est la plus souvent citée parce qu'elle est la plus apparente et, semble-t-il, celle à laquelle est due la plus grosse part de la majoration — est peut-être la seule qui ne puisse être rattachée à la guerre ni directement ni indirectement, car elle lui était bien antérieure. Et pourtant même pour celle-ci j'incline à croire que l'émigration des campagnes a dû s'accroître depuis la guerre et contribuer à l'augmentation du nombre des parasites.

Nous ne pouvons, dans les limites de ce cours, étudier toutes ces causes de cherté; nous nous bornerons donc à l'examen de celles qui nous paraissent — sinon les plus agissantes comme facteurs de cherté — du moins les plus intéressantes par les problèmes qu'elles posent et les controverses auxquelles elles ont donné lieu. Telles sont, nous semble-t-il :

1° la question de l'organisation du commerce de détail;

2° la question des impôts et droits de douane;

3° celle de la réduction de la journée de travail.

CHAPITRE II

LES VICES DE L'ORGANISATION COMMERCIALE

La différence qui existe entre le prix des produits sur les lieux de production, tels qu'ils sortent de terre ou qu'ils se détachent de l'arbre, et celui payé par le consommateur quand ils arrivent sur sa table, est tellement énorme qu'elle paraît inexplicable.

Un de ceux qui ont les premiers signalé cette monstruosité est un socialiste que j'ai bien souvent cité et auquel même j'ai consacré un cours ici (1), c'est Fourier. Il faut que je rappelle, pour ceux de vous qui ne le connaissent pas, en quels termes Fourier raconte comment le vice essentiel de la civilisation lui fut par là révélé :

« Dans la découverte du calcul de l'attraction, une pomme devint pour moi, comme pour Newton, une boussole de calcul.

« Cette pomme fut payée 14 sous par un voyageur qui dînait avec moi chez le restaurateur F..., à Paris.

« Je sortais alors d'un pays où des pommes égales et encore supérieures se vendaient 1/2 liard, c'est-à-dire plus de 100 pour 14 sous.

____

(1) Publié en un petit livre : *Fourier précurseur de la Coopération*.

« Je fus si frappé de cette différence de prix entre pays de même température que je commençai à soupçonner un désordre fondamental dans le mécanisme industriel, et de là naquirent les recherches qui me firent découvrir au bout de quatre années les lois du mouvement universel. »

Et il ajoute plaisamment : « J'ai remarqué qu'on pouvait compter dans l'histoire quatre pommes célèbres : deux par les désastres qu'elles ont causés, celle d'Adam et celle de Pâris; et deux par les services qu'elles ont rendus à la science : celle de Newton et la mienne. »

Combien de fois chacun de vous, en lisant son journal, n'a-t-il pas vu citer des exemple de majorations de prix de légumes, de fruits, d'œufs, de viande qui, au fur et à mesure que la marchandise passe des mains du premier producteur aux mains du consommateur, font la boule de neige et sont multipliées dans des proportions fantastiques, non moindres que celles signalées par Fourier?

On a cité le cas amusant d'un fermier qui, ayant vendu des pommes de terre, avait introduit dans l'un des tubercules un petit billet indiquant le prix de vente et priant le consommateur éventuel entre les mains de qui il arriverait de lui renvoyer l'indication de son prix d'achat.

Mais avant de se récrier, il faut analyser cette majoration et la décomposer en ses éléments constitutifs. La marche du prix, du point de départ au point d'arrivée, se divise en deux étapes principales : la première qui est la formation du prix de gros, la seconde qui est la formation du prix de détail.

Prenons un exemple qui a été donné récemment. C'est le prix de vente d'un colis aux Halles : 80 kilogs de carottes et 7 kg. 1/2 de haricots. Le prix de vente aux Halles a été de 33 fr. 25. Comment ce prix se décompose-t-il? Il y a eu :

pour le chemin de fer..........................	15 fr. 40
pour le chemin de fer encore, retour de l'emballage, des paniers vides......................	2 fr. 10
pour la location du panier et la correspondance	5 fr. 10
pour le commissionnaire des Halles..........	5 fr. 75
Total	28 fr. 35

Finalement, qu'est-ce qu'il est resté pour le producteur ? Vous n'avez qu'à déduire de 33 fr. 25 les chiffres que je viens d'additionner : 28 fr. 35. Il lui est resté 4 fr. 90, c'est-à-dire 14 % sur le prix de vente.

Le chemin de fer a touché 17 fr. 50 et les intermédiaires 10 fr. 85, soit respectivement trois fois plus et deux fois plus que le producteur.

Mais continuons, et passons à la seconde étape, celle qui va de la Halle Centrale au magasin de la rue ou à la petite voiture de Crainquebille. Ces mêmes légumes, le colis sans doute ayant été défait, ont dû passer successivement par les mains de plusieurs revendeurs, mais dans l'enquête que je viens de citer, on n'a pas suivi leur sort.

Mais voici une autre enquête, à la date d'hier, de la Société des agriculteurs de France :

prix du kilo de pommes de terre aux Halles : 0 fr. 45 ; chez le marchand de détail : 1 fr. 40 ; donc un peu plus du triple.

prix du kilo de navets : 0 fr. 35 aux Halles ; 2 francs chez le marchand en détail ; près de six fois plus.

prix de la botte de poireaux : 2 francs aux Halles ; 6 francs au détail, le triple.

prix des carottes : 0 fr. 70 aux Halles ; 2 francs au détail, presque le triple. C'est justement d'un colis de carottes qu'il s'agissait dans le cas précédent.

Si nous prenons la moyenne des majorations ci-dessus, nous sommes autorisés à dire que, du prix de gros au prix de détail, la majoration est au moins du triple ; et par conséquent que le contenu du colis payé 33 fr. 25 aux Halles sera payé finalement 100 francs par les consommateurs, ce qui fait donc que le producteur n'a eu finalement que 4 fr. 90 pour près de 100 francs que le consommateur a payés, à peu près 5 %.

Or, un mécanisme commercial qui ne laisse au producteur que 5 % du prix de vente — ou, si vous voulez retourner la démonstration, qui fait payer au consommateur vingt fois le prix originaire de production — semble bien révéler un désordre fondamental dans l'ordre économique, comme dit Fourier, ou, comme dit Hamlet, « qu'il y a quelque chose de pourri dans le royaume de Danemark ! »

Mais ce qui est embarrassant, c'est qu'on ne sait trop à qui s'en prendre : dans cette série d'intermédiaires, où est le coupable, où est l'infâme profiteur? Il n'est pas aisé de le découvrir. Prise une à une, chaque addition de frais semble assez justifiée, en ce sens tout au moins qu'on ne voit pas comment supprimer le service qu'elle rétribue. Quoi que nous fassions, il y aura le transport, qui est toujours onéreux, l'emballage qui l'est aussi, les timbres-poste et télégrammes, dont le prix augmente chaque année. Quant aux intermédiaires, il est possible qu'on puisse se passer de tel ou tel, mais pas de tous, car il faudra bien que quelqu'un aille de la campagne à la ville ou, inversement de la ville à la campagne, pour conclure les marchés.

C'est dans la seconde étape, celle de la formation du prix de détail, que les majorations paraissent moins justifiées et qu'on est surtout tenté d'y voir une sorte d'usure du marchand ou de l'intermédiaire, puisque sur les 100 fr. payés par le consommateur il y a plus de 66 francs, les 2/3, prélevés par le marchand de détail. Mais c'est peut-être parce que les frais sont ici moins visibles. Le marchand de détail a à payer un loyer qui est extrêmement élevé, à moins qu'il n'ait bénéficié des prorogations légales. Il a dû payer une somme exorbitante pour l'achat du fonds de commerce; tant pis pour lui, dira-t-on, il n'a pas à en faire supporter les frais par le consommateur! c'est tout à fait notre avis, mais ceci est une autre question. Il a bien d'autres frais, notamment ceux résultant des mauvais payeurs quand il vend à crédit, et souvent il ne peut pas faire autrement.

Ce serait donc une erreur de croire que toute l'énorme majoration de prix soit le résultat d'une exploitation des intermédiaires et des marchands et que, pour la faire disparaître complètement, il suffirait d'inventer un mécanisme plus perfectionné (1).

Ce parasitisme des intermédiaires n'est pas le seul vice de l'organisation commerciale : il y en a bien d'autres ; par exemple l'usage de prendre pour fixer les cours le prix du marché de Paris qui est généralement le prix maximum. Dans n'importe quel village de montagne vous paierez le beurre « au prix de Paris », ce qui veut dire que vous payez les frais d'un transport et de reventes qui n'ont pas existé.

Récemment, le Président du Syndicat des commerçants en détail, M. Maus, a protesté contre l'opinion générale qui fait peser la responsabilité sur les marchands au détail :

« J'étais profondément surpris de lire qu'il y avait chez les marchands en détail des coefficients de bénéfice excessifs qui maintenaient les prix à un niveau trop élevé et qu'ils étaient les principaux artisans de la vie chère et du malaise économique actuel.

« En regard de notre attitude, qu'avons-nous vu? Des groupements de syndicats fixer en commun des prix de vente minima. »

Voilà donc les marchands de détail qui rejettent la responsabilité sur les producteurs! mais à en juger par le faible pourcentage touché par ceux-ci dans le décompte que nous venons de donner, ce reproche paraît immérité.

Ce qui me fait croire tout de même, malgré les protestations du Président du Syndicat des marchands au détail, qu'en France le commerce de détail est mal organisé, c'est que je trouve des résultats bien plus économiques dans une enquête faite aux Etats-Unis, sur un plan tout pareil à celui que je viens d'indiquer et qui, par conséquent, permet la comparaison. Il s'agit d'un colis de pommes (pas des pommes de terre, des pommes douces), qui a été payé 19 francs par le consommateur américain. Voici le décompte (j'ai transposé naturellement les dollars en francs d'or, pas en francs-billets) :

pour l'emballage......................................	3 fr. 30
pour le transport....................................	2 fr. 30
pour le déchet..	0 fr. 15
pour le vendeur en premier qui, en l'espèce, est une coopérative de vente.....................	0 fr. 65
pour le marchand en gros........................	1 fr. 05
pour le marchand de détail.......................	4 fr. 15

Le total des frais, transport, emballage, intermédiaire, déchet, est donc 11 fr. 60. Si vous le déduisez de 19 francs, il reste pour le producteur 7 fr. 40, soit 39 % sur le prix de vente au détail — 39 % au lieu de 5 %! Voilà assurément un mécanisme beaucoup plus économique que le nôtre, et qui nous engage à penser que l'on peut trouver moyen de réduire la dépense de consommation sans réduire, et même en augmentant, la part du producteur (1).

Mais il faut bien reconnaître que ce n'est pas facile, car toutes les fois qu'on a essayé de mettre en relation directe le producteur et le consommateur, en supprimant les chaînons intermédiaires, on n'a obtenu que des résultats très décourageants. J'ai été personnellement témoin de plusieurs expériences de ce genre dans le commerce des vins. Là aussi il y a une différence considérable entre le prix de vente au vignoble et le prix de vente chez le consommateur. Nous payons en ce moment une bouteille de vin (pas même un litre) 1 fr. 50 au minimum, et pourtant, en ce moment-ci les viticulteurs du Midi de la France ont beaucoup de peine à le vendre à 50 ou 60 francs l'hectolitre, c'est-à-dire 0 fr. 50 à 0 fr. 60 le litre. Le prix est donc triplé; il semble qu'il y ait là une énorme marge de bénéfice. Aussi de tout temps les producteurs de vin ont-ils essayé de vendre directement au consommateur, de faire ce qu'on appelle la barricaille, c'est-à-dire envoyer par barriques — on ne peut guère envoyer par colis postal des bouteilles — mais au bout d'un certain nombre d'expéditions, on a dû y renoncer parce qu'on n'y gagnait rien. C'est difficile à croire et pourtant cela peut s'expliquer si l'on compte tous les frais qu'exige cette mise en relations directes du producteur et du consommateur : correspondance, envoi de prospectus et de cartes (s'il y en a une efficace sur 50 ou 100 c'est déjà beaucoup); perte de vin par l'envoi en petites barriques, ce qui est absorbé par le bois ou perdu par évaporation, le « consume », comme on dit; et en outre ce qui est volé par le charretier en cours de route, par le tonnelier, lors de la mise en bouteille — tout cela fait un très gros déchet. Il faut compter aussi avec ceux qui ne paient pas, avec ceux qui ont mauvais caractère et qui écrivent : « Vous ne nous avez pas

---

(1) Une autre enquête (de 1922), portant sur les chiffres globaux, confirme à peu près celle-ci. Sur une somme de 22.500 millions de dollars représentant la valeur de toute la production agricole, les producteurs ont touché 7.500 millions, les intermédiaires 14.500 millions, les chemins de fer 500 millions, ce qui donne les proportions en chiffres ronds de 33 p. 100, 64 %, 2 %.

envoyé le même vin, celui-ci est mauvais. Faites-nous un rabais. »

Le système de la vente directe n'est plus usité que pour des vins fins, qui ceux-ci peuvent avoir une petite clientèle d'amateurs, et encore ces clients se font-ils de plus en plus rares.

Les mêmes expériences ont été faites pour l'envoi du beurre, des volailles, du poisson, mais n'ont pu se généraliser.

Enfin la meilleure preuve de la difficulté de supprimer l'énorme marge entre le prix de gros et le prix de détail ce sont les médiocres résultats des organisations créées spécialement à cette fin et dont pourtant le développement a été prodigieux — c'est-à-dire les coopératives de consommation. Mais ceci mérite un chapitre spécial.

Pour remédier à cette situation anarchique du commerce on a proposé :

1° De limiter le nombre des marchands du détail dans chaque profession — comme l'était encore au siècle dernier la boulangerie et comme le sont encore certaines professions libérales, notaires, avoués, agents de change — limitation qui en augmentant la clientèle de chaque magasin aurait pour effet de diminuer ses frais généraux.

Mais ce serait revenir à l'ancien régime corporatif, et en outre ce système, conférant un monopole aux marchands comporterait comme correctif la taxation;.

2° De remplacer les marchands de gros eux-mêmes par des Chambres corporatives ne faisant pas de bénéfices; mais nous retrouverons ce système, non sous forme obligatoire mais sous forme libre, dans les Fédérations d'achat coopératives.

CHAPITRE III

DE LA DIMINUTION DU RENDEMENT DU TRAVAIL

J'ai déjà fait remarquer que la hausse des prix ne pouvait être attribuée à la diminution du nombre des travailleurs parce que les millions de tués ont été remplacés par un nombre égal d'étrangers. C'est du reste un phénomène

étonnant et attristant que la facilité avec laquelle cet effroyable vide s'est rempli, et dans tous les domaines; quand
on voit la foule qui se presse dans le métro, dans les théâ-
tres, partout où l'on s'amuse, et combien de peine on a
à trouver une place disponible dans l'industrie, le commerce, les professions libérales ou les fonctions publiques,
on ne peut s'empêcher de se faire cette horrible réflexion:
si ces pauvres morts revenaient, on ne saurait où les caser.

Mais s'il n'y a pas diminution du nombre des travailleurs, n'y a-t-il pas diminution dans la capacité de travail
des survivants? Leur rendement, « efficiency », comme
disent les Américains, ne s'est-il pas réduit depuis la
guerre?

C'est une question grave et qui vaut la peine de s'arrêter un moment pour y répondre. Il y a certaines industries spéciales, comme la fabrication des autos, où la production s'est fort accrue, énormément accrue, mais il en
est d'autres, à commencer par la plus importante, le blé,
où elle a diminué. Mais je ne parle pas ici du produit brut,
je parle du rendement par travailleur. Or il semble bien
qu'il ait diminué. Ainsi dans la production la plus importante après celle du blé, le charbon, si nous comparons
le rendement moyen par travailleur en 1913 et en 1925,
voici les chiffres que nous trouvons.

En 1913 la production journalière pour l'ensemble des
mines de France a été de 136.000 tonnes avec 203.000 ouvriers — ce qui représentait donc une moyenne de 660
kilos par homme.

En 1925, le nombre des ouvriers s'élève à 312.000 et le
total de la production journalière à 160.000 tonnes — ce
qui veut dire que la moyenne quotidienne n'est plus que
510 kilogs.

La diminution est de près de 1/4 (23 %).

Il y a d'autres domaines dans lesquels la même diminution du rendement s'accuse. On m'a rapporté ce mot d'un
vieux paysan qui a beaucoup travaillé toute sa vie : « Tant
que je pourrai travailler, disait-il, cela ira, mais après,
il me sera impossible de me faire aider, car on ne trouve
plus personne pour travailler la terre. »

Comment l'expliquer? On peut indiquer plusieurs explications.

Dans l'ordre moral, psychologique, il y a la réaction qui a suivi la guerre. Après la période de quatre ou cinq années, période de surmenage, de fatigues inouïes, non pas seulement pour les soldats du front mais même pour ceux qui avaient été renvoyés des tranchées dans les usines et auxquels on a demandé un travail formidable, il y a eu chez tous une détente, une réaction, le sentiment qu'il fallait maintenant prendre un peu de bon temps : nous avons assez trimé, disaient-ils. Il en est résulté un tempérament rétif à l'effort, à la peine, et qui est une des causes de l'immigration des travailleurs étrangers; ils viennent précisément faire les travaux pénibles qu'en France les ouvriers français ne veulent plus faire (1).

Il y a une autre explication, d'ordre moral aussi dans une certaine mesure : c'est la pénétration dans la menta-

____

(1) A un Congrès du Christianisme Social Protestant (Marseille, 1er novembre 1924) un rapport fut présenté par un industriel, M. Juteau, sur ce sujet : « Le respect du travail dans la classe ouvrière ».

Le rapporteur avait adressé à une vingtaine de personnes qualifiées cette question : « Avez-vous constaté que la conscience professionnelle est en décroissance, surtout depuis la guerre? » Il avait reçu 7 réponses affirmatives, 4 affirmatives, mais avec réserves, c'est-à-dire se refusant à généraliser, et 7 négatives. Mais parmi les questionnés se trouvaient beaucoup d'intellectuels. Je crois que la majorité affirmative eut été beaucoup plus forte si la question eut été adressée aux chefs d'entreprises de l'industrie ou de l'agriculture, et même aux leaders ouvriers. Pour moi, c'est de la bouche de ceux-ci que j'ai reçu les témoignages les plus pessimistes.

Quelles sont les causes du fléchissement indiqué par ceux qui ont répondu par l'affirmative? Voici les principales :

1° Affaiblissement de la moralité (chez le patron, d'ailleurs, aussi bien que chez l'ouvrier);

2° Diminution des bons ouvriers, causée elle-même : a) par la disparition de l'apprentissage; b) par l'extension du machinisme et taylorisme; c) par la pénurie de main-d'œuvre qui ne permet plus la sélection entre ouvriers et assure aux ouvriers non qualifiés à peu près le même salaire qu'à ceux d'élite; ;

3° Irritation grandissante de l'ouvrier contre le régime du salariat.

Il est à remarquer que la loi de 8 heures n'est pas incriminée, sinon sur ce point qu'elle permet à certains ouvriers d'aller faire un travail supplémentaire dans d'autres maisons et de réserver le meilleur de leur activité précisément pour ce travail en marge.

lité ouvrière de la théorie marxiste qui fait du travail l'unique élément de la valeur et l'unique facteur de la richesse : l'ouvrier est donc de plus en plus persuadé que tout supplément de travail qu'il fournira ne servira qu'à enrichir les patrons, sans l'enrichir lui-même. Cette idée funeste, mais qui, à des esprits simples, apparaît comme évidente, empoisonne aujourd'hui le monde du travail. On ne veut pas travailler pour faire gagner des profiteurs : c'était bon autrefois, mais plus aujourd'hui.

On a fait valoir aussi une autre explication que je ne donne qu'à titre de curiosité, car elle me paraît tout au moins exagérée : c'est l'influence des sports. Voici quelques lignes tirées, non pas d'un journal bourgeois, ce qui pourrait être suspect, mais d'un journal socialiste, et même communiste :

« Quand on regarde les ouvriers, les employés, qui se passionnèrent pour les prouesses olympiques, on assiste à un état d'esprit spécial. Ils travaillent à la façon des automates; leur pensée, au lieu de se concentrer sur l'ouvrage, vagabonde à travers les méandres du sport; une préoccupation unique anime ces malheureux; ils attendent impatiemment la fin de la journée pour avoir la faculté de se livrer corps et âme à leur passion. Le travail étant devenu une charge, par voie de conséquence, les questions syndicales les laisseront indifférents; ils s'abstiendront de participer aux assemblées corporatives. Disons-le franchement : le sport, tel qu'il est pratiqué, abrutira la classe ouvrière. Il y a des chances au surplus pour qu'il rende stupide aussi la classe bourgeoise. »

Mais les travailleurs ruraux ne font pas de sport, et pourtant si nous nous adressons à ceux-ci, c'est la même impression qui se dégage.

Mais la cause de cette diminution de la production ne devrait-elle pas être cherchée simplement dans la diminution du nombre d'heures de travail? Sans parler de la réduction à 8 heures de la journée de travail, sur laquelle nous allons revenir, comptez combien d'autres réductions! Les jours fériés (on en ajoute de nouveaux sans cesse : le premier mai, la fête de l'anniversaire de l'armistice, demain peut-être la fête de Jeanne d'Arc, etc.), les « ponts », qui, arrivant suivant les hasards du calendrier, doublent le nombre des jours fériés, la fête du 14 juillet qui prend toujours trois jours, la semaine anglaise qui supprime les après-midi du samedi (donc 52 après-midi qui font 26 jours de plus à supprimer, et même plus de 26, parce que la matinée du samedi est déjà bien amoindrie). En somme, en déduisant tous ces intervalles, les vacances de 2 à 3 semaines qui tendent à se généraliser et que nous ne critiquons pas d'ailleurs, c'est à peine si sur 365 jours de l'année il y en a 250 utilisés, soit 2.000 heures environ sur les 8.760 que compte l'année.

§ 1. — De la journée de huit heures et de ses effets sur le rendement du travail

Vous savez combien il est fréquent aujourd'hui de lire dans tous les organes de la presse libérale, comme aussi d'entendre dans le monde des affaires, des incriminations contre la réduction de la journée de travail comme étant la principale cause de la diminution du rendement, de la hausse des prix et de la crise économique actuelle.

Vous savez aussi quelle vive opposition a été faite à la loi du 23 avril 1919, non seulement avant qu'elle n'ait été votée, mais depuis lors aussi. Je ne veux pas en faire ici l'histoire, je rappelle seulement que ce fut tout de suite après la guerre, le 23 avril 1919, que la loi réduisant la journée de travail à 8 heures fut votée par la Chambre. On a beaucoup dit qu'elle avait été votée parce que le 23 avril c'est la veille du premier mai et que la classe ouvrière annonçait une manifestation formidable pour cette date. Il peut y avoir une part de vérité dans cette incrimination, mais il faut dire cependant que la question était sur le tapis depuis bien des années, même avant la guerre, et par conséquent cela n'a pas été un vote de surprise. On a cru, sans se faire peut-être d'illusions sur les conséquences graves de cette mesure, qu'on ne pouvait faire moins que de donner cette satisfaction à la classe ouvrière après l'effort qu'elle avait fourni. La nation avait dit à ceux qui l'avaient sauvée : « Nous sommes vos débiteurs ». Eh! bien, le moyen d'acquitter la dette c'était de faire droit à la plus ardente de leurs réclamations, celle dont chaque Premier Mai revenait presser la réalisation : la journée de travail de 8 heures.

Il est vrai qu'il y avait quelques moralistes qui disaient tout au contraire : « Ce serait le moment de demander à la classe ouvrière une heure de travail de plus pour le pays, afin de remplacer le travail des morts et de relever les ruines accumulées ». Un président de la Chambre de Commerce de Marseille, aujourd'hui décédé, M. Artaud, disait dans une phrase assez saisissante :

« Nous sommes, nous autres Français, dans la situation de gens embarqués dans un navire faisant eau et qui doivent ou pomper ou périr; et il faudra tout de même pomper pour expulser l'eau et pomper plus de huit heures par jour. »

Evidemment, si on s'était mis en présence de cette situation tragique d'un pays qui avait à se refaire de fond en comble et si on avait mis à profit l'enthousiasme qui a suivi la journée de l'armistice pour faire appel au dévouement, je ne dirai pas seulement de la classe ouvrière mais de tous les travailleurs de tous ordres, peut-être aurait-on pu, en effet, utiliser ces énergies destructrices que la guerre avait surexcitées, pour les transformer en énergies productrices et les canaliser dans le sens des travaux pacifiques. Un tel appel n'aurait pas manqué d'éloquence, mais il n'est guère à croire qu'il eut trouvé une audience favorable dans la masse, même s'il y avait eu des gouvernants qui eussent cette inspiration. Les ouvriers étaient décidés à ne pas l'entendre et il faut avouer, pour être juste, que la classe bourgeoise n'était pas mieux disposée à augmenter son effort ni à diminuer sa consommation et ses dépenses.

En tout cas, l'occasion a été manquée. La loi de huit heures fut donc votée, réalisant un vœu formulé par la classe ouvrière depuis près d'un demi-siècle et auquel chaque Premier Mai venait donner une intensification menaçante.

Cette loi comportait pourtant de nombreux tempéraments et même n'était qu'une déclaration de principe, car les modalités d'application devaient être fixées pour chaque industrie par un règlement spécial. Tous les autres pays firent d'ailleurs de même.

Néanmoins, comme on peut bien le penser, les industriels et les économistes, du moins ceux de l'école libérale, prédirent les plus sinistres conséquences, d'abord comme diminution de la production nationale et même comme démoralisation de la classe ouvrière.

Voici une citation, entre mille, prise dans l'*Economiste français*, et qui est de son directeur, M. Liesse :

« La réglementation du travail et en particulier la réduction de la journée du travail, sans oublier les droits de douane, ont une influence certaine, plus étendue qu'il ne paraît au premier abord, sur la cherté de la vie.

« Là encore, la loi de l'offre et de la demande se fait sentir par l'équilibre qu'elle finit par établir entre les éléments de la production. »

Il faut reconnaître qu'à première vue il y a des raisons assez fortes, en tout cas assez simples, pour croire que cette thèse est bien fondée. Avant la guerre, la journée de travail était souvent de 10 heures, mettons plutôt 9 h. 1/2 comme moyenne : si donc elle se trouve réduite à huit heures, cela fait une diminution d'un cinquième : 20 %, si l'on prend 10 heures pour le chiffre de l'ancienne journée, et 16 % si l'on prend le chiffre de 9 h. 1/2. C'est donc, même dans le second cas, une diminution considérable dans le rendement du travail, autant que serait une journée de supprimée sur les six de la semaine. Et à prendre les différents travaux un à un, il est bien difficile de ne pas admettre qu'une diminution dans la journée de travail doive finalement entraîner une diminution dans le rendement.

Prenez toutes les catégories de travailleurs. Dans le commerce, par exemple, un vendeur de magasin ou un employé de banque accomplira-t-il le même nombre d'actes de vente ou d'escompte pendant huit heures que pendant dix heures? L'employé occupé à délivrer les billets de chemin de fer ne délivrera assurément pas autant de billets en huit heures qu'en dix; l'aiguilleur dans sa cabine, le mécanicien sur sa machine, peuvent-ils intensifier leur travail pour faire en 8 heures ce qu'ils faisaient en 10? Il est évident que pour la plupart des travaux dans le commerce et les transports, le rendement est strictement proportionnel à la durée du travail. Dans l'industrie aussi, quoique le fait y soit moins évident, il est nombre de cas où la diminution dans la durée de la journée de travail doit entraîner une réduction proportionnelle dans le rendement. Prenez, par exemple, une fabrique d'autos; on nous fait admirer dans les fabriques modernes comment le travail est organisé. L'auto, circulant sur un chemin de roulement, passe successivement devant chaque ouvrier; chacun de ceux-ci ayant un certain nombre de minutes ou de secondes pour accomplir la tâche qui lui est désignée, ne peut prendre une seconde de plus, car il la ferait perdre aux autres travailleurs. Comment serait-il possible que dans un travail fait de cette façon le rendement fût le même en huit heures qu'en dix? De même pour l'ouvrier imprimeur qui voit marcher devant lui la rotative; il est au service de sa machine qui, inévitablement, fera moins de tours en huit heures qu'en dix.

Pour chercher loyalement les cas dans lesquels la diminution de la journée de travail n'entraîne pas nécessairement une diminution du rendement, et peut même coïncider avec une augmentation, voici dans quelles circonstances il faut se placer.

1° Il faut supposer le cas où l'ouvrier est maître de son travail et peut le diriger à son gré, l'accélérer, le retarder, l'étirer, comme s'il était élastique. Il est certains travaux pour lesquels cela est possible dans une certaine mesure, ce que j'appellerai le travail libre. Le dessinateur, le typo même, qui compose une page, peuvent accélérer certainement leur travail, s'ils ne perdent pas de temps, s'ils resserrent les pores du travail, comme on l'a dit. Ceci est réalisable surtout pour le travailleur agricole qui, dans le même laps de temps, peut bêcher plus ou moins de mètres carrés, planter ou greffer plus ou moins de pieds de vigne. Il faut donc, dans tous ces cas-là, supposer que l'ouvrier n'est pas enchaîné à une mécanique, ou que, s'il y est enchaîné, il garde sur sa machine un pouvoir de contrôle suffisant pour la mettre à son pas et l'intensifier quand il juge l'intensification utile.

2° Il faut une autre condition; il ne suffit pas que l'ouvrier ait la possibilité d'intensifier son travail, il faut qu'il ait la volonté de le faire; il faut que l'ouvrier se dise : « Je veux dans huit heures produire autant que dans dix heures. » Aura-t-il ce bon vouloir?

Il l'aura sûrement dans les cas où il travaillera pour lui. Il l'aura peut-être encore dans les associations coopératives de production, car l'ouvrier sachant qu'il recueillera le fruit de son travail se dira : il ne faut pas que la diminution de la journée de travail ait pour résultat de diminuer le produit; je vais m'efforcer de produire la même quantité dans un temps moindre. Il y a de fréquents exemples de ce que j'appelais tout à l'heure l'élasticité du travail, là où avec de la volonté on peut dans un temps moindre fournir la même tâche ou même une tâche plus grande.

C'est entendu; mais la masse des ouvriers salariés a-t-elle cette intention? Cette masse ouvrière qui a réclamé avec tant d'énergie la journée de huit heures et qui aujourd'hui lutte avec une vaillance infatigable pour la maintenir et la défendre contre ceux qui l'attaquent, ces ouvriers ont-ils eu, un seul moment, l'idée qu'ils devaient travailler autant dans la journée de huit heures que dans l'ancienne journée? Ce sont les économistes qui leur ont prêté cette idée, mais les ouvriers ne l'ont jamais eue! ils ont eu la franchise de ne jamais faire cette promesse. Ils ont tenu un langage tout à fait différent, ils ont dit : « Nous voulons la journée de huit heures parce que nous trouvons que dans le système actuel nous peinons trop, et nous voulons travailler moins ». Par conséquent, si on venait leur dire : « Oui, vous travaillerez un cinquième de moins, mais nous comptons que vous donnerez un effort accru d'un cinquième, de façon à rattraper par un déploiement d'énergie le temps perdu », ils répondraient : « Si à la fin de la journée notre effort, mesuré au dynamomètre, doit être aussi considérable que dans la journée de dix heures, qu'aurions-nous gagné? Les loisirs, direz-vous? Oui, mais des loisirs compensés par un surcroît de fatigue : nous n'en voulons pas. »

Les ouvriers ont un second argument pour réclamer la diminution de la journée à huit heures : c'est de faire disparaître le chômage; c'est la suppression de ce qu'on a appelé l'armée de réserve du travail, qui pèse sur le marché du travail et tend à le déprécier. Avec la journée réduite il y aura plus de marge pour caser les camarades. Si la journée est réduite de 10 heures à 8 heures, cela veut dire que là où on employait 4 ouvriers, on devra désormais en employer 5. En effet, si avec la journée de 10 heures, quatre ouvriers faisaient ensemble 40 heures de travail, il est clair qu'avec la journée de huit heures il faudra cinq ouvriers pour fournir le même nombre d'heures de travail, c'est-à-dire un ouvrier de plus.

Or ce second argument suffit à prouver de façon péremptoire que les ouvriers n'entendent pas intensifier le travail; s'ils devaient en effet fournir autant en huit heures qu'en dix, il est clair qu'il ne serait pas besoin d'appeler un nouvel ouvrier, car le patron obtiendrait le même résultat qu'auparavant! L'idée que la réduction de la journée de travail est le moyen d'abolir le chômage exclut donc absolument celle d'une intensification volontaire de la journée de travail; c'est l'évidence même.

D'ailleurs les faits confirment absolument ce raisonnement des ouvriers. Depuis que la journée de travail est réduite à huit heures, toutes les industries sont obligées d'augmenter leur personnel; c'est bien là ce que voulaient les ouvriers. Dans les chemins de fer, lors de la première application de la loi de huit heures, il y a trois ans, le personnel a été augmenté de 120.000 employés nouveaux. Vous avez vu dans les journaux qu'on allait appliquer maintenant la loi d'une manière plus sévère, c'est-à-dire ne plus se contenter de moyennes annuelles ou mensuelles, ni admettre un grand nombre d'heures supplémentaires, ni de décompter les heures de présence inoccupées. Eh! bien, on a compté qu'il fallait enrôler 15 à 20.000 employés de plus. Il en est de même dans la marine marchande. Nous avons vu que dans les mines on emploie 310.000 ouvriers au lieu de 203.000, soit 3 au lieu de 2.

Ainsi il semble bien, à en juger par le bon sens et par les déclarations des ouvriers eux-mêmes, que la réduction de la journée de travail doive avoir pour résultat une réduction du rendement individuel.

Et pourtant les faits semblent donner un démenti à ces conclusions. Les enquêtes faites sur cette matière ont été très nombreuses.

Elles s'accordent généralement à constater que non seulement il n'y a pas eu diminution mais que le plus souvent il y a eu *augmentation* dans la production! Nous ne pouvons les citer ici, même à s'en tenir aux plus frappantes : il y faudrait des heures. En voici seulement quelques-unes à titre d'exemples (1) :

Dans une fabrique de tréfilerie du Centre la production par ouvrier et par heure, qui était de 13 kg. 093 en 1914, avec la journée de 10 heures, s'est élevée à 20 kg. 155 en 1924, avec la journée de 8 heures : augmentation 53 %.

Dans un tissage de coton des Vosges, un ouvrier fabriquait 65 mètres en 10 heures avant 1914; en 1924, avec les 8 heures, cet ouvrier arrivait à 95 mètres : augmentation 46 %.

Dans un tissage de soieries de Saône-et-Loire, une ouvrière tisseuse qui produisait 12 mètres par 10 heures en 1917, donnait 24 mètres, avec 8 heures, en 1924 : augmentation 100 %.

Dans les fabriques de chaussures de Limoges, l'augmentation de production horaire, après introduction des huit heures, a été de 33 %.

Dans une fabrique d'emporte-pièces de la région du Centre, l'introduction de la journée de 8 heures a provoqué une augmentation du résultat horaire de près des trois quarts.

Comment expliquer ce paradoxe économique? Il suffit de se référer aux réponses de ces mêmes enquêtes.

L'explication c'est d'abord que le travail peut être mieux organisé, mais c'est aussi que le travail n'est pas tout, tant s'en faut! Ce n'est qu'un des facteurs de la production et son moindre rendement peut se trouver plus que compensé par l'emploi de machines plus perfectionnées. Et précisément, la réduction de la journée de travail a pour effet de stimuler le fabricant, de le contraindre à procéder à une réorganisation du travail et à acquérir des instruments plus perfectionnés. La réduction de la journée de travail a, en ce cas, le même effet que la baisse des prix dont je vous ai entretenu dans une précédente leçon,

---

(1) On en trouvera en grand nombre dans le *Bulletin du Ministère du Travail* (juillet-décembre 1924).

ou que la pression des grèves. On a remarqué bien des fois que les grèves coïncidaient avec l'invention de procédés techniques très perfectionnés. Il en est de même de la réduction de la journée de travail. Quand le patron se trouve en présence d'une journée de travail réduite, il s'ingénie pour en tirer le meilleur parti possible. Si, par exemple, dans l'industrie métallurgique on introduit la journée de dix heures, que fera-t-on? A l'ancien système des deux équipes travaillant 10 heures chacune, laissant entre elles quatre heures de battement qui sont perdues, on substitue le système des trois équipes travaillant huit heures chacune et ne laissant plus une minute de perdue dans la journée de travail: alors le travail devenant continu, les machines et le capital engagé dans l'entreprise ne perdent pas non plus une minute. Dans de telles conditions il est certain que la production par homme augmentera parce que l'organisation du travail sera plus perfectionnée.

Si ailleurs on introduit le système Taylor ou tout autre système de perfectionnement de main-d'œuvre, on pourra aussi arriver à ce résultat que l'ouvrier ne perde plus une minute et que dans la journée de huit heures il fournisse une somme de travail bien supérieure à celle qu'il fournissait en dix heures. Mais ces constatations n'infirment nullement la théorie exposée tout à l'heure que toute réduction du temps de travail entraîne une réduction proportionnelle du rendement, *toutes choses égales d'ailleurs,* avions-nous dit. Or, dans ces derniers cas, les conditions ne sont plus les mêmes.

Et c'est ce qui explique pourquoi les nations qui ont pratiqué depuis longtemps la courte journée n'ont pas perdu leur rang dans la production industrielle et l'ont au contraire maintenu et accentué. Ce n'est pas parce que l'Angleterre et les Etats-Unis ont adopté la courte journée qu'ils ont acquis leur supériorité, mais parce que cette courte journée a été compensée et corrigée par la mise en pratique de tous les perfectionnements de l'organisation du travail et des inventions mécaniques. Mais s'il s'agit de deux pays qui se trouvent au même degré de leur évolution industrielle, on ne peut guère mettre en doute qu'une inégalité dans la durée de la journée de travail n'entraîne une supériorité de rendement pour le pays à longue journée sur le pays à courte journée. Telle est précisément la situation de l'Allemagne vis-à-vis de l'Angleterre. C'est pourquoi en ce moment, en Angleterre, on est très effrayé par la perspective de voir les ouvriers allemands travailler dix heures. En effet, on craint qu'en Allemagne on fasse le raisonnement que certains avaient fait pour la France et qu'il n'y soit mieux écouté à raison de ce fait que l'Allemagne a une indemnité formidable à payer.

Serrons cependant cette analyse d'un peu plus près. Ne peut-on admettre que même sans perfectionnement de l'outillage ni de la technique, la productivité du travail puisse se maintenir et même augmenter, nonobstant la réduction de la journée de travail?

Oui, ce cas peut se présenter.

Si l'ouvrier se trouvait dans des conditions si exténuantes que pendant les dernières heures de sa journée il ne faisait rien qui vaille et que même le lendemain, quand il retournait au travail, il n'était pas encore remis des fatigues de la veille, dans ce cas, en supprimant les dernières heures de sa journée, ces heures qui sont pour ainsi dire empoisonnées, on ne perdra rien et peut-être au contraire pourra-t-on accroître le travail. Telle était la situation il y a cinquante ans, alors que la journée de travail était de douze heures et dépassait certainement les forces physiques du travailleur. Je crois qu'on pourrait dire que dans cette situation le raccourcissement de la journée de travail a été une condition, et non pas une restriction, de la productivité. Et par conséquent quand on a passé de la journée longue à la journée courte on a créé des conditions salutaires et morales supérieures; on a remplacé une génération usée par une génération plus saine et plus vigoureuse; il est naturel que la réduction de la journée de travail ait coïncidé avec une augmentation de la productivité. L'homme est un instrument qui a besoin d'être ménagé; si son tranchant est émoussé, il faut l'aiguiser.

Mais cette situation devient de plus en plus rare de nos jours au fur et à mesure que la durée de la journée de travail descend à une durée raisonnable et qu'elle n'excède plus les forces d'un homme, du moins dans la plupart des métiers. On peut admettre que la journée de travail est encore trop longue dans certains métiers, comme les chauffeurs des bateaux, les fondeurs ou les verriers, mais généralement, on ne peut dire que la journée de travail dans les limites actuelles, risque d'être une cause d'épuisement pour le travailleur et de détérioration pour la race.

C'est pourquoi, si la productivité a gagné quand la journée est descendue de 15 heures à 12, ou même de 12 à 10, le gain a certainement été moindre en descendant de 10 à 8, et probablement deviendrait-il négatif si on passait de 8 à 6, comme le demandent certains programmes ouvriers.

§ 2. — **Des effets de la réduction du travail sur la cherté.**

Nous venons de discuter la question des effets de la réduction de la journée de travail sur la productivité de l'ouvrier; certes, nous n'oublions pas que l'objet de ce cours c'est la cherté, mais évidemment les deux questions sont connexes. Si la journée de huit heures a pour effet de diminuer la productivité, il doit en résulter nécessairement une diminution de l'offre sur le marché et par là une hausse du prix. C'est ce que ne manquent pas de dire les économistes et ils y trouvent précisément leur meilleur argument contre la loi de huit heures.

Même si l'on se place dans les conditions les plus favorables indiquées ci-dessus, celles où le rendement ne sera pas diminué et même sera augmenté, la probabilité d'un renchérissement ne sera pas pour cela écartée absolument. En effet, cette augmentation de la productivité ne s'explique le plus souvent, avons-nous dit, que par un perfectionnement de l'outillage, par la mise en œuvre d'un plus grand capital. Or les machines et les capitaux coûtent cher, et le coût de production en sera donc augmenté d'autant.

Ou bien, autre hypothèse, afin de maintenir le même rendement, on prendra un plus grand nombre d'ouvriers, 5 au lieu de 4. Il faut se demander d'abord où on prendra ces ouvriers surnuméraires, pour maintenir l'offre telle quelle? S'ils sont en état de chômage, si on les prend dans l'armée de réserve, comme on l'appelle, en ce cas, c'est tout avantage pour les travailleurs; mais si on prend ces ouvriers surnuméraires dans les autres industries où ils étaient employés, en ce cas, il est probable qu'on portera préjudice à ces industries, que la production de celles-ci pourra en être diminuée, et qu'il y aura ainsi une diminution de l'offre, indirecte, par voie de répercussion, dans d'autres branches.

En tout cas, où que l'on prenne ces ouvriers surnuméraires de façon à maintenir l'offre telle quelle sur le marché, il n'en restera pas moins que le coût de production sera augmenté puisque pour obtenir le même produit il faudra payer 5 ouvriers au lieu de 4.

Les faits semblent bien confirmer ces prévisions. Si en effet les enquêtes semblent bien démontrer que dans nombre de cas la productivité n'a pas diminué par l'application de la journée de 8 heures, je ne sache pas qu'elles démontrent que le coût de production n'ait pas augmenté? C'est tout le contraire.

Dans les chemins de fer, l'augmentation des dépenses résultant de la loi de huit heures avait été évaluée à 650 millions, quoique très incomplètement appliquée; et maintenant la loi nouvelle faite pour appliquer la règle avec plus de rigueur doit, dit-on, ajouter 150 ou 200 millions aux dépenses.

Pour la marine marchande, on avait évalué à 70 millions l'aggravation des charges résultant de l'application de la loi de huit heures.

La loi des huit heures semble aussi devoir augmenter les prix par un autre mode d'action : c'est parce que là où elle n'a pas pour résultat une diminution de la quantité produite, elle a du moins pour résultat une augmentation des salaires — soit parce qu'elle entraîne le régime des heures supplémentaires, lesquelles sont toujours payées avec majoration; soit parce qu'elle permet à l'ouvrier de faire deux journées, ou tout au moins une journée et demie, payées double.

On peut même dire que pour un grand nombre d'ouvriers l'avantage qu'ils cherchent dans la réduction de la journée de travail c'est beaucoup moins un accroissement de loisirs qu'un accroissement indirect du salaire, en leur permettant de mettre leur main-d'œuvre à plus haut prix durant ces heures faites pour le repos. C'est leur droit, bien entendu : seulement ils montrent par là que bon nombre des arguments invoqués par eux contre la longue journée — tels que surmenage, chômage, etc. — sont façons de parler. Il est évident que si le régime des heures supplémentaires devait se généraliser, la loi aurait complètement manqué son but et n'aurait d'autre résultat que de faire payer à double prix les deux ou trois dernières heures de la journée.

On peut citer quelques cas curieux de ce résultat imprévu de la loi des 8 heures. Par exemple, pour les employés sur les bateaux des Messageries Maritimes, quand on leur a dit : « Maintenant, vous ne pourrez plus travailler que huit heures par jour dans un service qui dure nuit et jour, pour ainsi dire, et par conséquent nous allons doubler le personnel » — tous, ou du moins ceux affectés au service des voyageurs, au nombre de plusieurs centaines par bateau, femmes de chambre, garçons de salle, cuisiniers, se sont écriés : « Non, n'en faites rien ! car notre principal revenu ce sont les pourboires que nous donnent les voyageurs, et plus nous serons nombreux, plus la part de chacun sera petite. N'enrôlez personne en plus, nous travaillerons comme avant ; seulement les heures en plus de la limite légale, vous nous les compterez au tarif des heures supplémentaires ».

De même, je connais une petite gare où il n'y a comme employés que le chef de gare et sa femme, qui ne voient passer par jour que quatre trains dans chaque sens. Quand on lui a dit : « Vous ne travaillerez plus que huit heures ; nous allons mettre avec vous un ou deux camarades en plus », il n'en a pas voulu ! Il est chez lui, il a son petit jardin, ses poules, c'est un rentier, il ne veut pas de camarades qui s'installeront dans sa petite maison. Non, il travaillera comme avant, mais en fournissant des heures supplémentaires qui seront payées en conséquence (1).

De quelque façon donc qu'on envisage l'effet de la réduc-

---

(1) Ce système des heures supplémentaires est très pratiqué dans le service des Postes : c'est ce qu'on nomme la Californie, je ne sais pourquoi. L'heure supplémentaire est de 3 fr. 50 le jour, 5 fr. 25 la nuit.

tion de travail, il semble bien qu'elle doive augmenter le prix de revient, hormis dans les cas rares où l'accroissement du rendement sera tel qu'il dépassera l'accroissement du coût de production.

On peut répondre que l'augmentation du coût de production n'a pas pour résultat nécessaire d'augmenter le prix de vente, elle peut avoir simplement celui de diminuer les profits : en ce cas, elle ne créera pas la cherté. — Il peut en être ainsi, en effet. Evidemment, le fabricant va chercher à rejeter sur le public, par le moyen d'une hausse des prix, l'augmentation de son prix de revient, de même que, quand il y a une élévation de salaires à la suite d'une grève, il tâche de rejeter sur le public, sous la forme d'une hausse des prix, le préjudice qu'il a éprouvé. Mais réussira-t-il? Ce n'est pas sûr du tout. Oui, si la réduction de la journée de travail a pour résultat une réduction de l'offre sur le marché, mais s'il y a la même quantité offerte et demandée, si les deux facteurs qui déterminent les prix n'ont pas changé, il n'y a pas de raison pour que les prix varient par la seule raison que le coût de production aurait augmenté. Ce sera tant pis pour le fabricant : il aura à le supporter.

Il faut d'ailleurs prévoir l'éventualité que le fabricant n'ait pas une marge de prix suffisante pour pouvoir supporter cette hausse du coût de production. Il y a de grandes variétés de situations entre les fabricants. Ils ont tous à peu près le même prix de vente, mais ils n'ont pas tous le même prix de production. Il est donc probable, même certain, qu'il se trouvera tel fabricant dans une situation défavorisée à qui il ne sera pas possible de prélever sur son profit cette augmentation du coût de production résultant de la diminution de la journée de travail. Dans ces conditions, il fermera boutique. Alors, la production se trouvera diminuée et, par conséquent, l'offre sur le marché aussi.

Cette hypothèse n'est pas à écarter. Une réduction de la journée de travail, si elle vient prématurément dans un pays qui n'est pas préparé, dans une industrie qui n'est pas suffisamment entraînée, peut avoir pour conséquence un abandon de la production de la part d'un certain nombre de fabricants et, par suite, une diminution de l'offre, une raréfaction des produits sur le marché, et une hausse des prix.

Si donc on ne peut accepter sans réserves l'affirmation que la réduction de la journée de travail ne porte aucune atteinte à la productivité, encore moins peut-on admettre comme vérité absolue qu'elle n'a pas d'influence sur les prix.

Une preuve décisive d'ailleurs que la durée de la journée de travail a une influence sur les prix, c'est la crainte qu'a chaque pays de voir ses concurrents sur le marché international garder le régime des longues journées et chercher dans cette politique une arme déloyale, une sorte de *dumping*.

C'est pourquoi, en ce moment, vous voyez combien l'Angleterre est préoccupée de la concurrence de l'Allemagne et de la perspective de voir les ouvriers allemands répondre à l'appel patriotique des nationalistes en acceptant des journées plus longues que les Anglais ou les Français.

C'est précisément pour éviter cette concurrence, résultant d'une inégalité dans la durée du travail, que le Bureau International du Travail de Genève a été constitué et que son directeur, M. Albert Thomas, ne cesse de parcourir l'Europe et l'Amérique pour obtenir des Etats une entente sur une même réduction de la journée de travail. Pourquoi donc, si ce n'est parce qu'on croit que l'inégalité dans la durée de la journée de travail crée une situation plus avantageuse pour les pays qui ne la pratiqueront pas, en leur permettant de produire à meilleur marché et par conséquent favorise une concurrence déloyale? La sanction d'une législation internationale serait bien superflue si les longues journées devaient avoir nécessairement pour effet d'inférioriser les pays qui les maintiendraient.

La question est donc très complexe, plus que je ne puis le dire dans un si rapide exposé.

Notre conclusion sera-t-elle qu'il faut faire campagne contre la journée de huit heures, comme le font aujourd'hui bon nombre d'économistes de l'école libérale et d'hommes d'affaires?

Vous n'attendez certes pas de moi une telle conclusion. Même si la réduction de la journée de travail coûte cher, elle vaut pour une nation le prix dont elle est payée — à moins que, prématurée, elle ne devance trop la marche naturelle des choses, mais en ce cas la loi reste inopérante, comme le fut celle de 1848.

La réduction progressive de la journée de travail exerce, comme nous l'avons vu, une pression salutaire sur les chefs d'industrie pour les forcer à renouveler leur outillage et leurs méthodes de travail. Si elle n'est pas un coup **de fouet pour** l'ouvrier, elle l'est du moins pour le patron.

D'ailleurs le côté économique des questions n'est pas tout. Si l'on pense, comme nous devons le penser, que l'ouvrier a le droit de vivre de la vie d'un homme, il faut lui reconnaître par là même le droit à une somme de loisirs suffisante pour exercer tous les droits et accomplir tous les devoirs d'un citoyen dans un pays qui veut être une démocratie et l'est en effet. Si l'on veut qu'il soit père de famille il faut qu'il ait le temps de s'occuper de sa femme et de ses enfants. S'il est homme, il a de ce fait des devoirs à remplir vis-à-vis de lui-même; il doit avoir le temps de lire, de s'instruire, de penser, de « se recueillir », comme le dit ce mot admirable. A tous ces points de vue, la réduction de la journée de travail est un progrès — dût-elle même avoir pour conséquence une augmentation générale dans le coût de production, une diminution dans le revenu national et une hausse des prix.

Je sais bien que l'on dit que la réduction de la journée de travail ne tourne pas toujours à l'avantage du développement moral et intellectuel de l'ouvrier mais plus souvent à l'avantage du débitant de boissons, du cinéma ou, en mettant les choses au mieux, des sports. Il peut y avoir dans ce pessimisme une part de vérité, mais une étude loyale et sincère des effets de la réduction de la journée de travail montre qu'il n'en est pas généralement ainsi.

Voici plusieurs années que l'on se livre à des enquêtes très serrées, et dans tous les pays, sur cette question si grave qu'on appelle : l'utilisation des loisirs de la classe ouvrière (1). Or, on constate que somme toute et malgré

______

(1) Voir notamment *La Revue du Bureau International du Travail*, à Genève et le *Bulletin du Ministère du Travail*, à Paris.

des exceptions encore trop fréquentes mais qui tendent à diminuer, il y a une bonne utilisation de ces loisirs.

Toutefois, sans marchander à la classe ouvrière le bénéfice de la journée réduite, nous voudrions qu'elle se rendît compte de ce que cette réduction peut coûter au pays et peut lui coûter à elle-même. Il faudrait que leurs journaux, leurs meneurs, leurs syndicats, au lieu de nier toute répercussion de la réduction de la journée de travail sur les prix, déclarassent franchement : « Eh bien! oui, nous savons que cette réduction de la journée de travail, dans un grand nombre de cas, dans un grand nombre d'industries, peut avoir pour résultat une augmentation considérable du coût de production, par là même une raréfaction de l'offre sur le marché, par là même aussi une diminution possible du revenu national et par là même, que les ouvriers ne s'y trompent pas, une diminution du salaire lui-même, car le salaire est nécessairement en fonction du revenu national. Si la vie devient chère pour tout le monde, elle le deviendra aussi pour la classe ouvrière : ils seront appelés à payer sous forme de cherté l'avantage qu'ils ont trouvé sous la forme de loisirs. Mais si, ayant compris tout cela, ils répondent : même s'il doit en être ainsi nous préférons un coût de vie augmenté, et éventuellement un salaire moindre, pour avoir plus de loisirs et plus de liberté — eh bien, il faut les louer d'avoir cette préférence. J'espère que vous et moi nous ferions de même.

§ 3. — **Des lois de protection sociale et de leur influence sur la cherté**

Ce n'est pas seulement la limitation légale de la journée de travail qui est fréquemment dénoncée comme cause de la cherté, c'est aussi toute la législation ouvrière. Voici, pour ne donner qu'une citation entre mille, ce que dit un collaborateur du *Temps,* bien connu par sa chronique financière :

« La cause la plus sérieuse de la cherté de la vie pour tout le monde en France et par conséquent pour les classes modestes elles-mêmes, ce sont les lois sociales imaginées dans le but d'attenter à la liberté des gens et de restreindre le produit de leur activité, telles les lois mal faites sur le repos hebdomadaire, sur la limitation des heures de travail, etc. »

Par conséquent, il faudrait incriminer, en dehors des lois sur la réglementation du travail, la journée de huit heures, celles sur le repos dominical, celle sur le salaire minimum, et surtout celles, déjà en vigueur ou à l'état de projets, sur l'assurance sociale: pour la maladie, l'invalidité, la vieillesse, le chômage, les accidents, toutes lois qui se chiffrent par des prélèvements considérables, soit sur l'ouvrier, soit sur le patron, soit sur le contribuable quand c'est l'Etat qui s'en charge.

Ces charges des assurances sociales étaient déjà notables; mais il est probable qu'elles vont être augmentées dans une proportion formidable, étant donné le projet de loi sur l'assurance sociale intégrale. On sait que l'Etat assurerait tous les risques de la vie par l'allocation de pensions qui seraient mises en rapport avec la dépréciation actuelle de la monnaie; c'est par milliards que se chiffreront les charges de ce service d'assurances sociales.

En ce qui concerne les contributions à payer par les ouvriers, naturellement, ceux-ci n'auront ni trêve ni repos jusqu'à ce qu'ils les aient rejetées sur le patron, c'est-à-dire qu'ils aient fait augmenter leur salaire dans la proportion des contributions qu'ils auront à payer. Quant aux patrons, s'ils ont à payer leur part et en plus celle de leurs ouvriers, vous pouvez penser quels efforts ils feront pour rejeter ce fardeau sur le consommateur sous forme de hausse des prix. J'ai expliqué pourquoi ils n'y réussiront peut-être pas, mais ils feront tout leur possible pour réussir.

Et quant à la part qui incombera à l'Etat, celle-ci sera nécessairement récupérée par lui sous forme d'impôts, et ces impôts se répercuteront sur les prix.

De quelque façon donc qu'on cherche à asseoir ces assurances sociales, qu'elles soient payées par les uns ou par les autres, il est infiniment probable qu'elles retomberont sur le consommateur sous la forme de hausse des prix.

Ces charges supplémentaires auront aussi probablement le résultat que j'indiquais tout à l'heure, à savoir la fermeture des fabriques d'un certain nombre de fabricants, ceux qui, en moins bonne situation que leurs concurrents, ne pourront plus soutenir la lutte. Et la conséquence ne sera-t-elle pas une diminution de l'offre sur le marché, ce qui veut dire encore une hausse des prix?

Oui, nous admettons que ces objections sont généralement exactes mais, tout ceci admis, la question n'est pas tranchée parce qu'il s'agit de savoir si l'augmentation du coût de la vie ne sera pas compensée, pour la grande majorité de la population, par une augmentation de sécurité et de confort? C'est à ce point de vue qu'il faut établir la balance et non pas uniquement en chiffrant la hausse des prix.

On pourrait soutenir, je crois, cette thèse féroce que si une nation prenait pour politique de s'en tenir rigoureusement aux lois dites naturelles de l'offre et de la demande, de la concurrence, du *self-help*, laissant à chacun le soin de se débrouiller, et envoyant « au diable le dernier », comme disent les Américains, cette nation arriverait plus vite à la richesse. Mais ce progrès économique serait en même temps une régression morale.

J'ai souvent comparé la solidarité sociale à cette corde par laquelle se lient les caravanes de touristes dans les Alpes, grâce à laquelle les guides et les bons grimpeurs entraînent les autres. Assurément, si les guides se détachaient de la cordée ils pourraient monter beaucoup plus vite au sommet. Mais la corde et, plus solide que la corde, le devoir professionnel qui les lie, les oblige à se mettre au pas des plus faibles si ceux-ci ne sont pas capables de leur tenir pied, et même à les suivre dans le précipice s'ils y tombent.

IV

LES IMPOTS ET DROITS DE DOUANE

Une cause de cherté souvent citée et qui semble bien, à première vue, avoir une importance capitale, ce sont les impôts.

C'est même un lieu commun de dire que quel que soit l'impôt et quel que soit le contribuable obligé à le payer, en fin de compte tous les impôts retombent sur le consommateur sous forme de majoration des prix — et cela par une série de répercussions, chacun le rejetant sur l'autre, en sorte que c'est celui qui est au dernier anneau de la chaîne qui finit par tout supporter; or, celui qui est au dernier bout de la chaîne, c'est le consommateur.

S'il en était ainsi, ce serait vraiment un gros poids qu'il aurait à supporter! Car je n'ai pas besoin de vous dire que ce n'est pas peu de chose que le total des impôts aujourd'hui. Notre budget est de 34 milliards et, même en déduisant certaines ressources qui ne proviennent pas de l'impôt mais d'autres sources, il resterait toujours une trentaine de milliards à payer pour les impôts. Si ces 30 milliards devaient être ajoutés au prix, alors, comme on évalue aujourd'hui à une centaine de milliards l'ensemble des revenus des Français — c'est-à-dire environ trois fois la somme des revenus d'avant la guerre — c'est à 30 % des prix à peu près qu'il faudrait évaluer ce qui représente la part de l'impôt.

Mais arrêtons-nous un instant pour nous demander si cette thèse n'est pas trop simpliste, et même si on ne pourrait pas la retourner et la prendre en sens inverse? Ne pourrait-on dire que les impôts doivent entraîner une baisse des prix et même une baisse des prix égale à leur montant? Car quel est l'effet de tout impôt? C'est de supprimer une partie de nos revenus et, par conséquent, il réduit d'autant le total de ce que nous pourrions dépenser. Si une personne a 30.000 francs de rentes et que l'impôt lui en enlève 10.000, il ne lui restera plus que 20.000 francs comme pouvoir d'achat et, par conséquent, ses dépenses devront être réduites d'un tiers, et de même pour tous les Français. Donc ne doit-il pas en résulter une diminution de la demande sur le marché, qui devrait se traduire par une baisse des prix, puisque toutes les fois que la demande diminue — toutes choses égales d'ailleurs — les prix baissent?

Nous ne pensons pas cependant qu'il y ait lieu de retenir cette seconde thèse, d'après laquelle l'impôt agirait dans le sens de la baisse des prix et non dans le sens de la hausse.

C'est parce qu'il ne faut pas oublier que l'argent qui est pris dans la poche du contribuable sous forme d'impôts va simplement dans la poche d'un autre Français — soit le rentier qui touchera la rente, soit un fonctionnaire ou un fournisseur de l'Etat — en sorte que tout l'argent enlevé au contribuable va tout entier alimenter les revenus d'autres personnes (à l'exception de la part qui irait payer nos dettes vis-à-vis de l'étranger et qui, celle-là, évidemment, représente une diminution d'achat pour l'ensemble de la nation). Bien souvent c'est la même personne qui, dès qu'elle a touché son coupon ou sa pension de retraite chez le percepteur ou à la Trésorerie générale, va, le même jour peut-être, dans la même salle, en remettre le montant au guichet voisin pour payer ses impôts.

Du reste, l'expérience suffit : on n'a jamais vu dans aucun pays une augmentation d'impôts se traduire par une diminution des prix.

On peut pourtant supposer certains cas dans lesquels l'impôt agit comme facteur de baisse des prix pour certaines catégories de marchandises : c'est quand il a pour effet de modifier la répartition des revenus et par suite celle des dépenses. Si, par exemple, l'impôt frappe tout particulièrement les classes riches et leur enlève une grande partie de leurs revenus, alors les dépenses des classes riches, du moins celles qui portent sur les objets de luxe, seront nécessairement diminuées et les industries de luxe seront obligées de baisser leurs prix. Mais, en prenant l'ensemble des revenus, la demande ne sera pas changée.

Il faut donc revenir à la première thèse : les impôts doivent agir comme facteurs de hausse des prix. Mais il ne suffit pas de dire, comme dans l'opinion exposée tout à l'heure, que tous les impôts, en bloc se répercutent sur le consommateur sous forme de hausse des prix. Il y a de très nombreuses et très subtiles distinctions à faire.

Voici d'abord une première distinction connue de tout le monde, élémentaire :

d'un côté ce qu'on appelle les impôts de consommation qui, ceux-là, dit-on, se répercuteraient en entier sur le prix des marchandises;

d'autre part, les impôts dits directs, c'est-à-dire portant sur le revenu ou sur le capital, qui, eux, n'auraient aucune action sur les prix.

Quoique cette seconde thèse se rapproche déjà beaucoup plus de la réalité, elle est encore trop simpliste et elle a besoin d'être un peu mieux analysée.

Chacune des deux grandes catégories que nous venons d'indiquer comporte en effet des espèces assez différentes. Elles n'apparaissent pas clairement dans notre nomenclature financière parce que celle-ci répond à des préoccupations administratives qui n'ont aucun caractère scientifique, mais ce sera plus clair en classant les impôts d'une façon plus méthodique sous ces quatre chefs :

monopoles; c'est-à-dire revenus des industries d'Etat;
impôts de consommation;
impôts directs sur le revenu;
impôts sur le capital.

§ 1. — **Les monopoles**

Vous savez ce qu'on appelle les impôts de monopole. L'Etat s'attribue le droit de vendre seul certains produits et trouve son bénéfice dans la majoration des prix qu'il fixe et, n'ayant point de concurrents, il peut majorer les prix comme il veut, sans autre frein que la crainte de faire fuir le consommateur. L'exemple célèbre c'est celui du tabac. Le tabac produit à l'heure actuelle à peu près 2 milliards 1/2 par an de ressources brutes qui laissent à l'Etat un bénéfice de 1 milliard 900 millions nets; ce qui veut dire que l'Etat vend le tabac près de cinq fois ce qu'il représente comme coût de revient. Quand vous achetez pour 5 francs de tabac sous n'importe quelle forme, cigarettes, tabac pour la pipe ou cigares, il y a dans le prix 1 franc environ qui représente la valeur du tabac et 4 fr. de majoration qui constituent précisément le revenu de l'Etat. Il est donc évident que l'impôt est cause de la hausse, ou, plus exactement, que c'est la majoration du prix qui constitue l'impôt. L'Etat n'est ici qu'un marchand, et même, peut-on dire, un mercanti majorant scandaleusement les prix. Mais le consommateur le sait et préfère ce système à celui de l'impôt coercitif.

Remarquez que même ceux qui critiquent le plus vivement les impôts de consommation, les socialistes, ne critiquent pas cet impôt-là. C'est, au contraire, aujourd'hui le programme des socialistes, surtout du parti radical-socialiste, d'élargir et de multiplier ces monopoles, en mettant le plus d'industries possible entre les mains de l'Etat. On veut ajouter à celles qu'il possède déjà — postes, tabac, allumettes — d'autres, telles que assurances sur la vie, chemins de fer, mines, banques, et de demander à ces industries socialisées la plus forte part des revenus de l'Etat. La majoration de prix qui en résulterait ne les inquiète pas parce qu'ici elle ne sert pas à procurer des profits à quelques individus mais à tous. L'Etat deviendrait comme une grande coopérative de consommation où les consommateurs ne s'inquiètent pas d'une majoration des prix, et parfois même y poussent, parce qu'ils savent que le trop-perçu leur reviendra sous forme de ristournes.

§ 2. — **Les impôts de consommation**

Arrivons à la deuxième catégorie, celle des impôts dits de consommation, parmi lesquels il faut comprendre non pas seulement tous les impôts qui frappent nominalement les produits : impôt sur le vin, sur l'alcool, sur le sucre, sur le sel, sur l'essence, mais aussi les impôts qui frappent la consommation indirectement, tels que les impôts sur les transports ou celui sur le chiffre d'affaires. On tient pour certain que tous ces impôts, payés par le vendeur, sont reportés par lui sur la facture et retombent ainsi sur le consommateur sous forme de majoration de prix. Et on en conclut que cette catégorie d'impôts, si elle a l'avantage d'être quasi ignorée du consommateur, parce qu'il n'est pas en mesure de calculer la part qui lui revient dans la hausse du prix, n'en est pas moins condamnable comme étant antidémocratique et même progressive à rebours, frappant le pauvre plus que le riche.

L'exemple que citent toujours les critiques c'est le sel. Le paysan qui n'a que sa petite terre pour vivre consommera certainement autant de sel et probablement plus que MM. de Rothschild ou Rockefeller, plus, parce que les ruraux en consomment davantage sous forme de salaisons. C'est exact en théorie, mais en fait, cela n'a aucune importance, car savez-vous ce que représente l'impôt sur le sel? Peut-être 3 à 4 francs par tête et par an; alors cette injustice est bien légère. Mais on est resté sous le souvenir de l'impôt sur le sel de l'ancien régime, qu'on appelait la gabelle et qui a été, en effet, une des pages les plus sombres de l'histoire fiscale.

Revenons à notre question : celle de savoir si les impôts de consommation sont toujours « réfléchis », c'est le terme technique, répercutés sur le prix des marchandises.

Ici, on ne peut pas répondre d'une façon aussi affirmative que pour les monopoles : oui, en principe, mais avec de nombreuses réserves.

Il faut d'abord remarquer que le prix des choses n'est pas déterminé par la volonté du vendeur et qu'il ne suffit pas que le vendeur, quand il voit les produits qu'il vend frappés d'un impôt de consommation, les reporte sur la facture pour que le consommateur les paye! Si le vendeur pouvait fixer le prix des choses à son gré, croyez bien qu'il n'attendrait pas l'établissement d'un impôt nouveau pour le faire! Tout vendeur vend aussi cher *qu'il le peut,* mais il ne le peut pas toujours. Le prix des choses est fixé par des lois économiques très complexes, qu'on résume grossièrement sous la formule connue de la loi de l'offre et de la demande et qui déterminent le prix indépendamment de la volonté du vendeur et de celle de l'acheteur. Sans parler du frein de la concurrence (qui n'agit pas ici puisqu'il faut supposer que tous les producteurs ou marchands se trouvent frappés également par l'impôt) et même en supposant que le vendeur soit en possession d'un certain monopole, il se heurte néanmoins à une limite, celle marquée par les ressources de l'acheteur. Nous avons fait cette remarque à propos de l'effet des salaires sur les prix. Si donc le prix est arrivé déjà à cette limite qu'il ne peut dépasser, s'il a atteint « le plafond », comme on dit en langage d'aviateur, il est clair que quand bien même il y aurait mille impôts nouveaux grevant la marchandise, le prix ne pourra dépasser ce maximum. Dans ces conditions, le marchand sera obligé d'inscrire l'impôt dans ses frais généraux et d'en déduire le montant de son bénéfice. L'impôt aura pour effet d'augmenter le prix de revient mais non le prix de vente. Or il y a nombre de cas, surtout aujourd'hui, où les prix ont atteint leur maximum et où, s'il y a une augmentation du prix de revient, il n'est plus au pouvoir du vendeur de la rejeter sur l'acheteur.

Supposons cependant que, mal informé de la situation, le vendeur reporte le montant de l'impôt sur sa facture.

Qu'arrivera-t-il? Généralement — pas toujours, parce qu'il y a une foule d'exceptions dans le monde économique — quand les prix montent il s'ensuit une diminution de la quantité vendue. Par conséquent notre commerçant, en reportant l'impôt sur la note, verra sa vente diminuer et un certain nombre de ses clients se retirer. Alors il se dira : J'ai fait fausse route; mieux vaut maintenir l'ancien prix. En ce cas l'impôt agit en réduisant les profits, mais non en augmentant les prix.

Cependant nous devons répéter ce que nous avons déjà dit à propos du salaire : il peut arriver que le montant de l'impôt soit tel que bon nombre de producteurs et de marchands ne puissent le prélever sur leurs bénéfices mais se trouvent en perte, et soient réduits à fermer boutique. En ce cas, l'impôt aura pour résultat, en réduisant l'offre sur le marché, d'élever le prix. L'impôt deviendra un des facteurs de la cherté.

§ 3. — Les droits de douane

Il y a un impôt particulier sur les marchandises qu'on appelle les droits de douanes, parce qu'il est perçu sur les marchandises importées du dehors.

On l'étudie toujours à part parce qu'il est perçu par une administration distincte, mais surtout parce que ceux qui préconisent cet impôt se sentent gênés par son assimilation avec les impôts de consommation. Il n'y a cependant aucune bonne raison pour le séparer, du moins quant à la question que nous traitons ici, car son action sur les prix est la même que celle des impôts de consommation.

Qu'il s'agisse, par exemple, du droit sur le sucre importé d'Amérique ou de celui perçu sur le sucre produit en France, on ne voit pas pourquoi les effets seraient différents. Que le marchand de sucre soit français ou étranger il portera le droit sur sa facture ou du moins s'efforcera de le faire, sous les réserves que nous avons indiquées tout à l'heure.

Quand il s'agit de produits qui sont exempts de droits à l'intérieur, alors le droit de douane a un double effet :

non pas seulement de majorer le prix des produits étrangers qui entrent, mais aussi le prix de tous les produits similaires nationaux, en vertu de la loi économique qui veut qu'il n'y ait qu'un même prix pour des marchandises de même qualité, quelle que soit leur provenance. Si donc le droit sur l'importation du blé américain, ou de la viande de la République Argentine ou du charbon anglais, est fixé à 10, 20, 30 %, il aura pour effet d'augmenter dans les mêmes proportions le prix du blé français, de la viande française, du charbon français.

Ceci semble bien confirmé par les faits, à telle enseigne que toutes les fois que le Gouvernement voit les prix de telle ou telle denrée monter à un taux inquiétant qui fait craindre une disette, que fait-il? Il suspend les droits de douane, ou, comme en ce moment, il les restitue aux importateurs. Or, si on pense que leur suppression doit amener le bon marché, comment nier que leur établissement ne soit une cause de cherté ? Ce n'est pas la science économique, c'est le sens commun qui répond ici.

Cependant, vous savez à quelles controverses a donné lieu cette question depuis des siècles, et elle est aujourd'hui plus vive que jamais. Nous n'y reviendrons pas et renvoyons aux exposés que nous avons donnés maintes fois de cette question (1).

Ne parlons que des points qui font l'objet de ce cours, la répercussion sur le prix. Que disent les protectionnistes? Que c'est le vendeur étranger qui prend à sa charge les droits de douane et que, par conséquent, ces droits n'augmentent pas les prix pour le consommateur français.

Que cela puisse arriver dans certains cas, pour le vendeur étranger de même que pour le vendeur français, ainsi que nous l'avons montré tout à l'heure, c'est certain.

Si le vendeur étranger voit que le prix de vente est à la limite, de telle sorte que toute majoration de prix écartera le client et restreindra la vente, en ce cas, Français ou étranger, il doit se résigner à prendre l'impôt à son compte ou à perdre sa clientèle. Mais le vendeur étranger a une ressource que n'a pas le vendeur français, c'est

____

(1) Voir le Cours de 1924, brochure VII, *Le Commerce International et la Coopération.*

d'aller chercher ailleurs un marché plus accueillant. Et c'est ce qu'il ne manque pas de faire.

Pour qu'il en fût autrement il faut supposer : ou bien que le marché français constitue l'unique débouché pour le pays importateur; ou bien que la supériorité économique du pays importateur soit telle qu'il puisse, tout en prenant le droit de douane à sa charge, réaliser néanmoins un profit égal à celui qu'il retirerait de la vente dans un autre pays. Mais on peut penser que ce sont là des cas exceptionnels.

Il y a un autre cas à prévoir, disent les protectionnistes, et le plus dangereux : c'est quand les vendeurs étrangers vendent leurs produits à vil prix à l'étranger comme procédé de réclame, ou parce qu'il s'agit d'un excédent de production qu'on déverse au dehors, comme le trop plein de la chute d'eau qu'on ne peut utiliser par les turbines. C'est ce qu'on appelle le *dumping*. Oui, mais il n'y a rien là de spécial au vendeur étranger! C'est comme quand le grand magasin annonce une « grande vente de liquidation à perte ».

Mais d'ailleurs, qu'importe tout cela ! Quand bien même le vendeur étranger prendrait en tous cas le droit de douane à sa charge, n'est-il pas évident que si ce droit n'existait pas, le vendeur étranger abaisserait son prix d'autant? Par conséquent, le droit a bien pour résultat, sinon de faire monter les prix de 20 %, du moins d'empêcher qu'ils ne baissent de 20 %, et cela revient au même. Qu'on dise, en se plaçant au point de vue protectionniste, que cette baisse du prix serait un désastre pour l'industrie française et que le droit de douane a précisément cet effet salutaire de l'éviter, ceci c'est une autre question que nous n'avons pas à discuter dans ce cours. Mais en ce qui concerne la question traitée ici, qui est la répercussion du droit sur le prix, elle paraît indéniable.

Au reste, aujourd'hui, il y a bien peu de protectionnistes qui persistent à nier que le droit protecteur n'ait pour résultat une majoration des prix (1). Seulement, ils disent que

____

(1) A la date où nous corrigeons les épreuves (juin 1925) une circulaire du Ministre du Commerce dit ceci : « Le gouvernement doit également tenir compte des intérêts généraux de la masse des consommateurs pour qui un droit de douane se tra-

c'est précisément cette majoration de prix qui est un bien, parce que c'est elle qui sert de digue contre l'inondation des produits étrangers. Ceci c'est toute la grande querelle entre le protectionnisme et le libre échange; nous n'avons pas à la discuter dans le cours de cette année.

§ 4. — **Les impôts sur les revenus**

Pour les impôts sur les revenus on raisonne généralement à l'inverse des précédents. Ce ne sont plus des impôts sur les choses mais sur les personnes et, par conséquent, ils ne se répercutent jamais sur les prix. Ici encore, cette affirmation paraît fondée dans sa généralité, mais non pourtant sans quelques exceptions que je vais indiquer.

On doit l'admettre d'une façon absolue quand il s'agit de l'impôt global sur le revenu ou de tout impôt qui prend la forme d'impôt progressif, car l'impôt progressif a pour caractéristique d'être strictement individuel et, par conséquent, de ne pas pouvoir être rejeté sur autrui. Si les prix devaient s'adapter à un impôt progressif, il faudrait que ces prix fussent d'autant plus élevés que le vendeur serait plus riche, ce qui serait absurde!

Prenez par exemple un industriel, un constructeur d'automobiles, comme M. Ford qui, d'après les chiffres qu'on a donnés, paye 6 millions de dollars, c'est-à-dire au change actuel, 120 millions de francs d'impôts. Demandez-vous s'il pourrait rejeter cet impôt sur le prix des automobiles qu'il vend? Ce serait une supposition absurde, puisqu'il devrait les vendre à un prix supérieur à celui de ses concurrents qui, étant moins riches, n'ont à payer comme

---

duit, le plus souvent, par une augmentation des prix. *Cet impôt supplémentaire* ne doit être exigé des consommateurs qu'autant que l'industrie qui en bénéficie fait elle-même les efforts nécessaires pour lutter contre ses concurrents et s'efforce, par tous les moyens d'abaisser constamment ses prix de revient.

« Le régime douanier applicable aux matières animales et végétales détermine, pour une part importante, *le prix de la vie*, et ce prix contribue lui-même à fixer le taux des salaires, qui sont des éléments — et non des moindres — du prix de revient des produits fabriqués. »

impôt général sur le revenu que le dixième, ou peut-être le centième, de ce que paye M. Ford.

Mais en est-il de même des impôts sur les revenus, dits impôts cédulaires, c'est-à-dire qui portent sur une catégorie spéciale de revenus? Laissons de côté l'impôt sur les traitements des fonctionnaires, car les contribuables ici, n'étant pas vendeurs, sont bien obligés de supporter l'impôt. Mais il peut en être différemment des professions libérales. Nul doute qu'un avocat ou un médecin ne cherche à élever le prix de ses consultations ou opérations en proportion des impôts qu'il a à payer. Y réussira-t-il, c'est une question de fait, Oui, s'il est en situation d'imposer ses prix à sa clientèle; non, s'il a peu de clients ou des clients pauvres, mais en ce cas il est à penser qu'il n'aura guère d'impôt à payer.

De même pour l'impôt sur les salaires. Le salarié est un vendeur de main-d'œuvre. Il cherchera évidemment à rejeter l'impôt sur le patron sous la forme d'une majoration de salaire. Y réussira-t-il? Comme disait M. Clemenceau à des révolutionnaires : c'est une question de force. Il s'agit de savoir si la classe ouvrière sera suffisamment organisée pour rejeter sur le patron le poids de ses propres impôts, ou bien si, au contraire, ils lui resteront pour compte et diminueront d'autant son salaire.

C'est donc une question de fait. Il est à croire que l'impôt ne peut pas être toujours rejeté sur le patron car s'il en était ainsi, pourquoi les ouvriers protesteraient-ils contre l'impôt sur les salaires, comme ils le font si violemment? S'ils crient contre cet impôt c'est évidemment qu'ils craignent d'avoir à le payer.

Et de même aussi pour l'impôt sur les bénéfices commerciaux, industriels ou agricoles. Bien entendu, les vendeurs portent ces impôts dans leurs frais de production — s'ils tiennent une comptabilité — et, ayant ainsi vu augmenter leurs frais, ils cherchent à augmenter d'autant leurs prix de vente, afin de se réserver la même marge de bénéfices. Mais, nous ne pouvons que répéter ce que nous avons déjà dit : les prix de vente ne sont déterminés ni par les désirs du vendeur, ni même par ses frais de production. Le prix des produits agricoles, par exemple le prix du blé, du vin, des légumes, du bétail, du beurre, de n'importe quoi, est déterminé par des lois qui n'ont aucun rapport avec le montant des impôts que l'agriculteur a à payer. Voilà le blé qui est en ce moment à 150 francs; pensez-vous que l'impôt payé par l'agriculteur, soit l'impôt foncier, soit celui sur les bénéfices agricoles, y soit pour quelque chose? Pas plus qu'en sens inverse l'impôt n'est responsable de la baisse du vin, tombé en ce moment à la moitié de son prix d'il y a deux ans (1).

Cependant, ici encore, je dois faire les mêmes remarques que tout à l'heure. Si ces impôts prennent de telles proportions qu'ils découragent le producteur, fabricant, industriel ou agriculteur, et qu'un certain nombre d'entre eux renoncent à produire, alors il y aurait une diminution de production qui pourrait entraîner une hausse des prix.

Cette hypothèse n'a rien d'invraisemblable. On a vu vers la fin de l'Empire romain, aux IIIe et IVe siècles, les agriculteurs, les propriétaires, ne pouvant plus supporter le poids des impôts, abandonner leurs terres en tel nombre qu'il fallut les y enchaîner par des lois expresses et qu'ils étaient déjà des serfs de la glèbe. Les riches pays de l'Asie-Mineure ont été ruinés aussi par l'exagération des impôts sur la terre ou sur ses fruits.

Que dire de l'impôt sur le revenu perçu par retenue sur les coupons des valeurs mobilières, qui est actuellement de 14,40 % pour les titres nominatifs, parfois du double sur les titres au porteur, et que le Ministre des finances actuel se propose de majorer jusqu'à 20 p. 100?

Il est évident que le fabricant ou le marchand qui a des titres en portefeuille n'a aucun moyen de se rattraper sur ses prix de vente de la diminution de revenu subie sur ses revenus : très souvent même il l'ignore, car ne touchant que le revenu net il n'est pas toujours informé du quantum de l'amputation.

Mais très souvent c'est la Société ou Compagnie ayant émis les titres qui prend les impôts à sa charge. En ce cas, quel est l'effet de l'impôt? Il est inscrit aux frais

____

(1) Le prix du vin remonte en ce moment, sans que l'impôt ait été diminué.

généraux de la Société et il a pour résultat de rendre l'entreprise plus onéreuse ou moins rémunératrice. On peut citer maintes entreprises dans lesquelles les actionnaires touchent moins comme dividendes que l'Etat comme impôts.

S'il n'en résulte qu'une diminution de profits pour les actionnaires, le mal n'est pas grand et même peut-on y voir, au point de vue social, ou socialiste, ou coopératiste, un bien. Mais il peut en résulter une réfrigération de l'esprit d'entreprise, les perspectives de gain pour ses fondateurs ou ses commanditaires se trouvant fort réduites. Si l'Etat doit prélever 20 % et même, pour les titres au porteur, un tiers et parfois plus encore sur les bénéfices, il est évident que bon nombre d'entreprises devront abandonner la partie et que le nombre des entreprises nouvelles disposées à tenter l'aventure sera très restreint.

Et alors, indirectement, par la stagnation ou le recul de la production, l'impôt peut créer la cherté — car qu'est-ce que la cherté, sinon le contraire de l'abondance?

§ 5. — **Les impôts sur les capitaux**

Encore un mot sur les impôts sur le capital. Vous savez qu'un parti politique ne cesse de réclamer l'impôt sur le capital, ce qui semble supposer qu'il n'existe pas. Il existe pourtant et tient déjà une grande place dans notre budget. On peut même dire qu'à peu près 1/5 des impôts sont des impôts sur le capital. Il se présente sous des formes très diverses, d'abord sous celle de l'impôt progressif sur les successions, qui frappe chaque fortune à la transmission par décès, et sous la forme d'impôt sur les donations qui frappe le capital dans la transmission entre vifs. Mais les impôts dits d'enregistrement, qui frappent les biens immeubles au moment où ils passent d'une main à l'autre par la vente, les impôts sur les opérations de Bourse qui frappent les valeurs mobilières au moment où elles sont vendues, sont aussi des impôts sur le capital, même lorsqu'ils sont payés par l'acheteur, ce qui est généralement le cas, car ils n'en ont pas moins pour effet de diminuer d'autant le prix de vente. Seulement ils ne sont pas progressifs.

Au reste, on peut dire que toute création d'un impôt nouveau sur les coupons est un impôt sur le capital, car elle se traduit aussitôt (en supposant toutes choses égales d'ailleurs) par une baisse proportionnelle sur la valeur du titre. Si le coupon d'une obligation rapportant 15 francs, et cotée 300 francs, se trouve frappé d'un impôt de 20 %, ce qui réduit le coupon à 12 francs, la valeur du titre aussi sera réduite de 20 % et tombera à 240 francs. En sorte que cet impôt crée une baisse du prix, mais seulement celle des titres! Le malheureux possesseur perdra le 1/5 de son capital; quant à ceux qui achèteront le titre plus tard, ils n'auront plus en fait à payer l'impôt puisqu'is n'achèteront et ne paieront le titre que déduction faite du montant de l'impôt capitalisé

Ceci compris, il est évident que les impôts sur le capital ne peuvent se répercuter sur les prix. L'acheteur d'une terre n'ira pas vendre les récoltes de cette terre plus cher par le fait qu'il aura payé (ou plutôt qu'il aura déduit du prix d'achat) le montant de l'impôt. Et l'héritier supportera définitivement les droits de succession : sur qui donc pourraient-ils les rejeter?

Donc, en ce qui concerne l'impôt sur le capital, on peut dire que celui-ci, sous n'importe quelle forme, n'a aucune action sur les prix.

C'est bien une des raisons qui font que les représentants des classes populaires — syndicalistes, socialistes, coopérateurs — réclament si instamment l'impôt sur le capital et voudraient même que tous les impôts, pour ainsi dire, fussent transformés en impôts sur le capital. C'est justement afin d'éviter cette répercussion de l'impôt sur les prix et sur le coût de la vie.

Mais si la hausse des prix est un mal, il ne faut pas oublier qu'il peut y avoir des maux pires, notamment une diminution du capital national par suite de la diminution de l'épargne. Or l'impôt sur le capital peut avoir pour effet, s'il dépasse certaines limites, de tuer l'épargne et par là d'arrêter cette accumulation du capital national qui est indispensable au point de vue industriel. Il ne suffit pas que le capital s'entretienne et se renouvelle, il faut encore qu'il s'accroisse si l'on veut que la production augmente. L'intérêt fiscal ne doit jamais l'emporter sur l'intérêt économique.

DEUXIÈME SECTION

Les remèdes

Il faut d'abord s'entendre sur ce qu'on entend par remèdes. Le seul remède vraiment efficace contre la cherté ce serait de supprimer ses causes, toutes celles que nous avons indiquées. Cette cause est-elle l'insuffisance de l'offre relativement à la demande? Il n'y aurait qu'à augmenter la production jusqu'à ce que l'équilibre fût rétabli. Est-ce les impôts? Il faudrait diminuer les impôts par une sage politique financière. Est-ce les droits de douane? Il faudrait établir le libre-échange. Est-ce la spéculation? Il faudrait moraliser les affaires, etc.

Mais nous ne pouvons songer à une telle revision qui embrasserait toute l'Economie politique. Supprimer la cause du mal ce n'est pas ce qu'on appelle un remède. Ce mot a une signification plus limitée : il implique une lutte contre le mal lorsqu'il est déclaré et qu'il s'agit de supprimer ou de limiter ses effets fâcheux.

A ce point de vue, les remèdes contre la cherté doivent être classés en deux catégories :

1° ceux qui ne peuvent être administrés que par *les pouvoirs publics* : généralement ils ont un caractère coercitif, tels que taxation, réquisition, rationnement; mais il y en a aussi quelques-uns dont l'utilisation est laissée facultative, tels que magasins municipaux, établissement de prix normaux, commissions de la vie chère, etc.

2° ceux qui n'impliquent que *l'action des consommateurs*, soit individuellement, soit par l'association libre, tels que : coopératives de consommation, ligues d'économies, etc.

CHAPITRE PREMIER

L'INTERVENTION DES POUVOIRS PUBLICS (1)

§ 1. — La taxation

Le mot qui conviendrait, mais que l'usage n'a pas consacré, c'est *tarification*. Quoi qu'il en soit, taxation ou tarification, il s'agit d'une liste des prix, fixés par l'Etat ou par les municipalités, qui porte sur un plus ou moins grand nombre de denrées, en commençant naturellement par celles qui sont les plus indispensables aux besoins de la vie, mais qui peut être étendue selon les circonstances. En Allemagne, au cours de la guerre, presque tous les articles ont été taxés; en France, seulement une douzaine de denrées jugées les plus nécessaires.

Mais ce n'est pas la guerre qui a créé la taxation : elle a été pratiquée de tout temps. Platon lui-même, dans sa République, avait institué des magistrats qui avaient pour office précisément d'établir le juste prix. On ne concevait pas alors qu'une cité pût être bien ordonnée en laissant les prix abandonnés aux hasards de l'offre et de la demande.

En France, une loi, la plus ancienne de toutes celles qui figurent dans notre arsenal législatif, une loi de 1791, permet à tous les maires de taxer en tout temps le pain. Et malgré les protestations des économistes de l'école libérale et celle des boulangers cela va sans dire, cette loi a toujours été maintenue et souvent appliquée, et même présentement.

On peut dire aussi que le prix du logement est soumis à taxation, puisque depuis la guerre les propriétaires ne peuvent plus élever le taux des loyers que dans des limites fixées par la loi et très inférieures à celles marquées par le nombre indice.

---

(1) Le temps nous ayant fait défaut pour traiter ce point dans le cours de cette année, nous avons reproduit dans ce chapitre quelques pages du cours de 1921-22 sur le *Juste prix*.

A se placer au point de vue du principe, le système de la taxation me paraît très légitime, car, de même que les sages de l'antiquité et les canonistes du moyen âge, nous pensons que la question du prix est une question d'ordre public qui ne devrait pas être livrée au jeu d'une concurrence, lequel d'ailleurs n'est nullement libre. Car on ne réfléchit pas que tout ce que nous achetons est déjà taxé! Que nous prenions le tramway, ou un taxi, ou le chemin de fer, partout il y a un tarif. Achetons des cigarettes, des allumettes, des timbres-poste, tout cela est tarifé. C'est parce que ce sont des cas de monopole, direz-vous? Mais même dans le commerce proprement dit, pour les achats faits sous le régime soi-disant de la concurrence, c'est la même chose. Quand nous achetons un journal, que ce soit 20 centimes (ou 25 centimes pour *Le Temps* (1), qui ne cesse de protester contre la taxation) nous ferions bien rire la marchande si nous lui disions : mais ce journal, ne pourriez-vous me le laisser pour 10 ou 15 centimes ? Quand vous achetez des livres, c'est taxé par catégories : il y a le format à 3 fr. 50 avant la guerre et celui à 7 francs, aujourd'hui majorés d'un tant pour cent, prix marqués sur la couverture et qu'on n'a pas à discuter (1). Quand on va dans un magasin de nouveautés, tous les articles y sont taxés; de même dans une pâtisserie, pour manger des petits gâteaux, et même les prix doivent être étiquetés dessus.

Vous me direz que le système du prix fixe n'est pas la même chose que la taxation ? Assurément non, en ce sens que celle-ci a pour but de garantir le consommateur contre la hausse et celui-là de garantir le vendeur contre la baisse. Mais l'un comme l'autre excluent tout libre débat qui, au dire des économistes, serait la seule base du juste prix. En sorte que la liberté étant sacrifiée dans l'un et l'autre cas, il ne reste plus en cause que l'intérêt public.

Seulement quand on vient à l'application, il faut reconnaître que la taxation ne donne que des résultats décevants, et cela par les raisons que voici :

1° Difficulté de fixer le juste prix.

____

(1) Les éditeurs viennent d'informer le public que le prix des volumes de 7 fr. 50 va être élevé à 9 francs. N'est-ce pas la taxation?

Ce problème est déjà difficile pour des articles homogènes tels que le pain, le blé, les pommes de terre, les œufs, le lait, parce que même pour ceux-là le coût de production varie considérablement selon les lieux. Mais combien plus quand il s'agit d'articles comme la viande — un bœuf à l'étal pouvant comporter, paraît-il, 80 catégories de morceaux différents ! — ou comme le vin, dont le coût de production par hectolitre peut varier de 20 francs l'hectolitre, dans certaines terres d'alluvions de l'Aude ou de l'Hérault qui donnent 300 hectolitres, jusqu'à 60 francs et au delà, pour les vins de coteaux.

Si l'on prend le prix de revient le plus bas, c'est-à-dire celui de 20 francs, il n'y aura que les propriétaires des terres privilégiées qui pourront continuer à produire ; tous les autres seront obligés d'abandonner la partie. Et alors quel sera le résultat ? C'est qu'on aura diminué des 9/10 la production du vin : un désastre.

Si, à l'inverse, on prend pour base le prix de revient le plus élevé, c'est-à-dire celui des terres les plus pauvres, alors on ne diminuera pas la production mais on procurera des bénéfices exorbitants aux propriétaires des terrains privilégiés, parce que vous pensez bien que ceux-ci s'empresseront immédiatement de prendre comme prix de vente le prix de la taxe. En effet, quoique le prix établi par l'Etat soit censé être le prix maximum, c'est-à-dire une limite pour le vendeur à qui on dit : vous pouvez aller jusque-là, mais pas au delà ; espérons que vous resterez au-dessous ; — quoiqu'il représente ce que, dans le style à la mode, on appelle « le plafond » — en réalité, par la force des choses, le prix taxé devient le prix minimum, celui au-dessous duquel, désormais, aucun producteur ne voudra céder son vin.

Aussi l'Etat s'est-il refusé à taxer le vin ; et quant à la viande, quoique la loi précitée de 1791 en accorde le droit aux maires, en fait ils n'en ont presque jamais usé et préfèrent, en cas d'abus de la part des bouchers, ouvrir des boucheries municipales.

2° Risques pour l'Etat d'être pris dans un engrenage dont il ne pourra plus se dégager.

Exemple : l'Etat taxe le pain. Le boulanger dit : Puisque

le pain est fait avec la farine que je dois acheter, le prix du pain doit être établi en fonction de la farine; si j'achète la farine cher, je ne peux pas vendre le pain bon marché. C'est évident. Et alors, dès l'instant qu'on a taxé le pain, il faut taxer la farine. Mais alors se lève le meunier qui dit : Je fais la farine avec du blé et ce blé est cher; il n'y a pas moyen que la farine soit bon marché. C'est évident, et alors on taxe le blé!

Mais quand on a taxé le blé, vient le paysan qui dit : Vous taxez le blé, mais moi je continuerai à payer au prix fort, engrais, instruments, bétail, main-d'œuvre des journaliers et valets de ferme; tous mes frais de culture ont doublé ou triplé : pourquoi ne pourrai-je doubler ou tripler le prix de mes produits? La taxe pour tout le monde ou la liberté des prix pour tout le monde!

C'est la répercussion en remontant, mais il y a aussi celle en descendant. Voici par exemple la taxation du lait. Qu'est-il arrivé? Le paysan n'a plus porté son lait au marché et l'a converti en beurre. L'Etat a dit : il n'y a qu'une chose à faire, c'est de taxer le beurre, et il l'a fait. Mais alors le paysan a dit : Je ne fais plus de beurre, je fais du fromage.

Et alors on a taxé le fromage. Mais le paysan ne s'est pas tenu pour battu: « Puisque je ne peux plus transformer mon lait en beurre, ni fromage, sans me heurter à la taxe, j'ai encore une autre ressource : je vais le convertir en veaux. Je vais élever des veaux. »

En effet, quand on fait du beurre, on est obligé d'élever moins de veaux. Faudra-t-il donc taxer les veaux? En ce cas, le paysan les gardera pour en faire des bœufs!

3° Risque, et le plus grave de tous, que le remède n'ait pour résultat d'aggraver le mal.

En effet, quand il y a disette d'un produit, c'est la cherté qui est le vrai remède. La hausse des prix ayant pour effet de restreindre la consommation, d'une part, et d'augmenter la production d'autre part, tend précisément au résultat désirable, c'est-à-dire à rétablir l'équilibre entre l'offre et la demande.

Certes, cette loi que les économistes admirent avec raison comme le mécanisme qui maintient automatiquement l'équilibre entre la production et la consommation, est une loi cruelle, en ce sens qu'elle ne rétablit l'équilibre qu'au détriment des pauvres, qui se trouvent ainsi refoulés du marché, et même, si l'on pousse l'hypothèse à outrance, définitivement éliminés par la mort, tandis que ceux qui ont la bourse bien garnie restent seuls sur le marché et peuvent ainsi, en payant le prix fort, se procurer les denrées à discrétion comme avant — loi cruelle mais efficace.

Or, quel est l'effet de la taxation? C'est précisément l'inverse : en comprimant artificiellement le prix, elle arrête l'offre et par contre-coup la production, et elle maintient ou même stimule la consommation. Durant la guerre, l'expérience a confirmé maintes fois ce double effet. Dès que le blé a été taxé, la production du blé a été réduite parce que le cultivateur a préféré produire de l'avoine ou n'importe quoi, et d'autre part, la consommation du blé a augmenté, non seulement de la part du consommateur, mais de la part du producteur lui-même, du paysan, qui trouvait plus économique de le donner à manger à son bétail ou à sa volaille que de l'apporter sur le marché; et ce même blé, l'Etat devait le faire venir à grands frais d'Amérique pour combler le déficit.

De même pour tous les produits taxés. La taxation des œufs a été établie en septembre 1917. Or, avant cette date, la quantité d'œufs qui arrivait aux Halles était mensuellement de 14 millions. Dès que la taxe a été établie, elle est tombée immédiatement à 4 millions, puis à 1.700.000; puis enfin, en novembre 1918, au-dessous d'un million, à 900.000, — c'est-à-dire à moins de 7 % de la quantité antérieure. Contre-épreuve! La taxe a été abolie le 4 janvier 1919, et, immédiatement, les arrivages d'œufs sont remontés à 5 millions en janvier et à 14 millions en février!

En réalité, il est possible que les arrivages des œufs à Paris soient restés les mêmes; seulement, au lieu d'être dirigés sur les Halles, ils ont été portés chez des mercantis qui les revendaient à des prix supérieurs à la taxe.

Il en a été exactement de même pour le beurre. La quantité de beurre arrivant à Paris, qui était mensuellement de 1.100,000 kilogs, est tombée peu à peu jusqu'au chiffre de 60.000 kilogs pour le mois de janvier 1919, soit guère plus de 1/20 du chiffre normal.

Et alors que peut faire l'Etat ? Il se trouve entraîné à engager la lutte contre le producteur qui se dérobe et à recourir aux mesures les plus draconiennes.

L'Etat dit au producteur : « Vous ne voulez pas, à cause de la taxe, apporter la denrée sur le marché. C'est un acte coupable au point de vue de l'intérêt national; j'irai donc chercher cette denrée chez vous; je la réquisitionnerai pour l'apporter sur le marché. » Ce régime a été appliqué durant la guerre pour le blé et même en partie pour le vin. Parfois la réquisition a eu lieu sur le marché même. Il est arrivé plusieurs fois que les paysans ayant apporté sur le marché leurs fromages ou leur beurre, et là, apprenant qu'ils étaient taxés, voulaient le remporter. Mais, quand il y avait un gendarme sur le marché, il empêchait les paysans de remporter les produits chez eux et les forçait à les vendre au prix légal.

Il faut penser qu'il y a en France 4 millions de producteurs de blé. Faudra-t-il donc que l'Etat aille réquisitionner le blé chez chacun de ces paysans et chercher s'il n'en a pas caché quelque part? Faudra-t-il voir ce spectacle, vraiment pénible, d'agents de l'Etat, chez nos paysans et nos cultivateurs, se livrant à la même besogne à laquelle les Allemands, pendant la guerre dans les régions envahies, étaient devenus si experts, pour découvrir les cachettes où les paysans s'efforçaient de sauver leur bien?

On aurait provoqué de véritables révoltes. Le gouvernement des Soviets lui-même, qui l'avait d'abord appliqué en Russie, a dû y renoncer.

Et si le propriétaire, plutôt que de subir la réquisition, préfère abandonner la culture, que fera l'Etat? Décrétera-t-il la culture obligatoire?

Culture obligatoire! Voilà le troisième tour de vis du pressoir! Pouvait-on aller jusque-là? Les députés socialistes l'ont demandé et ont dit : Si le propriétaire se dérobe à sa fonction sociale qui n'est autre que de produire, il faut que l'Etat se substitue à lui et prenne en mains la production agricole.

On n'a pas osé la remettre à l'Etat, mais on a eu recours à une mesure assez socialiste aussi. Une loi du 4 mai 1918 a décrété que là où des propriétaires ne pourraient pas ou ne voudraient pas cultiver leurs terres, la Commune aurait le droit de faire cultiver les terres laissées en friche soit par d'autres propriétaires voisins, soit par des coopératives.

Cette loi ne va pas jusqu'à imposer la culture aux propriétaires, car elle admet qu'ils puissent avoir de bonnes raisons pour ne pas cultiver, notamment celle de n'avoir pas d'argent, mais alors qu'ils laissent d'autres prendre leur place, au moins temporairement.

Cette mesure aurait pu être très grave si elle avait été généralisée. Elle a été très mal prise par les paysans, surtout par ceux qui étaient mobilisés. Car parmi les soldats, au front, il y avait des paysans dont les terres n'étaient pas cultivées pour la bonne raison qu'ils étaient mobilisés et qu'il n'y avait que la femme ou les enfants à la maison. Et, quand ils ont su que l'on aurait le droit de faire venir un voisin, ou même un étranger, pour cultiver leur terre à leur place, ils ont été furieux. Il y a des lettres de soldats qui disent : Si je reviens en permission et que je trouve un étranger installé sur ma terre, je le tue!

Il était facile de prévoir ce sentiment de révolte de la part de l'individualiste farouche qu'est le paysan. Aussi, les maires, de la volonté de qui dépendait l'application de la loi, s'y sont pour la plupart dérobés, précisément parce qu'ils ont craint de provoquer des troubles. Ce n'est que là où les propriétaires eux-mêmes s'y sont prêtés que l'on a constitué sur leurs domaines des sociétés coopératives de culture, qui d'ailleurs n'ont guère réussi.

De même que l'Etat se trouve entraîné à lutter contre la restriction de la production résultant de la taxation, de même il se trouve entraîné à lutter contre l'augmentation de la consommation résultant de cette même taxation — et le seul moyen c'est le rationnement. Puisque en effet la taxation ne saurait avoir pour effet de faire cesser la disette mais au contraire qu'elle a celui de l'aggraver, puisque, d'autre part, elle empêche la surenchère qui permettait aux riches consommateurs de garder leur part en excluant les pauvres, il est évident qu'il ne reste plus qu'une solution — à moins de faire tirer au sort les denrées existantes! — c'est de partager également le stock existant et, pour cela, de ne permettre à chaque consommateur que l'achat d'une fraction déterminée par un quotient et la même pour tous : c'est ce qu'on appelle le rationnement. Il a été appliqué durant la guerre pour maints articles, pain, sucre, charbon, beurre, gaz, essence, etc., sous la forme de cartes d'achat distribuées au public sur pied d'égalité, avec quelques coefficients différents, selon les besoins et selon la nature des denrées, pour les travailleurs manuels, les vieillards, etc.

Ce régime sévère a été accepté par la population mieux qu'on ne l'aurait cru — sans doute à raison de son caractère égalitaire qui plaît au peuple — et s'est montré assez efficace.

4° Signalons enfin la difficulté de donner aux lois de taxation une sanction efficace — non seulement à raison des difficultés de déterminer le juste prix, déjà signalées, mais plus encore à raison de l'impossibilité de contraindre le vendeur à vendre s'il préfère ne pas vendre au tarif. Au client qui vient dire au marchand : Donnez-moi ce beurre pour le prix taxé, le marchand peut toujours répondre : Je regrette, mais je n'en ai pas.

Ou bien, nous avons vu pendant la guerre le marchand dire au consommateur qui réclame et veut se prévaloir de la taxe : Je vais vous donner du beurre au prix taxé, mais à condition que vous m'achèterez autre chose, du chocolat, des conserves, etc., ou tout autre article sur lequel il gagne suffisamment pour se rattraper de ce qu'il ne gagne pas sur le produit taxé. Ce procédé a été tellement employé qu'il a fallu prendre des arrêtés pour défendre aux marchands de mettre comme condition, à la vente d'un article, l'achat d'un autre produit.

La taxation serait peut-être efficace si le consommateur était disposé à prendre en mains l'application de la loi. On pourrait le croire, puisque c'est dans son intérêt qu'elle est faite, mais tant s'en faut! Tout acheteur qui en a les moyens préfère obtenir l'article qu'il désire. Toutes les fois qu'il y a pénurie d'une denrée — et c'est seulement dans ce cas que la taxation a lieu — la seule préoccupation du consommateur c'est d'obtenir ce qu'il désire et pour cela il n'hésite pas à faire surenchère sans s'inquiéter de la taxation. Il faudrait que le vendeur fût vraiment vertueux pour résister aux sollicitations de son client en le rappelant au respect de la loi!

Et dès lors, n'est-ce pas le consommateur qui devrait être frappé par la loi, sinon comme auteur principal du délit, du moins comme complice?

§ 2. — **La répression de la spéculation**

Une des causes de la cherté, la plus fréquemment dénoncée, c'est la spéculation. Dans les milieux populaires, toutes les fois qu'une nouvelle hausse fait crier, on ne manque guère de dire: c'est la faute aux spéculateurs! Ce mot flatte l'imagination parce qu'il paraît d'autant plus gros de dangers qu'on ne sait pas bien ce qu'il veut dire.

Ce mot de spéculation est relativement nouveau. Autrefois, on disait « l'accaparement ». C'est un mot sinistre. Il suffisait de dénoncer un homme sous ce nom pour le mettre en danger de mort. L'accaparement a tenu une grande place dans l'histoire économique, pendant l'ancien régime et sous la Révolution. On a pendu ou lynché de prétendus accapareurs, dont bon nombre d'innocents.

Qu'était-ce donc que l'accapareur? C'est celui qui en temps de disette accumulait en grande quantité la denrée raréfiée, en vue d'en faire monter le prix et de la revendre plus tard avec bénéfice.

Remarquez bien que ce qui caractérise l'accapareur c'est d'opérer en temps de disette, car en temps d'abondance l'accaparement apparaît au contraire comme un acte de sage prévoyance. Ce n'est plus alors que la mise en réserve d'une certaine quantité de marchandises en vue de besoins futurs. Quand Joseph, ministre de Pharaon, pendant les sept années de vaches grasses, préleva du blé et l'entassa dans les greniers du roi, en vue de le répartir quand viendrait la période des vaches maigres, assurément il faisait là un acte de spéculation, mais néanmoins la Bible le présente avec raison comme un acte de sage politique.

Cependant la distinction n'est pas toujours facile à faire. Aux Halles, par exemple, on s'est plaint bien souvent que lorsqu'il y avait des arrivages abondants de poissons, de légumes, de fruits, les commissionnaires, au lieu de les laisser sur le marché et de faire par là bénéficier le consommateur de cette bonne occasion, les enfermaient dans des caves frigorifiques afin d'en tirer ultérieurement meilleur parti. De même aussi, j'ai vu des journaux dénoncer comme accapareurs les intermédiaires qui, à l'époque où la ponte des œufs est abondante, c'est-à-dire pendant les mois chauds, les retirent du marché pour les emmagasiner et en faire des stocks énormes. Cependant que font-ils d'autre que ce que faisait Joseph? La différence, dira-t-on, c'est que dans ce dernier cas, le marchand agit dans un esprit lucratif, en vue de gagner. Mais c'est bien naturel!

Il ne suffit pas de dire, comme l'a dit tout récemment le Garde des Sceaux : « Une enquête générale a montré que si la montée des prix est due en partie à des causes économiques, l'esprit de lucre n'y est pas étranger. »

Assurément! il n'y a aucune vente où « l'esprit de lucre soit étranger ». Nous autres, coopérateurs, nous le déplorons et nous avons pour but de l'abolir par l'élimination des profits. Mais nous n'en sommes pas pourtant à en faire un délit pénal. Au reste, même pour Joseph, la Bible ne dit pas qu'il ait « donné » le blé mis en réserve; elle dit au contraire qu'il le revendit — et sans doute avec un bon bénéfice pour le trésor de Pharaon.

Après la Révolution, quand on a promulgué le Code pénal, on était encore sous le souvenir tragique de ces histoires d'accaparement. Aussi les législateurs du Code pénal, qui étaient des esprits sages et modérés, ont-ils évité d'écrire ce mot. Néanmoins, ils ont pensé qu'il pouvait y avoir des façons illicites d'agir sur les prix qu'il fallait réprimer. En conséquence ils ont rédigé le fameux article 419, cité continuellement dans les discussions :

« Tous ceux qui, par des faits faux ou calomnieux semés à dessein dans le public, par des suroffres faites aux prix que demandaient les vendeurs eux-mêmes, par réunion ou coalition entre les principaux détenteurs d'une même marchandise ou denrée, tendant à ne pas la vendre ou à ne la vendre qu'à un certain prix, ou qui, par des voies ou moyens frauduleux quelconques, auront opéré la hausse ou la baisse du prix des denrées ou marchandises ou des papiers et effets publics au-dessus ou au-dessous des prix qu'aurait déterminés la concurrence naturelle et libre du commerce, seront punis, etc... »

Ainsi, un fait d'accaparement isolé ne tomberait pas sous le coup de cet article; il ne vise que « la coalition de producteurs ou de vendeurs en vue de faire monter ou baisser les prix », ou « des manœuvres frauduleuses », par exemple, le fait de faire courir le bruit que la récolte de blé est très mauvaise, que la récolte de vin a manqué, etc...

Mais cet article de loi n'a été appliqué que rarement et est tombé en désuétude comme beaucoup d'autres. Pourquoi? Parce qu'on a reconnu qu'on risquerait de faire condamner tout le monde. Quel est le journal qui ne puisse être accusé d'avoir fait courir de faux bruits de nature à faire hausser ou baisser le prix de telle ou telle marchandise, ou des valeurs, ou des rentes? De même, en ce qui concerne la coalition pour faire monter ou baisser les prix, on peut dire que c'est la règle générale! car les ententes commerciales sont aujourd'hui de pratique courante, sous le nom de cartels ou trusts, et ces ententes ne sont nullement considérées, par les économistes, comme un délit, mais au contraire comme un rouage indispensable dans notre mouvement industriel. Et même là où font défaut ces ententes expresses, il y a des ententes tacites entre tous les commerçants; tous les prix que nous payons, que ce soit chez le boucher, le coiffeur ou chez la blanchisseuse, sont déterminés par une coalition qui, pour n'avoir pas été rédigée sous forme de contrat, n'en est pas moins efficace : faut-il leur appliquer l'article du Code pénal?

Mais alors que ces vieux délits semblaient oubliés, la guerre est venue et, par la pénurie des denrées et la majoration des prix, a réveillé la terreur des accapareurs. On a dit : si la définition du Code pénal est surannée, il faut trouver quelque autre moyen de frapper les spéculateurs. On a donc voté la loi du 20 avril 1916. En voici le texte :

« Seront punis des peines portées à l'article 419 du Code pénal, tous ceux qui, soit personnellement, soit en tant que chargés à un titre quelconque de la direction de société ou association, même sans emploi de moyens frauduleux, mais dans un but de spéculation illicite, c'est-à-dire non justifiée par les besoins de leurs approvisionnements ou de légitimes prévisions industrielles ou commerciales, auront opéré ou tenté d'opérer la hausse du prix des denrées ou marchandises au-dessus des cours qu'aurait déterminés la concurrence naturelle et libre du commerce. »

Cette dernière phrase n'est que la répétition de l'article 419. Qu'y a-t-il donc de nouveau ici? Ceci : à la différence de l'article 419, la loi considère comme un délit le fait d'avoir majoré les prix « sans motif légitime », alors même que le vendeur n'aurait pas eu recours à des manœuvres frauduleuses, accaparements, nouvelles fausses ou mensongères, etc.

Mais, quel est le critérium qui permettra de reconnaître s'il y a motif légitime ou non?

Voici un cas. En 1919, un monsieur a été dans un restaurant de Montmartre où l'on a l'habitude de boire surtout du champagne à 100 francs la bouteille. Alors, le plaignant, un avocat, a refusé de prendre ce champagne et il a demandé à la place une bouteille d'eau de Vittel. Cette bouteille lui a été comptée 35 francs. Il a actionné le restaurateur devant le tribunal qui l'a condamné à 1.000 fr. d'amende, à un mois de prison avec sursis, à l'insertion du jugement et à l'affichage.

Cette condamnation, quoiqu'elle ne soit certainement pas approuvée par les économistes, fanatiques de la liberté du commerce, m'a réjoui, je dois l'avouer, mais on peut citer bien d'autres cas.

Voici un cas beaucoup plus fréquent et plus grave : c'est quand le vendeur détruit une partie de sa marchandise en vue de faire monter le prix de la partie restante, faisant le calcul que la réduction de l'offre à moitié, par exemple, aura pour résultat de tripler la valeur de la moitié restante. On cite maints exemples, dont quelques-uns célèbres, de cette opération — elle est très fréquente dans la pêche du poisson lorsqu'elle dépasse la demande. Eh bien, il y a là une spéculation pour faire hausser les prix — spéculation qui ne tomberait pas sous le coup de l'article 419 du Code pénal, à moins qu'il n'y eût coalition, mais qui pourrait être frappée par la loi de 1916, car on ne saurait voir là assurément « un motif légitime ».

Voici un cas plus embarrassant. Un marchand ambulant vend des marchandises sur sa petite voiture, chaque marchandise portant une étiquette : par exemple, pommes de terre à 40 centimes. Le marchand enlève l'étiquette et la remplace par une autre portant 50 centimes. Il y a hausse de prix mais il n'y a aucune fraude, tout s'est fait ouvertement. Donc en vertu de l'article 419 on ne pouvait rien dire; mais en vertu de la loi de 1916, on peut au contraire demander au marchand : « Pourquoi avez-vous changé les étiquettes et augmenté les prix? » S'il répond : « c'est parce que j'ai dû moi-même payer au marchand en gros mes pommes de terre plus cher ce matin », ou bien : « c'est parce que j'ai eu des déchets sur mes marchandises », en ce cas il y a motif légitime, rien à dire. Mais s'il répond imprudemment : « j'ai augmenté le prix parce que je sais que l'acheteur paiera le prix qu'on lui demande; j'en ai fait l'expérience et je serais bien bête de ne pas en bénéficier », en ce cas la loi de 1916 lui dira : « ceci est un cas de spéculation illicite, parce qu'il n'y a pas ici un juste motif économique ».

§ 2. — **Comment la loi peut-elle la réprimer?**

La difficulté de la loi de 1916 ce n'est pas seulement qu'il est très difficile de reconnaître s'il y a dans la hausse des prix un juste motif ou non, c'est surtout qu'il est extrêmement difficile de savoir quel est le juste prix. Le marchand de tout à l'heure pourrait vous répondre : « ma première étiquette était trop basse, je l'ai rectifiée : c'est le prix que je viens de mettre maintenant qui est le juste prix. »

Quel critérium le législateur fournit-il aux juges? Cette taxation, dont nous avons parlé tout à l'heure, a été abandonnée sous sa forme administrative et on laisse aux juges le soin d'examiner si le prix est vraiment juste et conforme. Le juge, lui, va être bien embarrassé, car quel critérium, quel point de repère lui donne la loi? Elle lui **dit** simplement : Il ne faut pas que les prix soient élevés au-dessus du cours qu'aurait déterminé la libre concurrence; or, où trouver cette libre concurrence. Que peut donc faire le juge?

Pendant les premières années de la guerre, la loi avait fourni au juge certains points de repère.

D'abord la taxation sur la plupart des denrées de première nécessité; puis on y avait renoncé, reconnaissant que cette taxation d'office faisait plus de mal que de bien (1).

Ensuite, une loi de 1917 avait établi ce qu'on appelait les « prix normaux ». Il y avait dans chaque département une Commission composée de consommateurs, de marchands et de fonctionnaires, laquelle avait pour mission d'établir et de publier périodiquement les prix raisonnables des marchandises. Le juge alors pouvait dire : passez-moi le prix normal et je verrai si je dois condamner ou non. Mais tout de suite après la guerre on a supprimé le prix normal, parce qu'on avait reconnu aussi qu'il n'y avait pas moyen de le déterminer. Le juge alors s'est trouvé sans point d'appui. En somme, le législateur se déchargeait sur lui de la tâche qu'il s'était senti impuissant à réaliser : il s'en remettait au juge du soin de faire lui-même la taxation et d'établir le prix normal.

Voici ce qu'a fait la jurisprudence, à défaut d'une directive donnée par la loi. Il y avait au tribunal correctionnel de la Seine une chambre spéciale qui n'a fait que juger ces cas de spéculation illicite, pendant six ans, et avait acquis ainsi une grande pratique de la chose. Le tribunal a pris la méthode suivante : pour déterminer le juste prix, il a comparé le prix de vente et le prix de revient et là où il trouvait une trop grande différence entre les deux il disait qu'il y avait majoration, spéculation illicite, et il condamnait.

Vous pensez bien que cette jurisprudence a donné lieu aux plus vives critiques. La solution était, à mon avis, la seule pratique, mais toutefois il faut remarquer qu'elle déplaçait le problème et qu'au lieu de taxer les prix, elle taxait le profit. C'est beaucoup plus facile, car tandis que les prix sont extrêmement variables, il y a pour les profits un taux généralement accepté comme normal, exactement comme le taux de l'intérêt et parallèle à celui-ci, géné-

------

(1) Voir dans notre Cours de 1920-1921 sur *Le Juste Prix*, la brochure V.

ralement du double : si le taux de l'intérêt est de 5, 6 ou 7 %, le taux du profit sera 10, 12 ou 14 %.

Seulement, ce qui donne prise à la critique c'est que le taux des profits n'est pas donné par la simple différence entre les prix de revient et les prix de vente, ce qui serait trop commode. Il y a nombre d'autres facteurs qui interviennent dans le calcul. Par exemple, on a dénoncé à un certain moment comme scandaleux le prix des chapeaux de dame. On a fait le compte que dans un chapeau vendu 500 francs, il y avait :

125 francs de matière première, c'est-à-dire. soie, étoffe, paille, plumes;

25 francs de main-d'œuvre, savoir, deux journées d'ouvrières à 12 fr. 50 chaque;

Donc, 150 francs de prix de revient; il reste donc la différence, c'est-à-dire 350 francs, pour la marchande, disons poliment pour la maison : c'est un profit de 233 %. Le Tribunal correctionnel pouvait-il dire qu'il y a majoration illicite? Mais les marchands répondent : c'est un calcul absurde! La différence entre le prix de vente et le prix de revient ne peut mesurer le bénéfice net qu'autant qu'on aurait fait rentrer dans le prix de revient tous les frais généraux, le loyer qui est énorme, les impôts qui le sont encore plus, les frais de publicité et de réclame; alors on verrait que des 350 francs de différence il ne reste qu'une bien petite part pour le profit net. Mais le tribunal ne peut faire ce calcul, à moins de nommer des experts pour chaque espèce.

La loi de 1916 avait été votée pour une durée de trois ans, comme loi de guerre; elle est donc venue à échéance en 1919. A cette date, quoiqu'on eût demandé son abrogation, l'opinion publique n'était pas encore prête à revenir au laisser faire — à en juger par ce projet de loi qui fut déposé à la Chambre, en 1919, par deux députés énergumènes, ainsi conçu : « Article unique. — Sera puni de mort et exécuté dans les vingt-quatre heures qui suivront le jugement, tout accapareur, tout spéculateur. »

C'est pourquoi, loin d'abroger la loi de 1916, on la renforça même en l'étendant aux loyers, et on la prorogea pour une nouvelle période de trois ans.

En 1922, la loi arrivait de nouveau à expiration; à cette

époque l'opinion publique était changée, d'autant plus qu'il y avait une grosse baisse des prix en 1920-1921. Les adversaires de la loi de 1916, c'est-à-dire le grand comme le petit commerce, et tout le monde économique, trouvèrent une audience plus facile auprès des pouvoirs publics — et la loi fut abrogée.

Ainsi donc aujourd'hui le délit de spéculation illicite n'existe plus et, comme le disait au moment où on demandait l'abrogation de la loi de 1916, M. Raynaldy, aujourd'hui ministre : « C'est au jeu de la concurrence seule que nous devrons la baisse du prix de la vie. »

Voici donc la situation actuelle. Un commerçant peut vendre aujourd'hui à n'importe quel prix, sans qu'il y ait délit. En voici un exemple : sous le régime de la loi de 1916, des poursuites pour spéculation, c'est-à-dire pour majoration de prix illicite, avaient été intentées contre les cinq Grands Magasins de Paris. Le procès a traîné, non pas peut-être sans quelque complaisance, jusqu'à ce que la loi ait été abrogée. Alors le tribunal n'a pu que les acquitter. Les inculpés avaient fait valoir comme moyens de défense l'aggravation des frais résultant pour eux tant des impôts que des charges sociales établies en faveur des employés.

Les considérants du jugement sont intéressants. Les voici :

« Considérant que quelque regrettable que soit le procédé qui consiste à faire subir au seul consommateur la répercussion des lois sociales et financières concernant le commerce et l'industrie, les prévenus n'ont, en recourant à ce procédé, fait que suivre les errements habituels de tous les commerçants et de tous les industriels... »

Il est vrai que si la loi de 1916 est abrogée avec le délit de majoration des prix, le Code pénal demeure avec le délit de coalition, mais nous avons dit que celui-ci n'est presque jamais appliqué. Pourtant je puis en citer un cas tout récent : la Chambre syndicale des libraires de Paris avait interdit aux libraires de consentir, pour la fourniture des livres de classe, un rabais supérieur à 10 %, sous peine de sanctions très sévères et de la privation de tous les avantages que leur offrent les éditeurs.

Eh bien, une plainte a été déposée — non par les libraires, car ils n'auraient jamais osé protester contre leur syndicat — mais par le ministre de l'Instruction publique. Le ministre a jugé qu'il y avait un intérêt public engagé; et le tribunal vient de condamner le syndicat à mille francs d'amende, sinon pour avoir fait la hausse, du moins pour avoir empêché la baisse.

Les économistes de l'école libérale pensent que c'est bien ainsi et qu'il n'y a qu'à s'en tenir là. Qu'on exorcise, disent-ils, cette hantise de la spéculation, qu'on renonce à ces mesures moyenâgeuses de la répression en matière de prix, encore plus à la taxation des profits, car tout cela est absolument contraire non seulement aux lois économiques mais encore au bon sens et aux nécessités du commerce. Ils admettent toutefois que si l'on peut prouver qu'il y a eu des moyens frauduleux, comme ceux que prévoit le Code pénal, dans ces cas-là, la loi pourra frapper. Telle est l'opinion des économistes, mais ce n'est pas celle du public. Au contraire, tout le monde, pas les marchands, bien entendu, mais le gouvernement et les consommateurs, regrette l'abrogation de la loi de 1916. Le président du Conseil des ministres, M. Herriot, a dit, au mois de novembre dernier (1924), s'adressant à la Chambre : « C'est à partir du jour où la loi sur la spéculation illicite a cessé de fonctionner par votre volonté, Messieurs, que les prix ont commencé à monter ». Je crois, à vrai dire, qu'ils ont commencé à monter par bien d'autres causes que l'abrogation de la loi de 1916. Mais enfin, il est certain que l'on voit reparaître aujourd'hui la hantise de la spéculation comme cause de la cherté : on cherche quelque arme nouvelle contre elle. Vous pouvez voir dans les journaux nombre de projets de députés qui essaient de trouver quelque définition nouvelle de la spéculation illicite, plus pratique que celle donnée par le Code pénal ou par la loi de 1916, sans beaucoup de succès jusqu'à présent.

On a proposé dernièrement de prendre le critérium suivant : il y aurait majoration illicite toutes les fois que le marchand aurait vendu ses marchandises « à un prix supérieur à celui de ses concurrents ou à son propre prix, à lui, dans le passé ». C'est un critérium qui serait encore plus défectueux que les précédents. Comment prendre pour terme de comparaison le prix affiché chez le concurrent, puisque je viens de vous dire que la concurrence n'existe pas et qu'il y a une entente entre tous les marchands pour vendre leurs marchandises au même prix. Et au cas même où cette uniformité n'existerait pas encore, la loi nouvelle aurait aussitôt pour effet de la créer!

Et quant à prendre pour point de repère le prix auquel vendait le marchand lui-même, il en résulterait ce grave inconvénient de rendre impossible toute baisse de prix, comme ces roues dites à rochet qui peuvent tourner en avant mais non en arrière. En effet, le marchand, même quand il croirait à la baisse, n'oserait la réaliser, car il se dirait : Si je baisse mes prix aujourd'hui et que demain je doive les relever pour les mettre au cours nouveau, je tomberai sous le coup de la définition nouvelle du délit de spéculation.

Que conclure? Certes, nous ne serons pas de ceux qui condamnent la spéculation en soi : par définition, spéculer c'est prévoir l'avenir et c'est le plus intelligent et le plus sage de tous les actes économiques. C'est ce qui fait la supériorité de l'homme civilisé sur le sauvage. A ne la considérer que dans le domaine restreint de son influence sur les prix, la spéculation loin d'être une cause de perturbation, agit dans le sens de la stabilisation. En effet, si le vendeur à terme, lorsque les valeurs ou les marchandises sont en baisse, prévoit qu'elles monteront et se porte acheteur en vue de les revendre lorsqu'elles auront monté, que fait-il? Il enraye la baisse actuelle par ses achats, comme il contribuera à enrayer la hausse future par ses reventes. Si ses prévisions sont réalisées il gagne et c'est justice, car il a servi aussi l'intérêt public. Il serait donc absurde de promulguer des lois contre les spéculateurs, encore que trop souvent ce calcul des probabilités dégénère en un simple jeu.

Et nous ne croyons pas non plus que la spéculation ait une grande part dans la hausse des prix actuelle, ni même dans toute autre hausse. Son action peut paraître énorme dans certains cas isolés, mais elle n'est qu'occasionnelle et passagère.

Néanmoins, tout ceci accordé et au risque d'encourir le

reproche de contradiction, nous n'aurions pas voté l'abrogation de la loi de 1916 et nous voterions son rétablissement, parce qu'il ne nous paraît pas bon que la loi se désintéresse de la question des prix : ils ne relèvent pas seulement de l'Economie politique mais de la morale. Nous ne nous résignons pas à admettre que n'importe quel prix, n'importe quel bénéfice, doive être accepté comme juste et définitif par cette seule raison que le consommateur l'a subi ou même l'a volontairement accepté. Et nous ne pouvons croire qu'un juste prix soit impossible à déterminer puisque nos sociétés coopératives n'ont pas d'autre but.

Mais nous voudrions du moins que ce droit de poursuite pour majoration usuraire de prix ne pût être exercé qu'en connaissance de cause. Or, le ministère public né nous paraît pas qualifié pour cette tâche. Nous avons vu ces derniers temps des poursuites engagées contre de grands magasins et contre une grande société industrielle qui ont été abandonnées sans qu'on ait dit pourquoi. C'est pourquoi il nous faut des gardiens plus vigilants de l'intérêt public — dans l'espèce, de l'intérêt des consommateurs.

Nous souhaiterions voir conférer ce droit aux Ligues de consommateurs : il en existe. J'en parlerai dans une des prochaines leçons.

C'est ainsi que, dans un domaine différent, quand il s'agit de réprimer la littérature pornographique, les associations pour la protection de la moralité publique — il y en a plusieurs, — doivent se borner à signaler les abus au ministère public, lequel le plus souvent se refuse à agir pour ne pas s'attirer d'ennuis. Mais un projet de loi a été déposé et même déjà voté par l'une des deux Chambres, pour conférer le droit de poursuite à ces associations. Nous espérons qu'il en sera de même pour les Ligues de consommateurs.

§ 3. — L'appui donné au consommateur

Sous cette dénomination un peu vague, il faut entendre tout ce que peuvent faire le gouvernement et les municipalités pour aider le consommateur dans la lutte contre la cherté en lui fournissant les moyens de s'éclairer et de se défendre lui-même, notamment :

a) Par l'institution de Commissions de la vie chère, qui ont pour mission de renseigner le public sur les mouvements des prix, de lui permettre de se faire une opinion éclairée sur les stocks disponibles, sur le coût de production, sur les prix à l'étranger.

Il doit y avoir une de ces commissions par département et il y en a une centrale à Paris.

Un décret du 19 février 1920 a créé un *Comité Central et des Commissions régionales du coût de la vie*, qui admettent la présence, dans leur sein, des consommateurs. De plus, il existe un grand *Conseil Economique National*, dans lequel les consommateurs ont leur place, à côté des représentants de tous les intérêts professionnels et économiques.

b) Par l'établissement de magasins municipaux ou d'offices d'alimentation, mettant à la disposition du public telle ou telle denrée — soit celles qui sont les plus nécessaires à la vie ou à la santé publique, soit celles qui paraissent subir des majorations abusives, telles que viande de boucherie, poisson, lait. Toutefois, ici la collaboration des pouvoirs publics avec les coopératives paraît préférable (voir ci-après).

c) Eventuellement par la création d'un monopole d'importation, mesure maintes fois réclamée pour le blé, mais dont il n'est pas démontré que le consommateur doive retirer de grands avantages.

On dit, il est vrai, que la puissance de cet acheteur unique lui permettrait d'effectuer ses opérations à meilleur compte que les importateurs privés, mais il faut tenir compte d'autre part de l'incapacité de l'Etat à acheter ou à vendre dans de bonnes conditions. Et puis la question n'est pas de savoir si l'Etat pourra acheter bon marché, mais s'il pourra revendre à bon prix au consommateur. Or, les mêmes résistances de la part des propriétaires agriculteurs qui n'ont pas permis l'abrogation du droit sur les blés sauront bien empêcher la vente du blé à bas prix par l'Etat.

CHAPITRE II

L'ACTION DES CONSOMMATEURS

§ 1. — Du rôle du consommateur dans la lutte contre la cherté

Toutes les fois que l'on parle de la hausse des prix, le consommateur est présenté comme la victime. Mais ne serait-il point lui-même un des facteurs de cette hausse des prix? C'est bien notre opinion et même nous croyons que sa part de responsabilité est très grande.

Très grande d'abord si on se place au point de vue théorique.

Sur le marché, il y a en présence le producteur qui apporte ses marchandises et, d'autre part, le consommateur qui apporte son argent. C'est de la balance entre la quantité de marchandises offertes, d'une part, et la quantité d'argent offerte, d'autre part, que dépend le prix. La situation de l'un est donc aussi forte que celle de l'autre.

Si, par exemple, l'offre de marchandises est réduite de moitié, par suite de mauvaises récoltes, de catastrophes, toutes choses égales, les prix devraient doubler. Mais si le consommateur, de son côté, réduit sa demande dans la même proportion, c'est-à-dire s'il n'apporte sur le marché que la moitié de la monnaie qui existait auparavant, alors les deux termes du rapport n'ont pas changé; ce qui veut dire que le prix, qui n'est autre que ce rapport, ne doit pas changer : il n'y aura pas de hausse de prix.

Il dépend donc du consommateur — nous parlons en théorie pure — d'empêcher toute variation du prix, et cela en faisant varier exactement la quantité de monnaie apportée par lui sur le marché, autrement dit sa dépense, en raison directe des variations de la quantité des marchandises.

Mais, dira-t-on, il n'est pas au pouvoir du consommateur de faire varier sa demande parallèlement à la production car sa demande est déterminée par ses besoins et ses besoins ne sont pas indéfiniment compressibles. Si la récolte de blé est réduite de moitié, peut-il réduire de moitié sa consommation de pain? — Pourquoi pas? Il le faudra bien s'il n'y a pas moyen de combler le déficit; pourquoi ne ferait-il pas spontanément ce à quoi la nécessité le contraindra? Ah! la différence entre les deux solutions est celle-ci: si c'est la bonne volonté qui agit préventivement, chacun restreindra sa consommation de moitié; mais si on laisse agir la nécessité elle ne touchera pas les riches, car faisant surenchère, doublant ou quadruplant le prix d'achat, ils pourront continuer à consommer les mêmes quantités; et elle ne frappera que les pauvres, dont la consommation sera réduite à zéro. Et c'est ce qu'on appelle la famine.

Le consommateur est donc responsable de la cherté pour autant qu'il n'adapte pas sa demande à l'offre. Il le pourrait presque toujours s'il le voulait. Tous les besoins sont plus ou moins élastiques : ceux de luxe indéfiniment, comme les gaz en physique, et quand je dis besoins de luxe, il ne faut pas entendre par là seulement ceux des riches, tels que diamants ou dentelles, mais beaucoup de ceux du peuple, tels que tabac ou alcool; — et même les besoins dits de nécessité sont réductibles dans une mesure beaucoup plus large qu'on ne le croit, surtout si l'on sait déplacer la demande d'un objet à un autre, user de succédanés : c'est ce qu'on appelle la loi de substitution. Même en ce qui concerne le pain, toujours cité, non seulement la consommation pourrait être réduite occasionnellement mais elle devrait l'être normalement. On mange trop de pain en France et trop de viande (quoique moins que dans d'autres pays, mais ce n'est pas une raison pour les imiter), et on boit beaucoup trop de vin.

Or, si nous passons de la théorie à la pratique, nous voyons que le consommateur se refuse à cette adaptation de la demande : il ne réagit pas contre la hausse des prix. Il le faisait autrefois : le marchandage, qui n'est autre chose que la lutte du consommateur contre la cherté, était très en honneur autrefois : nos grand'mères ne se croyaient nullement ridicules en le pratiquant. Et elles ne l'étaient point en effet. Cette résistance du consommateur était utile aux producteurs eux-mêmes, en les obligeant à rechercher l'abaissement du coût de production (1). Aujourd'hui, ce n'est plus que sur les marchés ruraux ou dans les toutes petites villes, ou dans les bazars d'Orient, qu'on le pratique encore. En Europe, le système de la vente à prix fixe a coupé court à toute velléité de défense de l'acheteur. Il le livre, pieds et poings liés, au marchand. Que ce soit un progrès au point de vue économique, qu'il épargne une perte de temps, je ne le conteste pas. Mais, comme nous l'avons déjà fait remarquer, la coutume du prix fixe équivaut à une taxation des marchandises qui, à l'inverse de celle décrétée par les pouvoirs publics, est établie par le vendeur, sans contrôle.

Le consommateur ne se contente pas de subir docilement la hausse du prix, sans user de son pouvoir : il fait bien plus! Il encourage le marchand : il porte sa demande du côté où il y a hausse et la retire de là où il y a baisse!

Voici une enquête faite récemment auprès des marchands du Havre.

Le boucher dit que la demande se porte seulement sur les morceaux de choix, ce qui fait que les bas morceaux ne se vendent pas; alors il faut bien augmenter d'autant le prix de la viande puisqu'une partie reste inutilisée.

Le boulanger dit qu'il fabrique plus de pains de fantaisie que précédemment et moins de pains de 6 livres; la vieille miche est discréditée, parce qu'elle peut durer plus d'un jour et que le consommateur ne veut manger que du pain frais.

L'épicier affirme que la vente du beurre frais a considérablement augmenté, au détriment de la vente du beurre salé. Il ne vend plus aujourd'hui que le riz supérieur de la Caroline; le riz de nos colonies, le riz de l'Indo-Chine est délaissé. Il dit aussi qu'il vend, au prix de 5 à 6 francs la demi-boîte, beaucoup plus de homard qu'avant la guerre.

On apporte des œufs du Maroc. mais le consommateur

---

(1) Un des plus grands industriels, le plus grand même à ce jour, Ford, a écrit ces paroles bien dignes d'être méditées : « C'est la résistance du public aux prix trop élevés qui est le véritable stimulant de l'industrie ». (*Ma Vie et mon Œuvre,* p. 175.)

leur préfère les œufs du pays, malgré une majoration de 10 à 15 centimes par œuf. Et ainsi de suite (1).

On a fait ces jours-ci une expérience encore plus instructive. Vous avez vu dans les journaux que sur les instances du gouvernement, les Grands Magasins ont ouvert un rayon « de vie moins chère » pour les articles de vêtements, et les grands magasins d'alimentation ont fait de même. Que s'est-il passé? Les marchands, chez qui un journaliste a fait une enquête, ont dit : « Dans le rayon spécial nous livrons des produits d'excellente qualité, mais les ménagères préfèrent payer plus cher la qualité extra au rayon à côté. » L'un d'eux dit : « De toute la matinée, nous avons à peine vendu quelques kilogs de haricots secs et de pâtes au rayon de la vie moins chère ». Même réponse dans un magasin d'un quartier du centre, d'un autre du côté du Trocadéro. Et un autre conclut : « L'effort que nous avons tenté menace de demeurer stérile ».

Peut-on savoir pour quels motifs le consommateur délaisse le rayon à bas prix pour aller aux autres? Je vois deux motifs.

Il y a le motif de vanité : les ouvriers et petits bourgeois n'aiment pas aller au rayon à bon marché. Ils disent : c'est fait pour les pauvres, cela nous humilie; nous ne voulons pas de faveur, nous voulons être traités comme tout le monde.

A côté de ce sentiment de vanité, j'en vois un autre inverse, un sentiment de défiance. On dit : « Ce n'est pas naturel que ce marchand fasse de la philanthropie! Il doit se rattraper en nous livrant de la mauvaise marchandise; alors, il ne faut pas être dupe. » Et ils vont au rayon à côté sans se douter que c'est précisément en le faisant qu'il jouent leur rôle de dupe! Tout marchand apprend à connaître la psychologie du consommateur : il savait que ce rayon de vie moins chère ne serait guère utilisé mais servirait d'amorce pour attirer la clientèle et lui faire acheter au rayon qui est plus cher. Le consommateur est tombé

---

(1) Un tailleur d'un petit village de montagne du centre de la France me disait qu'il pouvait fournir des complets à 250 francs, faits avec de bonnes étoffes françaises, mais que ses clients ne veulent que des draps anglais à un prix double.

dans le panneau qu'il voulait éviter en se croyant plus habile que le marchand.

Dans le commerce c'est toute une science, ou du moins tout un art, et des plus subtils, que de savoir capter l'acheteur, susciter chez lui des besoins ou des désirs qu'il ignore, vaincre ses hésitations, lui faire prendre même ce dont il n'a pas envie, si bien que dans les grands magasins les vendeurs qui possèdent ces dons ou qui ont acquis cette expérience sont très recherchés. Pourquoi donc, s'il y a un art de vendre, n'y aurait-il pas un art d'acheter et ne serait-il pas aussi utile au consommateur?

Mais pour cela, il faut que lui aussi fasse son éducation. L'éducation du consommateur doit devenir un des chapitres les plus importants de l'économie sociale et en tout cas de « l'enseignement ménager ». Même quand il ne s'adresse qu'au consommateur individuel, cet enseignement doit avoir d'heureux résultats, mais il en aura surtout s'il agit par voie d'association. Les modes d'association des consommateurs sont assez nombreux, au moins cinq, mais d'importance très inégale :

1° Les ligues d'économie qui ont pour but précisément celui que nous venons d'exposer, à savoir : réduire la consommation proportionnellement à la diminution de la quantité disponible;

2° Les ligues de consommateurs, qui ont pour but de lutter contre les exigences des marchands;

3° Les ligues sociales d'acheteurs qui, ont pour objet moins d'apprendre au consommateur à réclamer ses droits que de lui apprendre à pratiquer ses devoirs;

4° Les groupements d'achats, qui traitent avec les marchands pour obtenir un rabais;

5° Les sociétés coopératives de consommation, qui ont pour but de remplacer les marchands.

Reprenons ces cinq modes d'organisation.

§ 2. — **Les Ligues d'économies** (1)

Ces ligues ne se donnent pas pour but d'exercer une pression sur les marchands mais seulement sur le consom-

-----

(1) Cette section se trouve déjà, à peu de chose près, dans la brochure V du Cours de 1921 sur le *Juste Prix*, ainsi que la section ci-après sur les Ligues de consommateurs.

mateur, en l'engageant à réduire ses achats au minimum. Ou, plus simplement, les ligues d'économies sont des sociétés de rationnement volontaire. Nous avons vu, durant la guerre, le rationnement obligatoire imposé par l'Etat, et nous avons vu que ce mode d'action était certainement efficace mais très difficile à appliquer parce que la consommation est de tous les actes de la vie économique celui qui est le plus difficile à contrôler : il se passe derrière le mur de la vie privée. Eh bien, demandons aux consommateurs eux-mêmes lorsqu'ils voient monter les prix de telle ou telle denrée de restreindre volontairement leur consommation.

C'est pendant la guerre que ces ligues-là se sont formées. En Angleterre, elles ont commencé sous le nom de « sociétés d'épargne de guerre » (*War Saving*), et en France, la première a été constituée en 1916, sous le nom de « Ligue Nationale d'Economies », sous l'inspiration et la direction de quelques professeurs d'économie politique de la Faculté de Droit. Voici l'appel que cette Ligue Nationale des Economies a lancé au moment de sa fondation :

La Ligue nationale des Economies a pour but de grouper tous ceux qui sont résolus à tenir, quelle que soit la durée de la guerre.

Je passe sur les considérations patriotiques, mais voici les moyens économiques qu'elle suggère :

L'économie est nécessaire, parce qu'il faut ménager les ressources du pays, si l'on veut qu'elles durent.

L'économie est nécessaire parce qu'il importe de réduire au minimum les achats à l'étranger.

L'économie est nécessaire parce que seule elle peut fournir les disponibilités qui pourront s'offrir à l'Etat pour ses emprunts.

La Ligue a appuyé cet appel par la publication à brefs intervalles de petits tracts, un pour chaque denrée :

« Economisez le pain »
« Economisez l'alcool »
« Economisez le pétrole »
« Economisez le sucre »
« Economisez le charbon »
« Economisez la lumière (par l'heure d'été) »

Et ainsi de suite. Nous en avons publié dix-sept. C'est

une collection peu connue et qui, pourtant, aurait mérité une large publicité (1).

Si cet appel avait été écouté, comme il aurait dû l'être dans des pays cernés par le blocus et alors que les denrées les plus nécessaires à la vie commençaient à faire défaut, si l'on avait pu persuader à chaque habitant du pays de réduire sa consommation, il me paraît certain que non seulement on aurait rendu un service éminent au pays et à la défense nationale, en réduisant la consommation et l'importation, en fournissant à l'Etat une plus large épargne pour ses emprunts, mais aussi on aurait enrayé la hausse des prix. Car en tant que solution de la crise, c'est la seule qui soit théoriquement, et on peut dire mathématiquement, parfaite, ainsi que nous venons de le montrer. En effet, lorsque la hausse des prix est due à une diminution de l'offre, ce qui était précisément le cas, si cette diminution de l'offre se trouve contre-balancée par une diminution égale de la demande, dans ce cas l'équilibre se trouve rétabli puisqu'il y aurait la même diminution de poids dans les deux plateaux de la balance.

Mais l'insuccès a été complet! Je vous en donnerai une idée en vous disant que cet appel, qui a été envoyé à 60 journaux de Paris et de la province, n'a été reproduit que par 5 à 6 journaux. Notez bien cependant que parmi les journaux qui l'ont mis au panier, il y en avait, comme le grand journal du soir, qui ne cessaient de dire : il **faut** remplacer le rationnement de l'Etat, qui est une contrainte, par l'appel aux bonnes volontés! Il n'y a que la liberté des individus qui puisse résoudre le problème! etc. Eh bien, c'était pourtant bien là un appel aux bonnes volontés, mais la presse n'a pas marché. C'était l'opinion courante dans le public qu'il fallait continuer à vivre comme si la guerre n'existait pas et continuer ses achats pour faire aller le commerce. Un maire, en 1915, s'étant avisé de conseiller à ses administrés certains sacrifices sur leurs consommations, fut rabroué de belle façon par un des rédacteurs les

----

(1) On trouvera la reproduction de quelques-uns dans une des monographies sur l'histoire de la guerre, publiée par la Dotation Carnegie : *La lutte contre la cherté par les organisations privées*, par Charles Gide et Daudé-Bancel.

plus éminents du journal *le Temps* : il est vrai que c'était le chroniqueur littéraire : « Ce magistrat, disait-il, oublie que son discours ne tend pas précisément à favoriser la reprise des affaires... Il obéit à un préjugé qui, pour être assez répandu, n'en est pas moins absurde et dangereux : c'est le préjugé ascétique. » Hélas, non, ce préjugé-là n'était nullement répandu! c'était le préjugé de la dépense qui l'était.

Le Gouvernement non plus n'a pas vu d'un très bon œil cette ligue d'économies. C'est parce que le gouvernement n'avait qu'une préoccupation, qui était de ne pas effrayer le pays. Pour que « les civils tiennent », suivant la célèbre formule, il fallait, pensait-il, se garder de leur crier, comme on le faisait dans nos appels : « Encore quelques jours et il n'y aura plus assez de pain! il n'y aura plus assez de sucre! il n'y aura plus assez de charbon! Economisez! Economisez! »

Pourtant, à la fin, quand le gouvernement se vit obligé de rationner lui-même et de recourir ainsi à une mesure de coercition — qui précisément aurait pu être évitée si elle eût été devancée par des restrictions volontaires — le Gouvernement accorda quelques audiences à la Ligue et quelques subventions. Mais il était trop tard.

La classe ouvrière non plus n'a pas marché. Les ouvriers ont la phobie de ce mot « économie ». Peut-être les économistes sont-ils un peu responsables de cet état d'âme, à force d'avoir répété depuis un siècle à la classe ouvrière que l'économie était pour elle la première des vertus et que c'était par l'épargne seule qu'elle pouvait s'émanciper. Aujourd'hui, j'en parle par expérience, on ne peut pas prononcer ce mot d'économie, non seulement dans une réunion socialiste, mais même dans une réunion de coopérateurs — qui sembleraient cependant particulièrement éduqués à ce point de vue — sans provoquer ce qu'on appelle « un mouvement » dans l'auditoire et qui est loin d'être un mouvement sympathique!

Même dans nos sociétés coopératives de consommation, on n'a pas voulu de nos tracts.

L'ouvrier ne veut pas qu'on lui prêche l'économie, parce que, dit-il, c'est donner à croire que nous pouvons restreindre notre consommation et, par conséquent, que notre salaire est supérieur à nos besoins et que nos réclamations sont sans fondement. Or, nous n'avons pas trop ni même assez avec nos revenus. Allez prêcher l'épargne aux bourgeois!

C'est bien ce que nous avons fait, car, contrairement à ce qu'on trouve trop souvent enseigné dogmatiquement dans les traités d'économie politique, je pense que c'est aux classes riches et non à la classe salariée qu'incombe la fonction de l'épargne — quoique pourtant, avec les salaires actuels, bon nombre d'ouvriers pourraient réduire leur consommation ou, tout au moins, la mieux répartir.

Mais elles, les classes riches, n'ont pas marché non plus. Ce n'est pas qu'elles aient marqué une hostilité contre cet appel. Nous avons même vu se constituer, sous les auspices de la Ligue Nationale des Economies, une société de dames dans laquelle se trouvaient les plus grands noms de l'aristocratie et qui avaient fait acte de très bonne volonté en disant : C'est entendu! nous allons réduire notre train de vie, nous n'aurons que deux plats à notre dîner; nous ne renouvellerons notre toilette qu'une ou deux fois par saison, etc.

Seulement, au bout de huit jours, on vit revenir ces grandes dames, qui nous dirent : Nous ne pouvons pas réduire notre train de maison parce que nos gens, maîtres d'hôtel et femmes de chambre, nous ont annoncé que si nous entrions dans cette voie ils nous donneraient congé. Et en effet, pour tout ce personnel qui, dans les maisons riches, vit surtout du tant pour cent sur les dépenses, l'économie chez les maîtres serait la ruine.

Je dois dire cependant, quoique cet aveu soit un peu humiliant pour notre pays, que les ligues d'économies ont eu plus de succès à l'étranger, notamment en Angleterre et aux Etats-Unis.

En Angleterre, il y a eu jusqu'à 800 sociétés qui se sont constituées sur tous les points du pays. Le Roi lui-même, par une lettre du 2 mai 1918, écrivait pour prier, pour adjurer tous les chefs de famille de réduire la consommation du pain dans leur maison, dans la proportion d'un quart au moins, et de s'abstenir de toutes pâtisseries.

Ce conseil venu de haut a été écouté. C'est ainsi que la

consommation de la viande a baissé de 10 % dans l'ensemble du pays, et même dans quelques villes, comme Manchester, de 25 %. On ne peut donc pas dire que ces ligues ont été inefficaces. Ces ligues anglaises ont émis aussi des quantités d'appels comme ceux que je rappelais tout à l'heure, et qui portaient tous comme en-tête : *Do not!* Ne faites pas ceci! Ne faites pas cela!

On aurait voulu, en Angleterre, dans ce domaine du rationnement volontaire, faire ce qu'avait essayé de faire lord Derby pour le service militaire. Vous vous rappelez qu'avant que la conscription obligatoire ait été introduite en Grande-Bretagne, on avait essayé d'une conscription facultative, en faisant appel au patriotisme de tous les Anglais, et que cet appel n'avait pas été inefficace. Il avait fourni déjà une forte armée, plusieurs millions d'hommes, mais non pourtant le nombre nécessaire. Eh bien, pour le rationnement, il en a été de même. Le rationnement facultatif, en faisant appel à la conscience des citoyens, a réussi dans une certaine mesure, mais non pourtant dans la mesure nécessaire (1).

Mais reste à savoir si, en supposant que cette propagande eût réussi, elle aurait exercé une action efficace sur les prix.

Oui, à notre avis, sous la condition que ces appels à l'économie eussent pour résultat *une réduction de la consommation en nature et non pas simplement une réduction dans le budget des dépenses.*

C'est la même chose, dira-t-on peut-être, car toute réduction de dépenses implique nécessairement une diminution de consommation; et même une diminution à double effet si elle a lieu en période de hausse de prix, puisque avec la même somme en monnaie nous n'obtenons qu'une quantité décroissante de produits.

Oui, en général, mais il ne faut pas oublier :

1° Qu'il y a des dépenses qui n'impliquent aucune consommation en nature mais un simple transfert de richesses. C'est bien évident pour l'achat d'une terre ou d'un château, mais ce ne l'est pas moins pour l'achat de collections d'art, de bijoux, de timbres-poste. Tel est le cas aussi pour les dépenses qui correspondent à des services rendus, non pas

seulement les gages des domestiques, mais les dépenses
pour ces innombrables services qui tiennent une si grande
place dans tous les budgets, instruction, santé, théâtre,
voyages, etc.;

2° Que même pour les dépenses qui impliquent consommations effectives, c'est-à-dire destruction de richesses, il
en est un très grand nombre, toutes celles dites de luxe,
qui ne portent que sur des richesses inutiles à la masse et
dont, par conséquent, la suppression n'aurait aucun effet
salutaire sur la cherté.

Je ne crois pas que les dépenses de luxe, comme on les
appelle, aient une influence sur les prix, ni, par conséquent,
que leur suppression dût amener une diminution des prix.
Je sais que l'opinion contraire est la plus répandue dans
le peuple et même la plus généralement enseignée dans les
livres. Un philosophe suisse disait : « Celui qui dîne à
30 francs empêche quelqu'un, je ne sais où, de dîner à
15 sous. » De même, à l'occasion du réveillon de Noël, les
journaux ont dénoncé tous ces viveurs, qui allaient dîner
aux restaurants de nuit à 100 francs par tête, comme étant
des fauteurs responsables de la vie chère, et par là aggra-
vent la situation des malheureux qui n'ont plus les moyens
de payer leur dîner et se réduisent à un repas par jour.

Je crois qu'il y a là une confusion entre la morale et
l'économie politique. Qu'au point de vue moral on puisse
flétrir comme scandaleuses l'insolence de ces prodigalités,
d'accord, parce qu'elles ont ce double effet pernicieux,
d'une part, d'induire en tentation les classes pauvre ou
moyenne, et de les inciter à dépenser autant; d'autre part,
d'aviver les haines sociales — d'accord. Mais au point de
vue qui nous intéresse ici, c'est-à-dire au point de vue de
la cherté, je ne crois pas que ces dépenses aient une influence quelconque sur les prix. On se représente les riches
et les pauvres comme réunis à une même table, où celui
qui prend tout dans le plat ne laisserait rien à son voisin.
Mais il n'en est rien ici : riches et pauvres ne sont pas
assis à la même table et ne consomment pas les mêmes produits. Bouteilles de champagne à cent francs, buissons
d'écrevisses, faisans truffés, ces consommations-là ne font
pas surenchère sur le marché populaire. Ces consommateurs auraient causé un bien plus grand préjudice s'ils

avaient mangé à leur dîner du lard et des pommes de terre, c'est-à-dire ce qui était destiné à la masse, au peuple. Car les denrées recherchées par les riches, sont généralement celles qui ne peuvent recevoir d'autre destination et n'ont pas d'autre utilité.

Un grand industriel et économiste allemand, qui a été tragiquement assassiné, Rathenau, a dit :

« Il faut que l'Etat n'hésite pas à établir des droits prohibitifs sur tous les articles de luxe et à frapper d'impôts somptuaires tous ceux qui persisteraient à en faire usage et à garder par devers eux des collections de grand prix. »

Pourquoi ce jugement sévère?

Qu'on prohibe les importations d'objets de luxe pour rétablir la balance du commerce, soit! Mais qu'on considère comme responsables de la vie chère ceux qui collectionnent les objets d'art, je n'en vois pas la raison.

Que tel tableau se vende 1.500.000 francs, ou une collection de timbres-poste 15 millions, comme on l'a vu récemment pour une célèbre collection de timbres-poste séquestrée parce qu'appartenant à un Allemand, eh bien, qu'importe? Quelle destruction de richesse y a-t-il dans cette affaire? On n'a rien consommé du tout. Il y a eu des centaines de milliers de francs qui ont passé de la poche de l'amateur de timbres-poste ou de tableaux dans la poche du vendeur. Qu'est-ce que cela fait au point de vue des prix, de la cherté, de l'offre et de la demande? Rien du tout puisque la quantité de monnaie est restée la même.

Le conseil d'économie n'est donc pas si simple à suivre qu'il le semble. A celui à qui on l'adresse et qui se déclare prêt à le suivre, il faudrait poser en même temps deux questions.

La première c'est de lui demander quels sont les articles de son budget qu'il se dispose à supprimer. Sans doute, répondra-t-il : « Je vais rayer mes dépenses de théâtre, de voyages, de toilettes pour ma femme, de dîners en cabinet particulier au restaurant; je supprimerai de mes menus les truffes, le foie gras, le champagne, les fleurs; je n'achèterai plus de livres rares ni de timbres-poste à 250.000 fr. la pièce, ni de tableau d'un million. » Eh bien, il faudra le féliciter de ses bonnes intentions mais ne pas lui dissimuler que ces privations héroïques ne feront rien contre la cherté.

Mais ce n'est pas tout. Il faut lui poser une seconde question : Que comptez-vous faire de l'argent que vous n'aurez pas dépensé?

Il vous répondra sans doute : « Je le placerai, je le porterai à la banque, j'achèterai des valeurs. » Mais qu'arrivera-t-il dans ce cas? Cet argent, allant de main en main, arrivera dans la poche de quelque autre, que ce soit un fabricant, un fournisseur, un ouvrier qui, sans doute, le dépensera. Alors la situation n'aura pas changé; la quantité de monnaie offerte sur le marché sera la même, à cette seule différence près que ce que vous vous serez abstenu de dépenser, un autre le dépensera. Le rapport de l'offre et de la demande sur le marché ne sera pas modifié, ni par conséquent la marche des prix.

Mais peut-être l'adhérent à la Ligue d'Economie nous fera-t-il une autre réponse. Il nous dira : « L'argent que je ne dépenserai pas, je le garderai chez moi. » Faut-il l'approuver ou le blâmer?

Pour moi, je serai disposé à l'approuver parce que je vois dans la thésaurisation une espèce de déflation. Que dit-on au gouvernement : « Si vous voulez faire baisser les prix, diminuez la quantité de billets en circulation; la circulation des billets est maintenant de 45 milliards, il faudrait la ramener à 10 milliards. » Et l'Etat de répondre : « Je ne peux pas parce que ne n'ai pas les moyens de racheter les billets. » Eh bien, mais si les consommateurs le font d'eux-mêmes; s'ils prennent la résolution de les retirer de la circulation, de ne plus les apporter sur le marché, l'effet produit sur les prix ne sera-t-il pas le même, tout au moins provisoirement et jusqu'au jour où ils réapparaîtront sur le marché? Car tant qu'ils sont invisibles ils sont comme s'ils n'étaient pas. On a évalué, au hasard, à 7 milliards de francs le chiffre des billets thésaurisés : ce ne serait pas peu de chose! le sixième de la quantité totale. Il faudra longtemps avant que l'Etat arrive à en rembourser autant!

Mais je dois avouer que cette thèse n'a pas trouvé d'écho. Au contraire, les thésauriseurs sont dénoncés par le gouvernement et les ministres des Finances comme étant des malfaiteurs publics. Le gouvernement leur dit : Je n'ai plus de billets en quantité suffisante; si vous ne remettez pas sur le marché ceux que vous possédez, je vais être obligé d'en émettre et de faire l'inflation.

Et il est vrai que les 43 milliards de billets émis ne sont pas de trop pour les besoins de la trésorerie et du commerce. En effet, c'est un des plus curieux résultats de l'inflation qu'elle se crée à elle-même des raisons d'être; le pouvoir d'achat des billets se dépréciant dans une proportion plus forte que l'augmentation de leurs quantités, il se trouve qu'il n'y en a jamais assez. Même en Allemagne quand le mark était émis par trillions, il faisait défaut!

Soit! Déconseillons donc de même à notre ligueur ce second emploi de ces fonds. Mais j'en vois encore un troisième : ce serait, au lieu de thésauriser ces billets, de les employer à l'achat de valeurs étrangères. Ainsi, il ferait passer ses billets de France à l'étranger et ce serait autant de moins dans la circulation; celle-ci se trouverait soulagée d'autant et, par conséquent, une baisse des prix devrait en résulter.

Mais voyez comme notre économe a peu de chance! Cette troisième solution lui est reprochée de façon encore plus violente que les précédentes. On le traite de mauvais Français, d'antipatriote, de déserteur. On menace de l'afficher, on le prive de ses droits civiques, et même quelques journaux ont conseillé de le fusiller.

Et c'est pourquoi l'exportation des billets français — hormis jusqu'à la limite de 5.000 francs — est prohibée et frappée de peines sévères.

Ainsi notre économe se trouve mis dans l'impossibilité d'user du dernier et seul moyen par lequel, à mon avis, son économie pourrait peser sur les prix et enrayer la hausse.

Alors, faut-il conclure que l'économie est sans action contre la cherté? Non, mais il faut revenir à la distinction que j'indiquais tout à l'heure. Si l'on veut baisser les prix, il faut considérer, non pas la dépense en argent mais la consommation en nature; il faut dire au consommateur qui nous a demandé conseil non pas tant de dépenser moins que de manger moins.

Prenons l'exemple ci-dessus : le blé. En ce moment, il y a une forte hausse énorme qui est un sujet d'inquiétude pour le pays, le prix est monté à 150 francs. Pourquoi? Parce que la France consommant environ 80 millions de quintaux de blé, la récolte de cette année n'en donne que 70 millions. Donc, il y a un déficit de 20 millions; il s'ensuit naturellement une hausse du prix qui, celle-ci, n'a aucun rapport avec l'inflation mais tient à la raréfaction de la marchandise.

Le consommateur a-t-il un moyen de combattre la hausse? Assurément. Puisque la récolte de blé se trouve en déficit d'environ 22 %, qu'il réduise sa consommation de 22 %! l'équilibre sera rétabli, et il n'y aura pas de hausse.

Est-ce trop difficile cet effort qu'on demande au consommateur? Certes non, car il ne serait pas difficile de diminuer d'un cinquième la ration de pain, ne fut-ce qu'en supprimant le gaspillage, et même point ne serait nécessaire de réduire la ration habituelle comme poids, il suffirait de manger le pain moins blanc. Actuellement à Paris, et même en province, on mange du pain fait avec une farine blutée à 60 %, c'est-à-dire que sur les 100 kilos de blé du quintal on n'utilise pour le pain que 60 et même quelquefois 55 kilos. Le reste va avec le son. Il suffirait donc de porter le blutage à 80 % sur chaque quintal de blé pour récupérer 20 kilos sur 80, soit 25 %, et faire plus que combler le déficit qui n'est que de 22 %.

Il suffirait même de bluter à 75 si le consommateur trouvait le pain trop gris à 80 de blutage. Pourtant ce pain est celui que mangeaient nos aïeux et qu'on mange encore souvent dans les campagnes, il est même plus savoureux que le pain blanc.

Il n'y a pas seulement le gaspillage du blé dans le blutage, il y a aussi celui à domicile pour le consommateur. Ce n'est pas pour rien que vous voyez sur les vitres des tramways, à Paris, cette affiche : « Ne gaspillez pas le pain ». C'est vrai, nous ne sommes plus au temps où cet aliment était une chose sacrée et où on n'entamait jamais une miche sans avoir fait, avec le couteau, une croix dessus. Si dans les campagnes on recommande aux enfants de ne jamais jeter le pain, les gens des villes et même les ouvriers ne s'en font pas faute. Il suffit que le pain soit de la veille pour qu'on le mette au rebut. Si l'on calculait le montant de cette perte quotidienne, ajoutée à celle du blutage, cela ferait plus que compenser la diminution de récolte de cette année.

Il en est de même pour la viande.

Le troupeau français, bœufs, moutons et porcs, pendant la guerre, avait été réduit de près de moitié, 40 %. Aujourd'hui, il n'a pas retrouvé tout à fait son chiffre d'avant la guerre. Il faudrait donc diminuer la quantité de viande consommée de 10 à 15 %. C'est-à-dire faire maigre un jour sur sept. Pendant la guerre, on l'a fait par ordre de l'autorité, non seulement en France mais dans les autres pays. On pourrait donc le faire volontairement, et par là, certainement, enrayer la hausse de la viande.

Ces temps-ci, un docteur, le Dr Hemerdinger, fait des conférences dans les quartiers populaires pour enseigner à la classe ouvrière et aussi à la classe bourgeoise le moyen de vivre avec 2 francs par repas et par tête, donc 4 francs par jour, et il donne le menu toutes les semaines. Ce sont des menus surtout végétariens mais comportant cependant un peu de viande.

Il est bien certain que si tout le monde réglait son menu d'après les conseils du docteur, il y aurait une baisse des prix. Si les bouchers et les marchands de volailles vendaient beaucoup moins, ils seraient bien obligés de baisser les prix, et la baisse se répercuterait nécessairement sur les producteurs. Il est vrai que sans doute ceux-ci, alors, pour faire remonter les prix réduiraient la production. C'est de part et d'autre le même jeu.

Mais les conseils du docteur ont été extrêmement mal reçus par la classe ouvrière et même par les coopérateurs. J'ai sous les yeux un article d'une coopératrice très connue qui proteste vivement contre ces conférences. Elle est scandalisée : « Pourquoi nous prêcher de devenir des ascètes? Comprimer ses besoins, c'est revenir à la vie préhistorique. » Voilà la confirmation de ce que j'ai dit tout à l'heure, de l'impopularité de l'économie dans les milieux populaires.

Mais c'est regrettable. S'il m'est permis de citer une expérience personnelle, je dirai que je me suis appliqué pendant les premières années de la guerre à ne pas augmenter mes dépenses de ménage. J'ai réussi, naturellement en réduisant ma consommation de façon à faire juste équilibre à la hausse des prix. Il va sans dire que je n'ai pu continuer et que le moment est venu où j'ai été débordé, parce que je ne pouvais avoir la prétention, à moi seul, de mettre un frein à la marée montante. Mais si tout le monde avait fait de même, si chacun avait voulu ou pu réduire sa consommation au fur et à mesure que la production diminuait, de façon à maintenir en équilibre les deux plateaux de la balance, la montée du prix eût été bien ralentie.

§ 3. — Les Ligues de consommateurs

Dans un jugement rendu ces jours-ci sur une poursuite pour majoration de prix, le président de la chambre correctionnelle, M. le président Richard, a dit :

« A quand la formation d'une ligue des justes prix? La liberté est pour tout le monde. Le consommateur a celle de se défendre; il doit en user. »

C'est ce qu'ils ont déjà fait, quoique sur une bien petite échelle, en formant des ligues de consommateurs. Celles-ci n'ont aucun rapport avec les ligues d'économie. Il ne s'agit plus ici de réduire la consommation mais de consommer autant ou plus en faisant baisser les prix, et d'obtenir cette baisse par la lutte contre l'exploitation du commerçant. C'est pourquoi le véritable nom de ces ligues devrait être « syndicats des consommateurs », afin de marquer l'identité de leur but avec celui des syndicats ouvriers qui luttent contre le patron pour faire augmenter leurs salaires ou diminuer leurs heures de travail. Et ils emploient pour atteindre leur but les mêmes procédés que les syndicats ouvriers, c'est-à-dire la discussion, la propagande et, en cas extrême, la grève. Ils disent aux marchands : « Vous voulez maintenir vos prix? Eh bien, nous n'achèterons plus rien chez vous jusqu'à ce que vous ayez capitulé. »

Ces grèves des consommateurs ont eu lieu assez fréquemment à l'étranger et en France, avant même que les ligues de consommateurs eussent été organisées; elles ont eu une certaine efficacité, sur laquelle cependant il ne faut pas se faire d'illusions, parce que les résultats n'ont été que locaux et temporaires.

Les marchands ont dû capituler quand ils se sont trouvés en présence d'un mouvement de grève. Ces grèves ont pris même parfois un caractère révolutionnaire, tout comme celles des ouvriers.

La première, sauf erreur, a eu lieu en Allemagne. C'était une grève de consommateurs de bière contre une grande maison qui avait augmenté ses prix. Dans tous les cafés, les consommateurs ont boycotté cette marque de bière pendant plusieurs semaines; et ils ont eu la victoire. Le fabricant a fini par capituler. Il y a eu plusieurs grèves semblables en France, pour le lait, pour les abonnés au gaz.

Sans aller jusqu'à la grève organisée, le mécontentement des consommateurs s'est manifesté parfois sous forme de véritables émeutes sur les marchés de différentes villes.

En 1910, les consommateurs étaient très mécontents par suite de la hausse des prix. Car il y a eu déjà une hausse des prix avant la guerre — hausse des prix qui avait commencé en 1897 et qui était à son maximum précisément vers 1910 — hausse des prix qui nous paraîtrait sans doute aujourd'hui bien insignifiante, car elle n'a jamais dépassé 25 à 30 %, à son apogée. Mais les consommateurs, qui n'étaient pas alors aussi entraînés qu'ils le sont actuellement, la trouvaient extrêmement désagréable.

En Normandie et dans le département du Nord, on vit les femmes, les ménagères, en arrivant sur le marché, bousculer les marchands, renverser leurs paniers, et même lapider les gendarmes quand ceux-ci arrivaient au secours des marchands. Ç'a a été la « révolution des ménagères », qui a été un grand sujet d'étonnement pour tout le monde et même pour les socialistes. Car ce qu'il y avait de curieux c'est qu'il n'y avait pas la moindre poussée socialiste là-dedans; la révolte des consommateurs a été spontanée, si bien que les socialistes ont été quelque peu décontenancés en voyant qu'une petite révolution se faisait sans eux, et ils sont restés quelque temps à se demander s'ils devaient intervenir ou non.

Ces grèves ont devancé la création des ligues de consommateurs. Celles-ci ont eu pour but précisément de donner un organe à ces mécontentements, à ces manifestations sporadiques, en les coordonnant dans une organisation qui parlerait en leur nom et qui agirait par les moyens pacifiques et même au besoin par la grève, mais par des grèves intelligentes et disciplinées.

La première, à ma connaissance, avait été fondée en 1910 et n'a eu qu'une courte vie. J'ai quelques raisons de m'en souvenir car j'en ai été le président, mais celui qui en était l'âme était Armand Fénétrier, un jeune, à la mémoire de qui je dois rendre hommage, car il a été une des victimes de la guerre.

Voici quel était son programme :

La Ligue des Consommateurs français déclare :

1° que la consommation est le but unique de toute activité économique.

2° que chaque fois qu'elle l'a voulu, la puissance d'achat a su faire écouter sa voix, mais que cependant l'éducation du consommateur est très en retard sur celle de toutes les catégories de producteurs.

3° qu'il importe donc d'instruire et d'organiser les consommateurs, c'est-à-dire tous ceux qui achètent et paient, et de les constituer en un Syndicat puissant, capable de les représenter avec dignité à côté des syndicats de producteurs, patrons, ouvriers, et intermédiaires, et qui aura à lutter contre les fraudes et les abus de tout genre.

Comme moyens d'action, la Ligue des Consommateurs se proposait d'agir par la voie de la presse (elle a publié un petit journal), par des conférences et meetings, par la pression sur les pouvoirs publics, pour défendre en toutes circonstances les intérêts des consommateurs, notamment contre le régime protectionniste, et aussi de les défendre contre certaines exploitations des salariés eux-mêmes, notamment contre celle des pourboires.

Immédiatement après la guerre, en 1919, une seconde Ligue de consommateurs a été constituée, cette fois sous le patronage d'une grande revue *Le Progrès Civique*. Celle-ci a eu une vie encore plus courte que la première; on peut dire qu'elle s'est bornée à quelques réunions de personnes bien intentionnées, mais sans réussir à attirer l'attention du public.

Malgré ces échecs, le mouvement n'est pas éteint; il se ranime çà et là comme un feu mal éteint qui couve sous les cendres. Plusieurs ligues de consommateurs se sont constituées, mais avec un caractère local dans différents quartiers de Paris, ou dans différentes villes de province, pour lutter contre la hausse des prix. L'une d'elles publie un petit journal qui paraît tous les quinze jours, *Le Consommateur*. En outre, une « Ligue contre la vie chère », ligue formée par des dames, vient de se constituer à Paris ces derniers jours, et une autre à Lille.

Pourquoi est-il si difficile de constituer un syndicat de consommateurs alors qu'il est si facile de constituer un syndicat ouvrier? Pourquoi un syndicat ouvrier trouve-t-il si facilement des adhésions, mais un syndicat de consommateurs si peu? Il en est ainsi parce que le quantum de la dépense étant nécessairement déterminé par le quantum du revenu, c'est celui-ci qui passe pour chacun de nous au premier plan. Le difficile c'est de gagner de l'argent, quant à le dépenser, bien ou mal, c'est toujours facile.

Le salaire, le traitement, le profit, voilà la préoccupation de toute la vie. L'intérêt du producteur est naturellement concentré sur ce qui fait l'objet même de sa vie, tandis que l'intérêt du consommateur est éparpillé sur les mille petits faits du traintrain quotidien.

D'autre part, toute variation dans le taux d'une certaine catégorie de revenu affecte pour la totalité le budget des recettes de celui qui touche ce revenu, tandis que la hausse du prix n'affecte généralement pas la totalité des articles de notre budget des dépenses, même quand elle est aussi générale qu'aujourd'hui. Quand un ouvrier voit son salaire doubler, la satisfaction qu'il ressent est tout autre que celle qu'il éprouverait par une réduction des prix de moitié.

Il faut dire aussi que tout consommateur est généralement un producteur, et par conséquent est en proie à des intérêts pour ainsi dire opposés. Quand on fait appel aux consommateurs pour lutter contre telle ou telle exploitation, il se trouve parmi ces consommateurs telle ou telle catégorie de producteurs intéressés à maintenir ces prix élevés, à jouir de cette exploitation, et qui par conséquent ne se joindront pas à la Ligue des Consommateurs. Il ne reste alors que les consommateurs qui ne sont pas producteurs. Mais qui sont-ils? Les rentiers, les femmes qui n'ont à s'occuper que de leur ménage, les retraités. Ce ne sont pas là de très grandes forces sociales, ni surtout de très grandes forces militantes. Et alors ce n'est pas précisément avec elles qu'on réussira facilement à fonder une ligue d'action.

Et puis, il faut considérer que pour que ces ligues de consommateurs pussent avoir une véritable action, il faudrait qu'elles fussent constituées surtout par les riches, les gros clients, car ce sont ceux-là qui pourraient agir par la pression sur les marchands. Malheureusement, il se trouve que les gros consommateurs se désintéressent complètement de ces ligues parce que leurs revenus sont assez gros pour que des achats éventuels n'aient qu'un médiocre intérêt pour eux; et aussi parce que leur amour-propre leur fait considérer comme déshonorant de chicaner sur le prix; et enfin parce que, pour une grande partie de ces achats, ce ne sont pas eux-mêmes qui les font. Les achats sont faits par la cuisinière, ou le chef, ou le cocher, ou le chauffeur, et ce ne sont pas ceux-ci qui se mettront dans les ligues de consommateurs! Une marchande, ayant affaire à une honnête domestique qui lui faisait observer que le poulet était un peu cher, l'a remise à sa place par cette sentence : « On ne marchande jamais quand ce n'est pas pour soi. » Voilà une marchande douée de l'esprit d'observation!

Il serait nécessaire d'abord de renseigner le consommateur, car il est absolument hors d'état d'apprécier si le prix de vente correspond ou non à la valeur de la marchandise et à son coût de production. Le Bulletin de la Statistique de France publie tous les mois les prix des principales denrées en gros, et aussi les prix au détail dans certains magasins ou coopératives. Mais ces publications spéciales restent ignorées du public et d'ailleurs la lecture n'en est pas très aisée. Il serait utile de faire ces publications sous une forme populaire, en mettant en regard les prix de gros et les prix de détail, les prix à l'étranger et ceux à l'intérieur du pays, afin de permettre au public de se faire une opinion et d'exercer un certain contrôle.

On peut classer sous cette même rubrique l'obligation imposée aux marchands depuis la guerre de mettre des étiquettes sur tous leurs articles, afin de prévenir le consommateur.

Vous me direz peut-être : A quoi servent ces étiquettes?

Le consommateur saura bien quel est le prix quand il lui faudra payer.

Oui, mais il y a des consommateurs qui appartiennent à la catégorie des gens timides et qui, une fois qu'ils sont entrés dans un magasin où on leur demande un prix très supérieur à celui qu'ils auraient voulu y mettre, n'ont pas le courage de dire que c'est trop cher et paient tout de même : je suis de ceux-là.

Eh bien! l'étiquette a pour but justement d'avertir le consommateur et de lui dire : Faites attention avant d'entrer! Voilà ce qui vous attend.

On peut trouver cette mesure puérile, mais la preuve qu'elle n'était pas sans efficacité c'est la mauvaise grâce des marchands à l'appliquer. Peu à peu ils ont tourné l'étiquette en dedans, de façon à ce que le passant ne pût la lire. Ils savent que tel passant, qui ne serait pas entré s'il avait vu le prix, sera pris dans la souricière quand il aura passé la porte. Ils spéculent ainsi sur la timidité ou l'amour-propre du public.

§ 4. — Les Ligues sociales d'acheteurs

Celles-ci n'ont aucun rapport avec celles qui précèdent. Je ne les indique ici que précisément pour éviter une confusion possible.

La Ligue sociale d'acheteurs ne s'occupe pas du tout, comme la précédente, de défendre les droits des consommateurs ou des acheteurs. Elle a pour but de leur enseigner leurs devoirs, vis-à-vis des ouvriers, de ceux qui travaillent pour eux, les employés de magasin, les fournisseurs. C'est une ligue d'enseignement moral et social. On pense que le consommateur, précisément parce que c'est lui qui tient la bourse, a une responsabilité sociale de premier ordre et que, par conséquent, il ne peut pas rester indifférent à l'exploitation des travailleurs ou des employés; puisqu'il jouit du travail de ceux qui le servent, il doit s'occuper d'eux.

Ces ligues sociales d'acheteurs n'ont nullement pour but de s'insurger contre les hauts prix, mais, à l'inverse, contre les bas prix qu'elles considèrent comme un mal lorsque ce bon marché est obtenu par l'exploitation des ouvriers

ou des employés par le *sweating system*, comme on dit.
On peut dire qu'elles aussi se préoccupent du juste prix,
comme nous, mais en le prenant par l'autre côté. Tandis
que les sociétés de consommation visent à réaliser le juste
prix en ramenant ce juste prix au niveau du prix de revient,
les ligues sociales d'acheteurs veulent arriver au juste prix
en relevant le prix de revient au niveau du prix nécessaire
pour rémunérer convenablement les ouvriers ou les employés. Disons, si l'on veut, qu'elles veulent réaliser le
juste prix en fonction du juste salaire.

Ces ligues sociales d'acheteurs sont généralement ins-
pirées par de très nobles préoccupations morales et même
religieuses, mais aussi par une conception un peu aristo-
cratique de patronage, ce qui explique qu'elles ne soient
pas très soutenues dans les milieux ouvriers.

§ 5. — Les Groupements d'achat

C'est lorsqu'un groupe de consommateurs s'entend avec
des marchands de la localité pour obtenir une réduction
de prix. On fait circuler une liste entre les consommateurs,
dans le public, jusqu'à ce qu'on ait réuni 2 à 300 signa-
tures. On va alors trouver le principal marchand de la
localité, l'épicier, le marchand de nouveautés, et on lui
dit : Si vous voulez faire un rabais de 10 %, les 300 signa-
taires s'engagent à vous réserver leurs achats. C'est généralement accepté. Pendant la guerre, nous en avons vu de
très nombreux exemples, et encore aujourd'hui, elles sont
assez nombreuses.

C'est un système beaucoup plus simple que de créer une
société coopérative : il ne demande aucun apport de capital, aucun sacrifice d'argent de la part des membres, sinon
une modique cotisation, ni grand travail de la part des
fondateurs, puisqu'il n'y a point de magasins. Mais, sans
le condamner, il faut n'y voir qu'un système embryon-
naire, un pis aller. En effet, avec cette organisation qui
reste à mi-chemin, rien ne garantit que les intérêts des
consommateurs seront sauvegardés, car un marchand qui
a promis 10 % de rabais a bien des tentations et des moyens
de se rattraper, ne fût-ce qu'en donnant de la marchandise
de moins bonne qualité.

Nous n'aimons pas beaucoup ce système parce que c'est ce que j'appellerai une solution de paresse. On fait cela pour éviter au consommateur la peine de s'organiser, d'ouvrir un magasin, de se faire marchand, mais ces groupements font, par là même, une concurrence fâcheuse aux vraies sociétés de consommation.

Il ne faut pourtant pas condamner les consommateurs qui créent ces Ligues et qui généralement appartiennent à la classe bourgeoise — le plus souvent à celle des fonctionnaires — car elles ont tout au moins une action éducative. Mais ce ne doit être qu'une étape pour arriver à la coopérative, laquelle a pour but non de lier partie avec le commerce mais de le remplacer (1).

Comme conclusion, il faudrait reconnaître que les consommateurs, aussi bien agissant par l'association qu'individuellement, ont été à peu près impuissants à exercer une action sur les prix, et en cela ils se sont montrés très inférieurs aux producteurs qui, par l'action des cartels et les trusts, ont certainement exercé une action très efficace sur les prix — sinon dans le sens de la baisse, du

---

(1) Depuis la guerre, c'est en Belgique que l'organisation des consommateurs paraît constituée avec le plus de méthode (Voir la brochure de M. Mahaim, professeur à Liége : *L'Organisation des Consommateurs*, 1921). Elle coordonne les trois derniers modes de groupement dont nous venons de parler. Elle est constituée avec trois organes :

1° Un *Comité central économique*, société d'études pour éclairer le consommateur et le renseigner sur le juste prix ;

2° Une *Ligue sociale d'acheteurs* pour faire l'éducation pratique des consommateurs et particulièrement celle des femmes (environ 6.000 membres répartis dans les cinq ou six principales villes de Belgique) ;

3° Une *Coopérative des Acheteurs* qui sert d'instrument, de levier, dit M. Mahaim, aux institutions précédentes. Elle fonctionne en vendant elle-même, comme les sociétés de consommation ordinaires ; toutefois, elle se tient à l'écart de celles-ci, parce qu'elle n'accepte pas leur programme socialiste. Elle ne vise pas à supprimer les marchands et aurait même préféré grouper les marchands détaillants sous son contrôle si ceux-ci s'y étaient prêtés. Elle fait même des prêts à ceux qui acceptent sa direction.

Mais elle ne semble pas avoir eu plus de succès qu'en France.

moins dans celui de la hausse, ou plus exactement peut-être dans le sens de la stabilisation.

Mais nous allons voir s'il en est autrement de ces organisations que sont les sociétés coopératives de consommation. Il vaut la peine de leur ouvrir un chapitre spécial.

CHAPITRE III

LES SOCIÉTÉS COOPÉRATIVES DE CONSOMMATION

Nous avons parlé assez souvent ici des coopératives de consommation pour n'avoir plus besoin d'expliquer leur organisation. D'ailleurs, elles sont devenues familières à tous, surtout depuis la guerre.

Je rappellerai seulement la brève définition que j'ai donnée : la Coopération de consommation a pour but l'établissement du juste prix, en entendant par là un prix débarrassé de toutes les majorations qui ne sont pas justifiées par les nécessités de la production.

Et ce n'est pas peu de chose! car l'établissement du juste prix dans le monde économique atténuerait non pas seulement les crises commerciales mais les inégalités des revenus; il impliquerait la justice dans la répartition aussi bien que l'équilibre dans la production.

Mais laissant de côté la doctrine coopérative pour rester dans le cadre de ce cours, demandons-nous quel rôle les coopératives de consommation peuvent jouer dans la lutte contre la cherté. Il ne faut pas se faire d'illusion sur ce point. Il est évident qu'elles ne peuvent rien faire contre la plupart des facteurs de la cherté que nous avons passés en revue.

Si c'est l'inflation, l'augmentation de la monnaie de papier, qui est la principale cause de la hausse des prix actuelle, comme nous le pensons, les sociétés de consommation n'y peuvent rien; c'est l'affaire du gouvernement. Si ce sont les impôts qui sont cause de la hausse des prix, les sociétés de consommation n'y peuvent rien non plus, que les payer elles-mêmes pour leur part. Si ce sont les droits de douane, tout ce qu'elles peuvent faire c'est de s'associer à la campagne des libres-échangistes. Mais leur influence n'est pas bien grande; et d'ailleurs même parmi leurs propres membres, elles trouvent de grandes résistances. Si c'est une réduction de la productivité du travail qu'il faut incriminer, c'est l'affaire des syndicats ouvriers d'y parer; les sociétés de consommation n'y peuvent rien et même seront exposées à en souffrir en tant que patrons.

§ 1. — Pourquoi les sociétés de consommation ne vendent-elles pas au plus bas prix

Que reste-t-il donc parmi les facteurs de la cherté qui puisse tomber sous l'emprise des sociétés coopératives de consommation? Un seul, à savoir la mauvaise organisation de l'échange caractérisée surtout par la multiplicité des intermédiaires.

Mais si limité que soit ce champ d'action des coopératives de consommation, il semble assez vaste pour qu'elles puissent avoir une action considérable sur les prix. Nous avons vu en effet des différences énormes entre les prix de revient et les prix de vente au détail, du simple au triple, parfois au décuple et plus, c'est-à-dire de 200 à 1.000 pour 100. Si réellement il dépendait d'elles, en supprimant les intermédiaires parasites, de ramener le prix de vente au détail au prix primitf, elles pourraient, semble-t-il, faire baisser les prix dans les proportions que je viens d'indiquer, c'est-à-dire des deux tiers, des trois quarts, parfois des 9/10.

Eh! bien, il n'en est pas ainsi.

Si vous connaissez, comme je le pense, quelques membres de Coopératives de consommation — il y en a aujourd'hui partout — et que vous leur demandiez s'il y a une grande différence entre les prix de vente de la Coopérative et ceux des marchands, ils vous répondraient vraisemblablement : Non, pas grande différence. — Combien, à peu près? 50 % ? 20 % ? — Oh! non, peut-être 5 à 5 %, et pas sur tous les articles. Il y en a même qu'on peut trouver parfois à meilleur compte chez les marchands.

Si l'on ne veut pas s'en tenir à l'appréciation souvent inexacte des coopérateurs et que l'on cherche à serrer de plus près les faits, il faut faire une enquête minutieuse en comparant tous les articles vendus dans telle ou telle coopérative avec ceux qui sont vendus chez le marchand du coin. On inscrit les prix sur deux colonnes et on fait le total pour l'une et l'autre. De telles enquêtes ont été faites bien souvent, mais il serait fastidieux de donner ici ces comptes d'épicerie. Disons qu'il résulte généralement de ces comparaisons que le total des marchandises vendues dans la Coopérative est un peu inférieur au total des marchandises vendues dans le magasin.

Il faut bien supposer en effet, que les coopératives offrent quelque avantage pour les prix, car sans cela elles ne recruteraient pas les millions d'adhérents qui viennent à elles, et dont la plupart se soucient peu des autres avantages éventuels que la coopération peut leur offrir et dont nous parlerons tout à l'heure. La preuve en est aussi dans l'irritation des marchands à l'égard des Coopératives. Si celles-ci vendaient exactement au même prix qu'eux, ils ne redouteraient pas tant leur concurrence, et ils ne mèneraient pas, non seulement en France, mais dans tous les autres pays, une campagne aussi acharnée contre elles.

Il y a même certaines sociétés chez lesquelles la différence de prix d'avec le commerce est assez grande pour que l'on voie ce fait qui est significatif : les membres de ces Coopératives en profitent pour revendre à des étrangers, au public, les articles qu'ils ont achetés soi-disant pour eux-mêmes — ce qui n'est pas d'ailleurs très honnête — et bénéficient ainsi de la différence entre le prix de la coopérative et le prix du commerce.

Néanmoins, le fait qu'il faille ainsi regarder à la loupe pour apercevoir quelque différence, cause une déception et pose une énigme, car qu'est devenue alors cette énorme différence dont nous parlions tout à l'heure entre le prix de revient et le prix de vente au détail? Pourquoi la société coopérative ne vend-elle pas beaucoup, au-dessous du prix du commerce?

L'explication c'est que les coopératives de consommation, du moins toutes celles qui suivent les statuts de Rochdale, ont précisément pour règle de vendre à peu près au prix du commerce ou de ne descendre que très peu au-dessous. Mais pourquoi adoptent-elles cette règle singulière qui paraît en contradiction avec leur programme? Ne veulent-elles pas lutter contre la cherté?

Elles ont deux raisons pour agir ainsi :

La première, c'est de ne pas aggraver cette hostilité des marchands, dont je parlais tout à l'heure, en vendant à un prix très inférieur à celui des commerçants. Elles ne veulent pas les « sous-vendre », comme disent les Anglais, afin de ne pas donner l'impression d'une concurrence déloyale. Elles veulent faire des bénéfices aussi bien que les marchands, mais pour les restituer à leurs membres à la fin de l'exercice.

Ce système peut paraître bizarre. Quelle complication inutile, dira-t-on, que de faire payer aux sociétaires le prix fort dans l'intention de leur rembourser le « trop-perçu », comme on dit. Ne serait-il pas plus simple de ne pas le percevoir !

Si bizarre que paraisse ce système, c'est pourtant à sa découverte que les Pionniers de Rochdale ont dû leur célébrité et c'est à sa mise en pratique que le mouvement coopératif doit son étonnante fortune. Ce principe est fondé sur une observation psychologique très exacte de l'homme du peuple.

Il est plus sensible à une augmentation de revenu qu'à une diminution de dépense et il n'apprécie guère l'économie. Si la société lui vend au plus bas prix possible, au prix de revient, le sociétaire fera une économie sur ses achats quotidiens mais il s'en apercevra à peine; il l'emploiera simplement à augmenter sa consommation en achetant un peu plus. Il aura un peu mieux mangé, et sans doute pour les classes très pauvres cette considération a un certain poids; il est bon, en effet, quand les sociétaires appartiennent à la classe la plus misérable, de chercher le prix minimum. Mais quand on a affaire à une population assez aisée, comme celle d'aujourd'hui qui touche généralement de très gros salaires, il vaut mieux lui vendre au même prix que le marchand; puis, au bout de l'année ou du semestre, lui restituer le trop perçu.

Un second avantage de ce système c'est d'assurer à l'ouvrier, par la distribution du boni, une somme disponible, soit pour la porter à la Caisse d'épargne, soit pour l'employer à quelqu'une de ces dépenses extraordinaires qui peuvent surgir dans le budget de l'ouvrier et à laquelle le salaire quotidien ne saurait suffire.

Un autre avantage que j'appellerai pédagogique, c'est de démontrer le caractère parasitaire du profit. La société dit au sociétaire : Nous avons gagné 10 % sur vos achats de 1.000 francs. Si nous étions un marchand, nous les garderions pour nous et nous ferions fortune. Mais comme nous ne voulons pas gagner sur vous, nous vous les rendons.

Les Anglais ont le tort d'appeler ce remboursement le dividende, et de l'assimiler par là au dividende des sociétés capitalistes. Dans la langue française, plus précise, cette restitution s'appelle : le « trop-perçu » ou la « ristourne ». L'un ou l'autre mot ont la signification d'une sorte d'excuse faite à l'acheteur.

Dans une organisation qui, comme le mouvement coopératif, veut démontrer l'inutilité du profit, sa restitution est un enseignement plus éloquent que ne serait sa suppression par la vente au prix de revient.

A vrai dire, ce système de la vente au prix fort n'est pas approuvé par tous les coopérateurs. Ceux qui se réclament du parti socialiste préconisent la vente à bas prix comme plus populaire et comme ramenant le mouvement coopératif à la lutte contre la cherté directement. Mais la discussion du programme de Moscou, opposé à celui de Rochdale, nous entraînerait hors de notre sujet.

Soit! admettons cette façon d'employer les bénéfices. Mais alors si ces ristournes ou trop perçus absorbent toute la marge entre le prix de revient et le prix de vente, ils doivent être énormes! ils doivent s'élever au moins à 30 40, 50 % du prix de vente! En est-il ainsi? Tant s'en faut!

L'expérience de tous les pays nous montre que le maximum de trop-perçus qu'une société coopérative de consommation rembourse à ses membres ne dépasse pas 15 % du prix d'achat. On peut bien citer quelques exemples, en Angleterre, de sociétés qui ont remboursé 20 %, peut-être une ou deux 25 %, mais ce taux est tout à fait artificiel et n'est dû qu'à ce fait paradoxal que ces sociétés, au lieu de chercher le bon marché ont, au contraire, majoré leurs prix exprès, afin d'avoir à la fin de l'année une plus grosse ristourne à distribuer à leurs membres. C'est une espèce d'épargne obligatoire que l'on impose aux sociétaires; on leur dit : Nous ferons payer plus cher, mais c'est simplement afin d'avoir un plus fort dividende à vous répartir. Et il se trouvait des sociétaires pour approuver cette façon de faire! Mais depuis que la cherté est devenue une dure réalité, il n'y a plus de coopérateurs qui soient disposés à en superposer une autre volontaire.

Ne parlons donc pas de ces ristournes extraordinaires et ne regardons qu'à celles distribuées dans les sociétés qui vendent aux prix du commerce; je n'en connais pas, je le répète, même parmi les plus florissantes, qui aient donné plus de 15 % de ristourne. C'est le taux, et même 17 %, croyons-nous, que la société coopérative de Genève, par exemple, pendant près de trente ans, a distribué, aussi régulièrement que des intérêts d'obligation. Depuis quelques années, elle a réduit la ristourne à 5 % par des raisons que j'indiquerai peut-être tout à l'heure.

En France, il y a une société à moitié rurale, en Normandie, la société de Saint-Rémy-sur-Avre, dans l'Eure-et-Loir, qui distribue régulièrement aussi, depuis vingt ans, 15 % de ristourne.

C'est un taux considérable, car si le sociétaire touche 15 %, c'est presque 1/7 de ses dépenses de l'année, c'est comme s'il avait vécu pendant 55 jours, près de 8 semaines, gratis.

Mais ce taux-là est très exceptionnel aussi. Dans la plupart des coopératives françaises, et même à l'étranger, la ristourne tombe bien au-dessous de ce taux. Dans la grande Coopérative de la Somme, à Amiens, elle est de 8 %. L'Union des Coopérateurs de Lorraine, qui est la plus puissante de France, 95 millions de francs de vente, distribue seulement comme ristourne 3 %; et l'Union des Coopérateurs de Paris, celle qui compte le plus grand nombre de membres, 80.000 et 81 millions de chiffre d'affaires, a distribué l'année dernière 2 % de ristourne!

Alors notre étonnement redouble, car sans doute les commerçants de Paris gagnent plus de 2 %! Ou s'ils ne gagnaient que 2 %, alors il faudrait cesser de les traiter d'exploiteurs et reconnaître, au contraire, qu'on ne peut servir le public à meilleur compte! Mais si ces commerçants, comme les faits le montrent et comme le prouve le prix énorme et grandissant auquel ils vendent leur fonds, peuvent faire fortune en peu d'années, alors comment expliquer que les coopérateurs, tout en vendant presque au même prix, ou avec un faible rabais, ne puissent réaliser que de si médiocres bénéfices? Il faut donc qu'elles soient terriblement inférioriorisées, handicapées, comme on dit en style de courses, vis-à-vis des marchands.

Et pourquoi?

§ 2. — Pourquoi les sociétés coopératives de consommation ne font-elles que de petits bénéfices?

Il y a deux catégories de causes qui expliquent cette déception : les unes qui sont à l'honneur des coopératives, les autres qui sont, au contraire, plutôt humiliantes pour elles.

Voici d'abord les causes d'infériorité que je qualifie d'honorables :

1° Les coopératives n'ont pas recours aux procédés dont bon nombre de marchands ne se font pas faute, tels que substitution d'une qualité inférieure à une qualité supérieure, tricherie sur le poids, parfois même vente de denrées falsifiées, abus du papier pour envelopper la marchandise livrée, etc. La répudiation de telles pratiques représente évidemment une notable réduction de bénéfices pour le vendeur — et un avantage pour l'acheteur qui doit être ajouté à l'économie réalisée sur le prix d'achat. Vous comprenez que si, moyennant la même somme d'argent, le consommateur reçoit une plus grande quantité de denrées, pain, viande ou épicerie, cela revient pour lui exactement au même qu'une baisse des prix. Mais le public n'en a pas conscience.

Par exemple, vous savez que le pain de fantaisie ne pèse que 700 grammes quoique vendu au même prix que celui d'un kilo de pain ordinaire, et ce déficit sur le poids représente une augmentation réelle du prix de plus de 40 %! De même aussi, à propos de la viande, vous savez qu'il est d'usage d'y ajouter des os ou déchets quelconques, ce qui fait que l'on ne livre en viande que les trois quarts de la quantité soi-disant vendue, et encore sans aucune espèce de garantie. Avant la guerre, il était d'usage pour les bouchers de donner à l'acheteur une facture sur laquelle était indiqué le poids; c'était une garantie, garantie plutôt morale que réelle, il est vrai, car l'acheteur ne pouvait contrôler l'indication du poids qu'en refaisant la pesée chez lui. Tout au moins était-ce une garantie pour les bourgeois qui achetaient par l'entremise de leur cuisinière! Or, ces usages ont disparu depuis la guerre. Si les sociétés coopératives peuvent les ressusciter et compléter ainsi le juste prix par le juste poids — car ce sont deux notions absolument inséparables — elles font réaliser de notables économies aux consommateurs, mais nécessairement au détriment de leurs bénéfices.

2° La seconde cause d'infériorité au point de vue commercial (et de supériorité au point de vue moral) pour les coopératives, ce sont les charges sociales qu'elles assument volontairement et qui absorbent une part plus ou moins forte de leurs bénéfices, telles que œuvres d'éducation, de solidarité, d'assistance, de propagande, et autres, très variées.

Si vous lisez les comptes rendus de quelques sociétés de consommation, du moins de celles dont les membres sont animés d'un véritable esprit coopératif, vous admirerez combien est longue la liste de leurs œuvres sociales. Si l'Union Coopérative d'Amiens, quoique très prospère, ne distribue, comme nous l'avons dit, que 8 % de ristourne, c'est parce qu'elle alloue des indemnités à la naissance des enfants, au décès des membres, pendant la période du service militaire, pour les malades.

L'Union des Coopérateurs de Paris entretient aussi un grand nombre d'œuvres. Elle a des cours pour former les administrateurs ou les employés des sociétés; elle a un cinéma pour faire de la propagande, six villégiatures pour les enfants, dont quatre au bord de la mer et deux dans la montagne, et où peuvent aller, non seulement les enfants, mais les parents. Il est vrai que ces stations ne sont pas tout à fait à la charge de la société car on y paie un prix de pension; néanmoins, ce sont les coopérateurs qui ont pourvu aux frais d'établissement.

Il y a à Nîmes une coopérative professionnelle d'employés du chemin de fer de P. L. M. qui distribue à peu près 8 % à ses membres (moyenne entre 12 % sur les achats d'épicerie et 5 % seulement sur le pain), mais elle entretient aussi un grand nombre d'œuvres : elle alloue des indemnités pour le décès, une prime à chaque naissance; elle a un dispensaire pour les malades, une bibliothèque; elle organise de petites fêtes pour les enfants. Tout cela réduit d'autant la part qui peut être remboursée aux membres sous forme de ristourne. C'est un sacrifice volontaire que font les membres de la société. Ils consentent à ce qu'on leur rembourse un peu moins sur le prix de leurs achats pour retrouver en échange ces avantages collectifs que je viens d'indiquer.

Ces sacrifices ne sont pas tout à fait désintéressés puisque ils servent pour la plupart à procurer aux sociétaires des avantages collectifs : assurance contre les risques, instruction, récréation. Mais une part pourtant représente bien des sacrifices quasi gratuits, par exemple quand on demande à ces sociétés de consacrer une partie de leurs bonis à la propagande ou à subventionner un enseignement coopératif, emplois qui n'offrent évidemment aucun avantage direct aux membres de ces sociétés.

Les coopérateurs ont donc à choisir entre la distribution de fortes ristournes et la création de nombreuses œuvres sociales, ou du moins — car il y a bien peu de sociétés qui ne fassent une part à l'un et à l'autre de ces deux emplois simultanément — à choisir auquel des deux emplois elles feront la plus forte part. Généralement, les sociétés dites bourgeoises préfèrent la répartition individuelle; les sociétés ouvrières préfèrent la répartition sous forme d'œuvres sociales, quoique rares soient celles qui, comme la Coopérative de Saint-Claude, renoncent à toute répartition individuelle. Naturellement les coopératives qui distribuent 15 % de ristourne à leurs membres, comme celle de Saint-Rémy-sur-Avre, n'ont presque aucune de ces œuvres. Si la grande société de Genève a pu distribuer 15 et jusqu'à 17 % pendant 30 ans c'est qu'elle n'avait aucune des charges sociales que je viens d'indiquer. Mais est venu le jour où s'est formé dans cette société, qui était presque uniquement bourgeoise, un parti ouvrier, un parti d'opposition, qui n'a plus admis que la société fût faite uniquement pour réaliser des bénéfices.

Néanmoins, toutes ces explications ne suffisent pas à faire la lumière sur ce fait surprenant qui nous déconcerte, à savoir, le contraste entre la modicité du résultat obtenu par les sociétés coopératives et l'énormité de la marge entre le prix de vente et le prix de revient. Il doit y avoir quelque autre cause. Et c'est ici en effet que nous arrivons aux causes d'infériorité économique des coopératives qui, malheureusement, ne peuvent guère être mises en doute.

Nous constatons d'abord une proportion anormale des frais généraux.

C'est le plus gros des problèmes pour toute société de consommation que d'arriver à diminuer ses frais généraux. Vous savez ce qu'on entend par frais généraux : le loyer, les impôts, l'éclairage, le chauffage, les dépenses d'administration générale.

Il y a deux ans, la société coopérative des Employés du P. L. M., qui groupe une centaine de sociétés locales, a ouvert un concours amusant et distribué un prix à celles qui présenteraient le minimum de frais généraux. Il en est quelques-unes dont les frais généraux étaient réduits à un taux invraisemblable; celle qui a eu le premier prix n'avait comme frais que 2,56 %. Tous ceux qui ont quelque connaissance des affaires penseront que ce taux ne peut s'expliquer que par certaines circonstances exceptionnelles. Toutefois, je connais une autre société du P. L. M., *la Famille* de Nîmes, où les frais généraux ne sont que de 3,5 %.

Inversement, la société qui a été classée au dernier rang, a indiqué 19,58 % de frais généraux, c'est-à-dire 8 fois plus que la plus favorisée.

La grande Union des Coopérateurs Parisiens a des frais généraux assez élevés. L'année dernière, sur 81 millions de francs de ventes, nous voyons portés 11.658.000 francs de frais généraux, ce qui représente un pourcentage de 14,4 %. C'est beaucoup. Une proportion normale ne doit pas dépasser 10 % ; et même lorsque la société est très bien menée, on peut réduire les frais à 6 % ; je ne dis pas dans toutes les industries mais dans le commerce de détail.

Reste donc à savoir pourquoi les frais généraux des coopératives sont plus élevés que ceux des marchands? Il semble qu'ils devraient être moindres, car il y a certaines catégories de frais généraux qui sont, très onéreux dans les entreprises commerciales et qui n'existent pas dans les coopératives généralement, ou du moins qui y sont très réduites, notamment :

les annonces, réclames et frais de publicité.

les installations luxueuses des magasins et étalages;

le transport à domicile qui mobilise toute une année des chevaux ou autos.

Il faut donc qu'il y ait certains vices d'administration qui fassent plus que compenser ces économies. Lesquels?

On a souvent accusé l'inexpérience des directeurs et des gérants. Toute société de consommation se compose en effet de personnes de toutes professions, mais où l'on ne trouve aucune des connaissances spéciales qui seraient nécessaires à la direction de l'entreprise, puisque précisément y font défaut ceux qui seraient qualifiés pour cela : les commerçants. Ce sont, au contraire, les ennemis, et même les employés des maisons de commerce n'osent guère adhérer. A défaut, on cherche parmi les membres de la société ceux qui, comme les employés des Postes, professeurs, instituteurs, ont quelques notions des affaires et de la comptabilité. Il faut donc que ceux qui créent des sociétés de consommation s'improvisent commerçants, et cela n'est pas facile. On peut bien railler l'épicier, comme il était de règle chez les littérateurs de l'école romantique en France, mais être épicier demande des connaissances spéciales qui ne s'acquièrent pas en un jour : savoir acheter au moment voulu, prendre garde de ne pas garder des stocks de marchandises trop considérables qui resteraient en magasin alors que les prix baisseront et qu'on serait obligé de vendre à perte — tout cela peut ménager bien des déboires à des commerçants novices.

Cependant, il ne faudrait pas attribuer trop d'importance à cette infériorité des coopératives qui est peut-être moindre qu'il ne semble, car parmi les commerçants professionnels il y en a bon nombre aussi qui ne savent guère leur métier (1).

---

(1) Dans une lettre adressée au journal *Le Coopérateur* de Genève, et signée d'un négociant, nous avons remarqué les lignes que voici :

Cette incompétence semble d'ailleurs n'avoir d'importance que pour les petites coopératives, car dès qu'elles ont pris une certaine extension, il faut bien qu'elles prennent des gérants et employés permanents. Et alors elles feront ce que font les grandes entreprises : elles prendront des professionnels et choisiront les personnes les mieux qualifiées pour cette tâche.

C'est bien ce qu'elles font, mais alors se pose le gros problème des employés des coopératives.

Une société coopérative ne peut pas donner les traitements que donne une entreprise capitaliste. Elle ne le peut pas parce qu'elle ne fait pas de profits suffisants, mais surtout parce qu'elle soulèverait de violentes réclamations de la part des sociétaires. Que sont ceux-ci, en effet? Des employés, des ouvriers, qui ne gagnent que très peu de chose et n'admettraient pas volontiers de payer de leur poche des traitements de 100.000 francs à des administrateurs. Moins encore l'admettent-ils quand il s'agit de l'un d'entr'eux, du camarade élu à ces hautes fonctions mais qui n'est pas un professionnel. C'est ainsi qu'on arrive à cette anomalie de voir les chefs et véritables patrons de l'entreprise moins payés que les gérants salariés qui ne sont que leurs subordonnés. Si vous voulez des chiffres, je vous citerai comme exemple le Magasin de Gros de Paris, qui est une entreprise considérable puisqu'elle concentre les achats d'un millier de sociétés locales : elle a dépassé 300 millions de francs de vente. Eh bien, elle donnait jusqu'à présent à ses directeurs 18.000 francs de traitement, puis le traitement a été élevé à 27.000 francs. Mais les chefs de service commercial et industriel touchent de 40 à 50.000 francs en traitement fixe ou en tant pour cent. Il le faut bien si on veut en trouver. Et encore n'est-ce pas beaucoup, car dans toute entreprise commer-

---

« Ce qu'il y a de malheureux c'est que de tous ces commerçants qui poussent comme des champignons, il y en a peu qui connaissent réellement la profession. C'est là une des causes de la gâche des prix. Plusieurs d'entre eux n'ont aucune notion du commerce ni de la comptabilité; ils ne savent pas même établir un prix de revient ni calculer le pourcentage du bénéfice normal qu'ils doivent prélever et ne font jamais d'inventaire. »

ciale qui ferait 300 millions de francs d'affaires, on donnerait des traitements très supérieurs.

Pour réduire les frais généraux, les coopératives ont intérêt à entrer dans la voie de la grande production, c'est
la loi de concentration qui domine aujourd'hui tout le commerce et l'industrie, c'est-à-dire à grouper les sociétés locales pour former des sociétés colossales — il en est aujourd'hui qui comptent plus de 100.000 et même plus de
200.000 membres. Mais, d'autre part, plus le chiffre d'affaires grandit, plus les sociétaires sont nombreux, et plus
l'administration devient difficile, plus elle est entraînée
dans la voie capitaliste et bureaucratique, plus il serait
nécessaire d'avoir des hommes compétents pour la diriger,
et plus il y a à craindre le coulage et l'augmentation des
frais généraux. Cercle vicieux, angoissant!

Aussi quelques leaders coopératistes conseillent-ils aujourd'hui de faire machine en arrière et de revenir aux
petites sociétés; mais alors, comment lutter contre les
nouvelles formes d'organisation commerciale à succursales
multiples?

Pour expliquer l'infériorité de la coopérative dans sa
lutte contre le marchand, ne pourrait-on pas dire encore
que toute entreprise collective, par le seul fait qu'elle est
collective, se trouve en état d'infériorité vis-à-vis d'une
entreprise individuelle comme celle du marchand? C'est
un fait connu et même illustré dans la fable célèbre de
La Fontaine *L'Œil du Maître*. Un petit commerçant, épicier ou marchand de nouveautés qui est chez lui, qui lutte
sinon pour la vie, du moins la fortune, met à la gestion
de son entreprise une tout autre ferveur que l'administrateur d'une société de consommation, fût-il même inspiré
par l'esprit le plus solidariste.

Il est vrai, mais cette explication ne vaut que pour le
petit commerce à forme individualiste; or, aujourd'hui,
la plupart des grandes entreprises commerciales sont
constituées sous la forme collective de sociétés par actions.
Celles-ci, alors, devraient souffrir de la même infériorité
vis-à-vis du commerce individualiste que les coopératives?
Or, il n'en est rien; tout au contraire, ce sont elles qui
évincent les petits commerçants. Elles font de gros béné-

fices! Si la coopérative n'en fait pas c'est donc qu'elle est infériorisée par sa nature même, non seulement vis-à-vis de l'entreprise individualiste, patronale, mais aussi vis-à-vis de l'entreprise capitaliste sous forme des sociétés par actions.

Et pourquoi? Ainsi, d'étape en étape, dans cette lassante analyse, nous voyons le but fuir devant nous et le problème n'est pas résolu.

Faisons encore un pas. En dernière analyse, la raison de cette infériorité économique ne serait-elle pas que l'organisation de l'entreprise coopérative est absolument démocratique, et que dans la lutte économique, cela n'est pas un avantage? Mais, si telle est la vérité, il faut avouer que c'est là une constatation angoissante.

Si les sociétés capitalistes par actions ne sont plus sous le régime de la monarchie patronale, elles sont encore moins sous un régime démocratique; elles sont sous le régime du gouvernement oligarchique. Ce sont les gros actionnaires qui gouvernent mais la foule des petits actionnaires n'a aucune voix au chapitre; le plus souvent, ils ne sont même pas convoqués dans les assemblées générales parce qu'ils n'ont pas un nombre suffisant d'actions; ou bien, ils ne prennent pas la peine de s'y rendre; ou enfin même, s'ils y viennent, ils n'y jouent qu'un rôle muet; le président est là pour faire taire les actionnaires grincheux qui voudraient faire de l'opposition. C'est une injustice mais c'est une force.

Ainsi donc, dans les entreprises commerciales, même lorsqu'elles sont sous forme par actions, il y a un commandement qui s'impose et qui manque presque totalement dans les coopératives de consommation.

Celles-ci sont de vraies républiques, c'est leur honneur et c'est aussi leur misère. Et ce n'est pas assez dire, car il y a des républiques aristocratiques mais celles-ci sont des véritables soviets. Généralement, le nombre d'actions que peut posséder chaque actionnaire est très limité, 5 ou 10, et en tout cas quel que soit le nombre de ses actions nul actionnaire n'a plus d'une voix à l'assemblée. A cette assemblée, qui a lieu deux fois par an, ceux qui viennent ce sont, au contraire, les petits et surtout les opposants, et ceux-ci ne se laissent pas fermer la bouche par le président!

J'ai conservé un souvenir cuisant des assemblées d'une société coopérative de consommation dont j'avais l'honneur d'être le président et le fondateur. C'était le Restaurant coopératif des Etudiants. C'était pour moi un cauchemar que l'assemblée bi-annuelle, car on nous en imposait deux par an! Toute l'opposition venait là s'exercer, pour renverser le bureau et le président. J'ai retrouvé plus tard parmi les députés et journalistes connus les noms de quelques-uns de ceux qui étaient venus faire leur apprentissage dans notre société. Elle a d'ailleurs sombré après trois années d'une vie difficultueuse.

Je ne veux pas exagérer. Il y a une éducation qui se fait dans les milieux coopératistes. Il y a des sociétés qui conservent la même administration pendant assez longtemps. Néanmoins les administrateurs des coopératives ont toujours un certain sentiment d'insécurité et n'ont pas la liberté de leurs mouvements.

En un sens, c'est un bien, car ce qui se passe dans les grandes sociétés capitalistes, on ne peut le savoir, tandis que ce qui se passe dans une coopérative, tout le monde le sait. Ce sont des maisons de verre. Y a-t-il la moindre perte subie, immédiatement tout le monde crie.

Et il ne s'agit pas seulement des querelles intérieures. Il y a dans les coopératives de consommation un vice de constitution inhérent à leur nature : l'administration se trouve entre l'enclume et le marteau. Elle est aux prises, d'une part avec les sociétaires qui, en tant qu'acheteurs, naturellement, demandent toujours qu'on baisse les prix, et d'autre part avec les employés (ou, quand il y a des fabriques, les ouvriers) qui demandent qu'on augmente leurs salaires.

Direz-vous qu'il en est de même pour tout patron? Mais non! Dans les sociétés de consommation les acheteurs ne sont pas, comme pour le commerçant, des clients de passage que l'on peut envoyer promener; ce sont les maîtres, puisque ce sont les sociétaires, les actionnaires, ce sont eux qui commandent. L'administrateur n'est que leur serviteur; il doit tenir compte de ce qu'ils veulent.

Inversement, les employés, les ouvriers, ne sont pas, vis-à-vis de la coopérative, dans la même situation que vis-à-vis d'un patron ordinaire. Ces employés sont peut-être membres eux-mêmes de la coopérative s'ils ont souscrit des actions; et même s'ils ne sont pas membres en titre, ce sont des camarades, ils sont de la même classe. Ils disent aux administrateurs : Vous ne pouvez vous conduire comme un bourgeois!

L'histoire du mouvement coopératif en tous pays abonde en exemples de ces difficultés. En voici un. En ce moment même, la Fédération Coopérative Nationale exploite des fabriques de conserves de sardines à Audierne. Les ouvriers d'Audierne ont suivi l'exemple de ceux de Douarnenez et ont réclamé une augmentation de salaires; les patrons s'y sont refusés. Qu'a fait la Fédération Coopérative? Elle a dit : « Je ne puis payer mes ouvriers plus cher que mes concurrents; s'ils acceptent la hausse, je ne demande pas mieux que d'en faire autant, mais s'ils refusent, je ne puis seule les accepter car je ne pourrais pas soutenir la concurrence. » A quoi les ouvriers ont répondu : « Vous raisonnez comme un bourgeois, comme un capitaliste, comme un exploiteur. Vous devez augmenter nos salaires sans vous occuper de ce que font vos concurrents. »

Comme conclusion de cette revue, il semblerait qu'il n'y ait pas grand'chose à attendre de l'action des sociétés de consommation en ce qui concerne la lutte contre la cherté et particulièrement en ce qui concerne la hausse des prix actuelle. Elles ne peuvent guère faire baisser le prix de vente puisqu'elles ont pour règle de vendre à peu près au prix du commerce. Elles ne peuvent guère faire baisser le prix de revient puisqu'elles ont plus de frais généraux que le commerce ordinaire et que d'ailleurs elles n'ont pu encore remonter aux sources de la production. Il ne semble même pas qu'elles aient fait diminuer le nombre des intermédiaires, à en juger par l'augmentation du nombre des commerçants. Alors?

Pourtant, il ne faut pas s'arrêter sur cette conclusion décourageante. Si l'action des coopératives de consommation n'est pas très apparente, elle est potentielle, comme on dit, en ce sens que si elles n'étaient pas là, les prix seraient encore plus élevés; elles servent dans une certaine mesure de frein au commerce partout où elles sont assez développées.

On a souvent remarqué que dans les villes où il y a de puissantes sociétés de consommation les prix du commerce s'en ressentent. Je disais tout à l'heure que les sociétés vendaient au prix courant du commerce, oui, mais d'autre part, elles contraignent dans une certaine mesure les commerçants à suivre leurs cours. Leurs prix ont le même effet — et plus certains — que celui de la taxation administrative (1).

Je n'en citerai qu'une preuve amusante; c'est une annonce relevée dans un journal il y a quelques temps. C'était pour un fonds de commerce à vendre dans une petite ville et le vendeur avait mis dans son annonce : « point de coopérative dans la localité ». N'était-ce pas une façon de dire à l'acquéreur : vous pourrez faire payer plus cher?

Au reste, le rôle des coopératives de consommation n'est pas uniquement ni principalement de faire baisser les prix; je voudrais même que l'enseignement qui se dégageât de tout ce cours c'est que la hausse des prix n'a pas une si grande importance qu'on le pense. Que les prix soient élevés, ou qu'ils soient bas, c'est là une affaire d'habitude. La seule chose qui importe c'est la stabilisation des prix à n'importe quel niveau, à celui des prix actuels, si vous voulez. C'est la stabilisation des prix qui donne la sécurité à tout le monde : aux consommateurs, aux producteurs, aux vendeurs, aux rentiers, aux capitalistes, aux fonctionnaires et aux salariés. C'est d'ailleurs la seule raison qui a fait de l'or la monnaie universelle : c'est parce qu'on a eu foi dans la stabilité de sa valeur.

Or, un mode d'organisation économique qui, comme la

---

(1) En novembre 1924, le gouvernement anglais constitua une Commission chargée d'enquêter sur les conditions régissant le commerce de gros et de détail des articles alimentaires de consommation générale, en ce qui concerne particulièrement l'écart qui existe entre le prix payé aux producteurs et celui exigé des consommateurs. Cette Commission — qui, parmi ses membres comptait un seul représentant des consommateurs, le Directeur du Magasin de gros anglais, contre bon nombre de représentants des commerçants — a néanmoins reconnu expressément les services rendus par les coopératives, spécialement en ce qui concerne le pain et la viande.

coopération, exclut la poursuite du profit, qui n'a d'autre préoccupation que de maintenir l'équilibre entre la production et la consommation, entre l'offre et la demande, est un puissant instrument de stabilisation des prix, de même que les stabilisateurs des avions ou ceux qui à bord des navires ont pour effet d'atténuer le roulis. Si elles étaient assez puissantes elles stabiliseraient aussi la demande par une autre voie : par l'éducation des consommateurs, en les disciplinant et en les empêchant de faire ce qu'ils font aujourd'hui, comme un troupeau stupide, se ruant précisément du côté où les produits sont le plus rares, et souvent s'abstenant d'acheter là où il y a bon marché.

§ 3. — **L'action combinée des coopératives et des pouvoirs publics**

L'action des coopératives contre la cherté pourra devenir plus efficace si elle se combine avec celle des pouvoirs publics.

Dès le début de la guerre, cette heureuse entente s'est réalisée pour la vente de la viande frigorifiée. Jusqu'à cette date jamais un Français n'avait mangé de viande frigorifiée, quoiqu'elle fût beaucoup meilleur marché que l'autre, parce que les agriculteurs et éleveurs français avaient fait décider par le gouvernement que c'étaient des viandes malsaines et dont il fallait interdire l'importation. Mais alors les sociétés coopératives ont dit au gouvernement : Voici le moment de faire entrer les viandes frigorifiées; seulement, nous n'avons pas les moyens d'ouvrir des boucheries de viande frigorifiée.

Alors l'Etat s'est chargé de fournir la viande, qu'il prenait en Angleterre parce que nous n'avions pas de bateaux pour la transporter; la Ville a fourni les locaux pour la vente, et ce sont les coopératives qui ont été chargées de l'exploitation.

Voilà la collaboration dont je parlais tout à l'heure, et elle a parfaitement fonctionné.

Une autre collaboration des plus intéressantes a eu lieu pour les restaurants des grandes usines créées pendant la guerre. Pendant la guerre, la nécessité de faire des armes et des obus, par centaines de millions, a fait surgir sur certains points des agglomérations de population formidables. La population de la ville de Bourges s'est élevée subitement de 45.000 à 110.000, donc a beaucoup plus que doublé. De même, quoique dans de moindres proportions, Saint-Etienne, Lyon et les villes des environs de Paris. Il fallait nourrir ces ouvriers; les ressources locales n'y suffisaient pas. Alors le ministre de l'Armement, qui était à ce moment-là M. Albert Thomas, un coopérateur pratiquant, depuis lors directeur du Bureau International du Travail, a pris l'initiative de créer des restaurants dans chacune de ces grandes usines avec des capitaux qu'on demanderait aux patrons ou à l'Etat lui-même, et la gestion de ces restaurants fut confiée aux coopératives.

Ces restaurants ont fonctionné très bien. Il y en avait un à Boulogne, près Paris, qui était magnifique.

Ces expériences heureuses ne peuvent être éclipsées par l'échec des baraques Vilgrain. Nous espérons fermement qu'un jour viendra où, dans chaque ville, il y aura, à côté du commerce privé, un magasin qui sera, soit le magasin municipal, soit le magasin coopératif, et qui aura pour mission de faire respecter sur le marché le juste prix.

Et plus efficace encore si elle peut se combiner avec celle des associations agricoles de production. Malheureusement, quoique ce problème soit à l'ordre du jour depuis près de quarante ans, la solution est toujours pendante.

Un projet de loi avait été déposé récemment à la Chambre pour la création d'une Union coopérative mixte, composée de représentants à la fois des coopératives de consommation et des coopératives agricoles, et investi d'une sorte de caractère officiel, mais jusqu'à présent la Chambre n'a pas voté les crédits nécessaires (1).

---

(1) La Fédération Nationale de la Mutualité et de la Coopération agricoles a voté un ordre du jour ainsi conçu :

« Considérant :

« Qu'il importe de favoriser par tous les moyens les rapports directs entre producteurs agricoles et consommateurs,

« Que c'est là un moyen de favoriser la production agricole tout en contribuant à l'abaissement du prix de la vie,

« Que les résultats des expériences déjà tentées, tant en France qu'à l'étranger, tendent à démontrer que le meilleur procédé pour y parvenir serait de créer des Unions comprenant à

Mais si l'expérience des baraques Vilgrain n'a pas réussi au point de vue financier, il y en a beaucoup d'autres qui ont réussi, et même très bien. Il y a deux villes que je connais bien, parce que j'y ai vécu et que j'ai eu en mains tous les documents sur leurs expériences : la ville de Montpellier et celle de Nîmes. Dans ces deux villes les boucheries municipales qu'on avait installées ont marché parfaitement, elles n'ont pas été en perte : elles ont donné toute satisfaction au consommateur, comme qualité et comme prix. Dans toutes les villes où il y a eu des boucheries ouvertes par les soins de la municipalité, les prix du commerce privé ont été moindres que dans les villes où cette soupape de sûreté ne fonctionnait pas et où, par conséquent, les commerçants avaient libre carrière.

On peut donc regretter que ces municipalités n'aient pas cru, par égard pour le commerce local, devoir continuer l'expérience. On la reprendra certainement (1) : ce qu'on

---

la fois des coopératives de production agricole et des coopératives de consommation,

« Que la proposition Chanal, élaborée en plein accord avec les vœux émis à ce sujet par le Congrès de Bourg, répond à ces desiderata,

« Que le gouvernement antérieur avait d'ailleurs incorporé la dite proposition dans son programme de lutte contre la vie chère,

« Que la dotation du Crédit agricole a été récemment augmentée,

« Emet le vœu :

« Que le Sénat examine le plus rapidement possible la proposition Chanal,

« Que le gouvernement accepte de nouveau de la comprendre dans son programme,

« Et qu'en attendant la création d'une dotation spéciale, un prélèvement minime, destiné à faciliter son application immédiate — 5 millions, par exemple — soit autorisé sur la dotation du Crédit agricole. »

(1) En septembre, la municipalité socialiste de Toulouse, afin d'apporter un remède à la vie chère, vient de décider la création d'un marché quotidien.

Ce marché, dont les transactions seront surveillées par la municipalité, jouera le rôle de marché régulateur. L'administration s'est entendue avec le service des postes pour que les cours soient diffusés par T. S. F. au moyen d'émissions qui auront lieu chaque matin entre 8 et 9 heures.

Des haut-parleurs seront installés sur les grands marchés de Toulouse, afin de permettre au public de connaître à tout moment les cours.

appelle le socialisme municipal, et que je préférerais appeler « la coopération municipale », a un grand avenir. Seulement, pour parer aux abus que nous avons reconnus, il faudra séparer complètement l'entreprise économique du corps politique. Il faut que ces magasins municipaux forment des entreprises constituées industriellement, dans les mêmes conditions, avec les mêmes charges que les entreprises privées, et qu'elles n'aient pas la ressource trop commode d'aller puiser dans la caisse publique et de faire payer leurs fautes par les contribuables.

C'est de cette façon qu'on procède en Italie, où cette organisation a donné de très beaux fruits. Dans des centaines de villes italiennes, il y a ce qu'on appelle des *enti autonomi*, chargées de ce service économique. Elles sont constituées en dehors de toute préoccupation politique, par l'initiative des conseils municipaux, conseils de département, et aussi des sociétés coopératives, des syndicats ouvriers, des sociétés philanthropiques, toutes associations qui s'intéressent au bien public. Ces diverses organisations souscrivent le capital nécessaire pour créer ces entreprises, et naturellement ce sont elles qui les administrent.

TROISIEME PARTIE

La cherté considérée du côté monnaie

CHAPITRE PREMIER

LES CAUSES DE DÉPRÉCIATION DE LA MONNAIE

Nous avons dit que ce qu'on appelle le prix c'est un rapport d'échange : rapport entre la valeur d'une marchandise qui est vendue, et la valeur d'une monnaie — autrefois véritable marchandise, elle aussi, sous la forme d'une certaine quantité d'or ou d'argent, aujourd'hui purement conventionnelle sous la forme de papier-monnaie.

Tout rapport, comme nous l'apprend l'arithmétique, change si l'on modifie l'un ou l'autre des deux termes, soit que l'on agisse sur le numérateur, soit que l'on agisse sur le dénominateur. Le prix n'étant qu'un rapport, où le numérateur est représenté par la marchandise et le dénominateur par la monnaie, est donc soumis à la même règle et change dans les mêmes conditions.

Il est vrai que le public, s'il comprend parfaitement que le numérateur, c'est-à-dire la valeur des marchandises, puisse varier sans cesse, ne comprend pas aussi facilement que le dénominateur aussi, c'est-à-dire la valeur de la monnaie, soit susceptible de changer. Il pense que c'est là une valeur fixe et qu'elle ne change pas puisqu'elle sert de mesure aux autres. Et c'est bien, en effet, ce qui devrait être. Si les hommes ont choisi comme monnaie l'or c'est précisément parce qu'ils avaient foi dans la stabilité de sa valeur, et pendant bien des siècles il a assez bien joué son rôle. Mais pourtant, déjà même sous la forme or, il s'était montré assez instable; combien plus sous la forme de papier-monnaie!

1° *La loi quantitative.*

Cette instabilité dans la valeur de la monnaie — même de la monnaie métallique et à plus forte raison celle de la monnaie de papier — est l'effet de ce que les économistes nomment la « loi quantitative », loi que depuis la guerre tout le monde connaît ou est censé connaître. Je vais cependant la rappeler. Elle se formule en ces termes : 1° la valeur de la monnaie varie en raison inverse de sa quantité; — 2° toute variation dans la valeur de la monnaie agit d'une façon inverse, à son tour, sur les prix; — 3° donc toute variation en quantité de la monnaie détermine une variation directement proportionnelle des prix. Plus simplement : si la quantité de monnaie double, la valeur de la monnaie diminue de moitié; et la valeur étant réduite de moitié, il faudra donner deux pièces au lieu d'une pour la même marchandise, ce qui se traduira par cette expression : les prix ont doublé.

Cette loi quantitative avait fait l'objet, avant la guerre, de nombreuses critiques. La jeune génération des économistes cherche à se distinguer de l'ancienne en cherchant à prendre en défaut cette vieille loi. Il en est ainsi d'ailleurs dans toutes les sciences. Même quand il s'agit des mathématiques ou de la physique, nous voyons aujourd'hui les théories qui semblaient les plus sacrées mises en suspicion.

Cependant, nombreuses sont les confirmations que cette loi avait trouvées dans l'histoire économique. En trois circonstances surtout on a vu la loi quantitative s'appliquer d'une façon saisissante.

On l'a vu au XVIᵉ siècle, dans un monde qui était alors très pauvre en or et en argent parce que toutes les invasions des barbares et les guerres du moyen âge l'avaient dissipé : on a vu venir se déverser tous les galions du Nouveau-Monde chargés d'or et d'argent et la quantité de monnaie au cours du XVIᵉ siècle a augmenté dans des proportions énormes : elle a quintuplé. Qu'est-il arrivé? C'est que les prix ont également quintuplé, comme aujourd'hui. Comme on ne connaissait pas alors l'explication, ce fut un très grand étonnement pour les contemporains.

Une seconde fois, dans de moindres proportions, le même

phénomène s'est renouvelé. Ce fut en 1848, au moment de la découverte simultanée — coïncidence assez extraordinaire — des mines d'or de Californie et des mines d'or d'Australie. Ces deux régions minières ont jeté sur le marché une quantité d'or extraordinaire, telle qu'on n'en avait jamais vue. Durant les règnes précédents, la monnaie ordinaire était la monnaie d'argent, et surtout la grosse pièce de 5 francs, le vieil écu classique. Mais, sous Napoléon III, c'est-à-dire vers 1850, l'écu d'argent fut remplacé par les belles pièces de 20 francs qui sont restées pendant longtemps encore connues sous le nom de « napoléons ». Eh bien! cette abondance d'or a eu la même conséquence immédiate, une hausse des prix, quoique non dans les mêmes proportions qu'à la suite de la découverte du Nouveau-Monde.

A la fin du dernier siècle, le même phénomène s'est produit de nouveau. En 1895, par la découverte des gisements d'or du Transvaal, et à peu près en même temps, celle des mines de l'Alaska, la production de l'or se trouve quintuplée; elle passe de 500 millions de francs annuellement à près de 2 milliards 1/2, et de nouveau la hausse des prix! moindre cependant que les précédentes — elle n'a pas dépassé 30 % — parce que le nouveau flot d'or ne se déversait plus dans un réservoir presque vide comme celui du XVIᵉ siècle, mais dans un stock accumulé depuis trois siècles et où les variations de niveau étaient nécessairement de plus en plus faibles. Elle n'a même pas correspondu à l'accroissement de ce stock, car celui-ci a doublé de 1886 à 1900 tandis que la hausse des prix n'était pas même d'un tiers. C'est parce que l'accroissement de la quantité de monnaie trouvait, comme contre-partie, à cette époque, un grand accroissement du commerce et de l'industrie.

Enfin, la dernière guerre est venue donner à cette loi quantitative, dite surannée, une confirmation éclatante.

Si l'on inscrit en deux colonnes parallèles — ou si l'on représente sur un graphique par deux lignes horizontales — d'une part, les chiffres de la monnaie de papier en circulation, d'autre part les nombres indices aux dates correspondantes, on voit que les deux mouvements concordent, non exactement, cela va sans dire, mais de très près.

Pour ne pas abuser des chiffres, je n'en prendrai que trois : 1914, le point de départ; 1918, la fin de la guerre, l'armistice; et 1925, date actuelle.

Quelle était la quantité de monnaie existant en 1914, à la veille de la guerre?

Avant-hier, M. le président du Conseil, M. Herriot, à la Chambre, a dit qu'il y avait à cette date 6 milliards en billets et 5 ou 6 milliards en monnaie d'or ou d'argent, ce qui fait au total 11 milliards 1/2 de monnaie. Je crois que cette évaluation est un peu exagérée. Il y avait bien 5 milliards 800 millions de billets, mais il n'y avait pas 6 milliards de monnaie d'or ou d'argent en circulation. Il ne faut pas, en effet, oublier qu'il y avait une bonne partie de la monnaie qui était enfermée dans les caves de la Banque, environ 4 milliards.

Or, l'or et l'argent enfermés dans les caves de la Banque n'ont aucune action sur les prix; ils sont comme s'ils étaient encore au fond des mines. Si donc on déduit la quantité de monnaie qui dormait dans les caves de la Banque, celle restant en circulation ne devait pas dépasser 4 milliards; ajoutez-les aux 6 milliards de billets et vous arriverez au chiffre de 10 milliards, chiffre rond, facile à retenir et que nous pouvons sans erreur prendre comme base.

Passons à la date de 1918, au moment de la fin de la guerre, quel était alors le chiffre des billets émis? Il était de 29 milliards.

Et à l'heure actuelle, février 1925, il est de 41 milliards.

Si vous traduisez, comme on doit le faire, ces chiffres concrets par des nombres indices (ce sera chose facile puisque le point de départ était 10 et que vous n'avez, par conséquent, qu'à ajouter un zéro à chacun des chiffres que je viens d'indiquer) vous avez les nombres indices suivants :

1914	....	100
1918	....	290
1925	....	410

Voilà donc les nombres indices qui mesurent en pourcentage la quantité des billets émis.

Cherchez maintenant sur la liste des nombres indices des prix, qui sont publiés périodiquement dans les journaux d'économie politique, aux mêmes dates, vous trouverez les suivants :

        1914 (chiffre de base) ...   100
        1918   344
        1925 (janvier)   408

Ainsi donc, 410, nombre indice de l'émission des billets; 408, nombre indice des prix. On ne peut vraiment rêver plus parfaite coïncidence, surtout si l'on songe que l'économie politique n'est pas du domaine des sciences mathématiques (1).

2° *L'inflation et ses causes.*

Quant aux causes qui ont déterminé cette inflation, la principale, et même la seule durant la première année, a été les emprunts de l'Etat qui faisait émettre des billets par la Banque de France au fur et à mesure de ses besoins. C'est ainsi que la Banque lui a prêté successivement jusqu'à 23 milliards, et aux Etats alliés, sous la garantie de l'Etat français, 5 milliards; donc, en tout, 28 (1). Mais dans ces dernières années l'émission des billets a augmenté sans emprunts nouveaux de l'Etat, simplement par le fait de la croissance automatique de toute inflation. En effet, dès que la dépréciation commence, le besoin de billets pour le public augmente nécessairement en raison même de la hausse des prix qui en est la conséquence — en sorte qu'on en arrive à cette situation paradoxale où, la presse à billets

---

(1) Au jour où ces pages vont à l'imprimerie, le maximum légal de l'émission des billets vient d'être relevée à 51 milliards. Mais le montant émis à ce jour ne dépasse guère 47 milliards (47.165 millions, octobre 1925), ce qui porte le nombre indice de la quantité monnaie de 410 à 470.

Mais aussi, le nombre indice des prix, qui était de 408 sur le tableau de la page précédente, se trouve relevé à 431 (septembre) pour les prix de détail, et de 509 à 570 pour les prix de gros. La théorie quantitative se trouve confirmée une fois de plus, quoique moins exactement que pour la période antérieure.

marchant jour et nuit, la monnaie fait néanmoins défaut. Tel a été le cas pour l'Allemagne.

Si, au lieu de prendre pour exemple la France, nous prenons les autres pays d'Europe qui, ayant participé à la guerre, ont eu recours, plus ou moins, au papier-monnaie, ce serait la même chose. Nous ne voulons pas multiplier les chiffres, mais si je les inscrivais au tableau, vous verriez qu'en Russie, en Allemagne, en Pologne, en Autriche, la multiplication de la monnaie a dépassé toute imagination, s'exprimant par des chiffres suivis de 6, de 9, et même de 12 zéros. Et qu'ont fait les prix? Ils ont suivi le mouvement et ont monté dans les mêmes proportions. Il y a eu des moments où ce fut un spectacle extraordinaire que de suivre, non pas seulement de mois en mois, mais d'heure en heure, cette course vertigineuse entre l'émission des billets et le nombre indice des prix.

En Autriche, il y a trois ans, avant que la couronne autrichienne eût été stabilisée, le cours du dollar, c'est-à-dire la monnaie d'or qui sert d'étalon, montait à raison de 21 couronnes par jour.

En Pologne, fin 1923, le prix du dollar augmentait au taux de 68 marks par minute.

Quant à l'Allemagne, elle a dépassé tous les autres pays; au moment de l'adoption du mark d'or, dans les derniers mois de l'année 1923, on a vu le dollar monter à raison de milliers de marks par seconde. Ce sont des vitesses de l'ordre astronomique.

Eh bien! les prix suivaient, et avec une telle rapidité que les ouvriers voyaient leur paye, touchée le samedi soir, réduite au centième le lundi matin.

On ne peut donc pas trouver confirmation plus éclatante de la loi quantitative, c'est-à-dire l'influence prépondérante qu'exercent les variations de la monnaie sur les prix.

Est-ce à dire que les prix n'ont obéi absolument qu'aux variations de la valeur de la monnaie? Evidemment non; maintes fois on a constaté des variations de prix qui ne correspondaient pas à celles de l'émission; elles tenaient donc à d'autres causes, propres à chaque marchandise. C'est ainsi, pour ne citer qu'un exemple, que depuis l'année 1920 jusqu'à la date d'aujourd'hui la quantité de papier-monnaie en circulation n'a que peu augmenté — il y avait 39 milliards de billets à la fin de 1920, il y en a près de 41 milliards aujourd'hui — et pourtant le nombre indice des prix, qui était de 420 en 1920, a subi de fortes variations : il n'y a donc pas eu parallélisme, mais au contraire divergence entre les deux mouvements. Et même, dans l'intervalle qui s'est écoulé entre 1920 et 1922 il s'est produit une baisse des prix considérable, d'un tiers environ, et très soudaine. Or cette baisse ne peut s'expliquer par une variation dans la quantité des billets, car celle-ci était restée à peu près stationnaire; elle tenait donc à d'autres causes qu'à une variation de la monnaie (1) (voir ci-après, p. 204).

Depuis la guerre, tout le monde aujourd'hui est familiarisé avec cette idée de l'inconstance de la monnaie. Depuis que dans tous les pays, on a vu la valeur de la monnaie s'effondrer plus ou moins, on sait bien que cette valeur peut changer. Mais c'est une acquisition intellectuelle qui est relativement récente; car bien longtemps et même pendant toute la durée de la guerre on peut dire que le public, en dehors naturellement des spécialistes, financiers, économistes ou gens d'affaires, n'a regardé qu'à un seul aspect de la hausse des prix : celui du côté des marchandises. Il n'a pas soupçonné qu'il pût y en avoir un autre. Oui, de 1914 à 1918 et même jusqu'en 1920, quand on voyait monter les prix, on disait philosophiquement : ce n'est pas étonnant, c'est la guerre! On ne regardait que les causes qui agissaient sur le prix des marchandises et qui, en effet, étaient très frappantes — nous les avons exposées tout à l'heure — tandis que l'autre cause, celle qui déjà agissait sur la valeur de la monnaie, dans l'espèce la monnaie de papier, passait tout à fait inaperçue.

---

(1) Dans un savant article de la *Revue d'Economie Politique* de juin 1925, sur la théorie quantitative, M. le professeur Ajtalion cite plusieurs cas de « discordances » entre le chiffre de la circulation et le nombre indice des prix et en conclut même, quoique avec beaucoup de réserves et de distinctions, que l'interprétation antiquantitative semble plus conforme aux faits observés que l'interprétation quantitative ».

Il faut dire que le gouvernement a fait un gros effort pour que le public ignorât cette cause-là, afin de ménager le crédit public. Non seulement il a évité qu'on ne dît que la monnaie était dépréciée, mais il a fait promulguer une loi dont j'ai déjà parlé bien souvent dans ces cours, la loi du 12 février 1916, qui punissait des peines les plus sévères (6 jours à 6 mois de prison, 100 à 5.000 fr. d'amende) ceux qui changeaient de la monnaie métallique, or ou même argent, contre des billets, en recevant ou en payant une prime, c'est-à-dire en réalisant une différence de valeur entre les deux. Ou bien encore, était considéré comme un délit et puni comme tel, le fait d'un vendeur de vendre à des prix différents selon qu'il était payé en or ou en billets. Je rappelle l'anecdote de la vente d'un bœuf, que j'ai citée dans la leçon d'ouverture.

Ce dédoublement de prix, qui aurait averti le public qu'il y avait une dépréciation de la monnaie et que la hausse des prix ne tenait pas exclusivement ni même principalement à une cherté des marchandises, c'est-à-dire qui exprimait la pure vérité, était puni sévèrement.

« Il faut que le civil tienne », disait-on dans une formule célèbre. Eh bien! un bon moyen pour qu'il tînt c'est qu'il crût que le billet de banque était immuable.

Il faut dire aussi que ce qui entretenait l'illusion du public, lui laissant ignorer les causes de cherté agissant sur la monnaie, et même pouvait lui faire croire à la stabilité de la monnaie, c'est que le moyen de constater les variations lui faisait défaut. En effet, c'est par le cours du change que l'on constate et que l'on mesure la dépréciation de la monnaie nationale, car il indique la valeur qu'on lui attribue à l'étranger, et c'est là sa valeur réelle; car la loi peut bien, comme je viens de le dire tout à l'heure, décréter par un mensonge légal que la monnaie conservera sa même valeur dans les relations entre nationaux, mais cette loi-là n'a aucun effet à l'étranger, et c'est pourquoi dans les Bourses des places étrangères on cote la monnaie d'après sa valeur réelle : le change la révèle donc.

Eh! bien, ce qui est remarquable, et même déconcertant, c'est que jusqu'à la fin de la guerre la valeur de la monnaie française — du billet de banque, puisque c'était la seule désormais — n'a que très peu baissé. Alors que déjà la hausse des prix en France était considérable et que par conséquent le franc avait perdu beaucoup de son pouvoir d'achat à l'intérieur, le franc n'avait que très peu baissé sur les marchés étrangers.

La hausse des prix pendant la guerre, a été assez rapide; voici les nombres indices. Ce sont les nombres indices des prix de gros; ceux-ci sont les plus sûrs quand il s'agit de mesurer les variations de la monnaie :

1914.....................	100 chiffre de base de juillet.
1915..................	143
1916..................	193
1917..................	267
1918..................	346
1919..................	364
1920..................	520

Les prix ont donc quintuplé. Cela revient à dire, si vous traduisez ces nombres indices par la dépréciation correspondante du franc, que comme pouvoir d'achat le franc ne valait plus que 72 centimes en 1915, 53 centimes en 1916, 38 centimes en 1917, 29 centimes en 1918, et 20 centimes en 1920.

Mais tandis qu'il perdait ainsi successivement les 2/3, les 3/4, les 4/5 même de sa valeur, comme pouvoir d'achat en marchandises, au contraire sur le marché international le franc perdait beaucoup moins. Voici quels ont été les cours du franc sur la place de Genève, aux mêmes dates. La place de Genève est très commode pour cette comparaison, parce qu'à la différence de New-York ou de Londres, l'unité monétaire c'est le franc, le même nominalement que le nôtre, et par conséquent on n'a pas l'embarras de convertir des livres ou des dollars en francs; et en outre parce que le franc suisse est resté tout le temps au pair de l'or, aussi bien que le dollar, ou n'a baissé que très peu et très peu de temps.

Or, voici quelle a été la cote du franc en Suisse. Pour permettre la comparaison du premier coup d'œil, je mets en regard, sur trois colonnes parallèles, les nombres indices déjà cités tout à l'heure, le pouvoir d'achat du franc correspondant à ces nombres-indices, la cote du franc à la Bourse de Genève (juillet de chaque année) :

	nombres indices.	pouvoir d'achat.	change à l'étranger.
1914	100	100	100
1915	143	70	97
1916	193	52	89
1917	267	37	84
1918	346	29	70
1919	364	27	84

Ainsi, en 1915, la seconde année de la guerre, le franc n'avait perdu que 3 % au change, alors qu'il perdait près d'un tiers de son pouvoir d'achat; en 1916, il n'avait perdu que 11 % au change, tandis qu'il avait perdu près de la moitié de son pouvoir d'achat.

Arrêtons-nous ici un moment. Nous voici en 1919; la guerre finie, alors que les prix avaient triplé en France et même plus que triplé, et que par conséquent le franc avait perdu près des 3/4 de sa valeur comme pouvoir d'achat, il n'avait perdu encore que 1/6 de sa valeur à l'étranger!

C'est là ce qui explique dans une certaine mesure cette illusion du public et l'entretenait. Quand il regardait ce que valait le franc à l'étranger et voyait que le franc se soutenait, il se disait : Ce n'est pas la faute du billet de banque s'il y a une hausse des prix! c'est la faute de la guerre et de toutes les calamités qu'elle a déchaînées et qui agissent sur la valeur des choses.

Comment expliquer cette stabilité relative du franc pendant la guerre? Pourquoi la dépréciation à l'étranger n'a-t-elle pas suivi la dépréciation du pouvoir d'achat à l'intérieur?

A première vue, c'est un problème assez énigmatique mais on peut l'expliquer, je crois, pour deux raisons.

Une raison purement économique : c'est parce que les armées alliées, anglaises et américaines, qui étaient venues en France, par millions d'hommes, dépensaient des sommes énormes et, pour payer ces dépenses, elles apportaient des livres anglaises et des dollars américains qu'elles devaient changer contre des francs; par conséquent, ce change incessant de monnaie étrangère contre la monnaie française soutenait le cours du franc.

Et puis, il y a une raison d'ordre psychologique ou politique : c'est qu'on attendait la victoire de la France — qui est venue en effet. Sur la cote des changes l'influence des facteurs moraux est très puissante.

Ce n'est qu'à partir de 1920 que les yeux se sont ouverts et qu'on a appris, ce qui a été une véritable révélation pour le grand public, que la plus grande partie de cette cherté tenait à une dépréciation de la monnaie.

S'il l'avait su plus tôt, il n'est pas dit qu'on eût vu ce beau mouvement d'enthousiasme qui a fait que, de 1915 à 1916, sur la demande du Gouvernement, les Français sont venus apporter 2 milliards 300 millions en belles pièces d'or, de Napoléon ou de République, à la Banque de France, en échange de billets de banque. Je ne veux pas déprécier leur patriotisme : je veux croire qu'ils auraient apporté tout de même leur or, même s'ils avaient su que le billet qu'ils recevaient en échange avait déjà perdu moitié de sa valeur, et que par conséquent la pièce de 20 francs d'or valait déjà près de deux billets de 20 francs.

Mais il faut avouer qu'ils ne s'en doutaient pas. Et les malins qui s'en sont doutés ont gardé leurs pièces d'or, qu'ils vendent aujourd'hui aux trafiquants d'or, dont chaque jour les journaux nous apprennent les opérations et les condamnations.

On peut même se demander si le Gouvernement n'aurait pas été plus avisé de reconnaître franchement les choses comme elles étaient, et de dire, comme d'autres gouvernements n'ont pas craint de faire, l'Autriche notamment : à ceux qui m'apporteront de l'or, je donnerai la prime marquée par le cours du change. Il aurait recueilli beaucoup plus d'or, peut-être le double, et ce sacrifice pour le présent aurait peut-être sauvegardé la valeur du billet dans la suite.

Il est vrai que le Gouvernement ne pouvait guère le faire après avoir fait voter la loi qui punissait de prison et d'amendes les particuliers qui recevaient 40 francs de billets en échange de 20 francs d'or. Il lui aurait fallu se poursuivre et se condamner lui-même.

Mais à partir de 1920, les choses ont changé, la réalité

a apparu et le public n'a plus pu se faire d'illusions. Pourquoi? Pour deux raisons :

D'abord parce que le Gouvernement lui-même, à la tribune de la Chambre, quand il s'est agi par exemple, de l'indemnité de guerre allemande, des paiements pour réparations, et en maintes autres occasions, a bien été obligé de reconnaître que la monnaie en billets de banque avait perdu une grande partie de sa valeur.

Secondement, parce qu'à partir de ce moment, le cours du change a baissé rapidement. Voici la suite du tableau ci-dessus, que nous avions arrêté à la date de 1919 :

	nombres indices.	pouvoir d'achat.	change. à l'étranger.
1920	520	19	45
1921	352	28	47
1922	334	30	40
1923	428	23	38
1924	499	20	27

On remarquera cependant que le change n'a suivi que d'assez loin le nombre indice. En 1921, le franc n'avait encore perdu que la moitié de sa valeur à l'étranger, tandis qu'il perdait près des 3/4 de son pouvoir d'achat à l'intérieur. Mais les chiffres des deux colonnes se rapprochent et aujourd'hui ils coïncident presque (1).

Il n'y eut plus moyen de se faire illusion.

Pourquoi cette chute du change? Parce que les causes qui soutenaient le cours du franc avaient cessé d'agir. Les armées alliées avaient quitté la France : loin de recevoir des dollars et des livres, nous avions dorénavant à en payer à nos alliés créanciers. Et quant au prestige de la victoire, il s'est évanoui précisément à l'heure où celle-ci s'est réalisée, laissant la France financièrement épuisée, écrasée par les dépenses des réparations, et s'évanouissant le mirage de l'indemnité de guerre allemande.

---

(1) A l'heure actuelle (octobre 1925) le franc est tombé à 23 centimes et le nombre indice est monté à 567. Et malheureusement la baisse de l'un et la hausse de l'autre semblent s'accentuer.

3° *Quelle est la part de l'inflation dans la hausse des prix actuelle?*

Maintenant que nous connaissons les causes qui peuvent agir sur les prix, tant du côté des marchandises que du côté de la monnaie, il serait intéressant de savoir quelle est la part respective de ces deux causes dans la hausse des prix actuelle. Il semble que nous ayons un moyen de nous en rendre compte : nous n'avons qu'à comparer les nombres indices des prix dans les différents pays, en divisant ces pays en deux catégories :

d'une part, les pays où la valeur de la monnaie a dû rester stable, parce qu'ils n'ont pas eu recours à l'inflation, et que leur monnaie n'a pas augmenté en quantité; ce sont généralement ceux qui sont restés neutres pendant la guerre, ou qui quoique belligérants, ont bénéficié de circonstances favorables au point de vue financier, comme les Etats-Unis;

et d'autre part, les pays qui, au contraire, ont été obligés de recourir à une grande émission de monnaie.

Prenons quelques pays types dans chacune des deux catégories et comparons leurs nombres indices, à la date actuelle et sans remonter en arrière pour ne pas allonger les colonnes :

Pays à monnaie saine.		Pays à inflation.	
Angleterre	177	France	518
Suisse	170	Belgique	569
Suède	167	Italie	676
Hollande	161	Tchécoslovaquie	1.031
Etats-Unis	158		

On voit pour les pays inscrits dans la seconde colonne les nombres indices varier de 500 à plus de 1.000. Et encore n'avons-nous pas inscrit les pays à véritable inflation, tels que l'Allemagne, la Russie, l'Autriche, parce que pour ceux-ci les nombres indices auraient dû être exprimés par des nombres de 9 ou 12 chiffres, mais ils sont rentrés aujourd'hui dans la voie normale, au pair de l'or.

Au contraire, on voit pour les cinq pays de la première colonne, combien les chiffres sont voisins, quoique ces pays soient si éloignés les uns des autres et si différents par leur situation économique. Pour eux la hausse des prix se maintient entre un minimum de 158 et un maximum de 177 (moyenne 167).

Néanmoins, on voit que même dans les pays qui n'ont pas subi l'inflation et où la quantité de monnaie n'a pas augmenté, les prix ont augmenté des deux tiers environ. Pour ces pays-là, il semble donc qu'on ne puisse expliquer la hausse que par des causes propres aux marchandises et non pas par une cause spéciale à la monnaie.

On pourrait donc dire, semble-t-il, comme conclusion grossièrement approximative, que dans le nombre indice actuel de la France 167 % seulement représente la majoration due à l'action des causes énumérées ci-dessus comme agissant sur la valeur des marchandises, et tout le restant, soit 518 — 177 = 351, environ les 5/6, serait dû à la dépréciation du franc?

Et pourtant, même dans ces pays étrangers, la hausse des prix n'aurait-elle pour cause aussi une dépréciation de la monnaie, non point de la monnaie de papier, puisque heureusement pour eux, ils n'ont pas eu à la multiplier — mais de la bonne monnaie, de l'or lui-même?

Ce qui invite à le croire c'est l'uniformité de cette hausse dans tous les pays où la monnaie restait au pair de l'or. Si réellement la cause de cette hausse devait être cherchée dans quelques-unes des causes naturelles que nous avons étudiées précédemment — soit les droits de douane, soit les intermédiaires, soit la spéculation, soit les impôts, soit la réglementation du travail — comment serait-il possible que des causes aussi différentes pussent affecter ces pays dans la même mesure?

Cette uniformité dans la hausse nous révèle d'une façon indiscutable qu'il doit y avoir ici non pas des causes multiples, mais une cause unique qui agit sur les prix dans le monde entier et cette cause unique où la trouver sinon dans une variation de la monnaie elle-même, c'est-à-dire de l'étalon qui mesure les valeurs.

Reste à savoir pourquoi la monnaie d'or, ou la monnaie au pair de l'or, aurait perdu de sa valeur? Sa quantité a-t-elle augmenté? Au contraire, la production des mines d'or est moindre qu'avant la guerre. Oui, mais si la quantité d'or n'a pas augmenté ou même a diminué, matériellement parlant, elle se trouvera néanmoins en quantité surabondante pour les besoins si on ne la demande plus. Et tel est le cas, en effet. L'or n'a pas augmenté en quantité dans le monde, mais il a perdu de son utilité par une raison bien simple : parce que l'on ne s'en sert plus. On ne l'emploie plus, non seulement dans les pays comme le nôtre qui sont au régime de la monnaie dépréciée, mais même dans les pays où il abonde. On ne s'en sert plus même aux Etats-Unis, qui ont accaparé à eux seuls les deux tiers de l'or de la terre entière. On ne s'en sert plus même en Suède, où naguère l'or abondait de telle façon qu'on y a défendu l'importation de l'or. On ne voit plus l'or nulle part; il est rentré sous terre, comme à l'époque où il se trouvait dans les mines du Transvaal ou de l'Alaska. Il y a d'ailleurs des preuves directes de cette baisse de valeur de l'or : en voici une seule. Pendant la guerre, les mines d'or du Transvaal ont fait de très mauvaises affaires. S'il y a parmi vous quelqu'un qui soit actionnaire de ces mines, il n'ignore pas que ces mines du Transvaal n'ont plus distribué de dividendes.

Ce serait assurément une conclusion exagérée de dire que la dépréciation de la monnaie (métallique ou de papier) est la cause unique de la hausse des prix, car s'il en était ainsi, la hausse des prix serait la même pour toutes les marchandises et dans toutes les localités : une cause unique ne pourrait produire que des effets identiques. Si la loi de gravitation agissait seule, tous les corps, plume ou balle de plomb, tomberaient avec la même vitesse. Or, il n'en est pas ainsi puisque nous savons tous — et d'ailleurs les statistiques du mouvement des prix nous le montrent — qu'il y a des différences notables dans la hausse des prix, selon qu'il s'agit de prix de gros ou de prix de détail, de matières premières ou de denrées alimentaires, de la ville ou de la campagne, et même nous voyons, au milieu de la hausse générale des prix, ceux de certains produits rester stationnaires ou descendre — le vin par exemple en ce moment, tandis que pour d'autres, comme le coton, la hausse dépasse de beaucoup le nombre indice. Il faut donc en conclure qu'en dehors de la cause générale, qui est bien la dépréciation de la monnaie, il y a des causes spécifiques propres à chaque marchandise et qui sont celles rentrant sous la formule générale de l'offre et de la demande, ou celles spécifiées dans les chapitres de la première partie de ce cours.

Mais néanmoins, vous voyez combien est restreinte la part de cherté due aux causes si nombreuses considérées du côté des marchandises précédemment énumérées et qui font presque seules l'objet des préoccupations du public et des discussions dans la presse et au Parlement — et par conséquent combien sera restreinte l'action des remèdes, que l'on imagine sans cesse contre la cherté.

CHAPITRE II

LES REMÈDES CHERCHÉS DANS L'ASSAINISSEMENT DE LA MONNAIE

Si, comme nous avons essayé de le démontrer, la principale cause de la hausse des prix — et peut-être même pourrait-on dire en ce qui concerne la France, la presque unique cause — c'est la dépréciation du franc, il semble évident que pour lutter efficacement contre la cherté, le principal sinon l'unique remède, ce sera de chercher les moyens de relever le franc.

Or, c'est là une tâche qui n'est au pouvoir d'aucun de nous; l'Etat seul peut le tenter. Et encore le problème est-il beaucoup plus complexe, non seulement en pratique, mais même en théorie, qu'il le semble à première vue.

Les solutions proposées sont innombrables. Mais je n'en vois que trois bien délimitées — le troisième toutefois pouvant prendre deux formes différentes.

§ 1. — **La déflation**

La première, qui est la plus simple, en théorie tout au moins, c'est de défaire ce qui a été fait.

Puisque la hausse des prix actuelle tient au fait que la quantité de monnaie en circulation a été quadruplée — de 10 ou 11 milliards qu'elle était avant la guerre, s'étant élevée à 43 milliards aujourd'hui — il suffirait de faire machine en arrière, c'est-à-dire de ramener la quantité de monnaie en circulation au chiffre d'avant la guerre, à une dizaine de milliards.

Il ne serait même pas nécessaire de revenir au chiffre ancien, car il faut tenir compte de la hausse réelle des prix, celle indépendante de la dépréciation du franc, celle due peut-être à la dépréciation de l'or, celle en tout cas qui existe dans tous les pays, même ceux à monnaie saine, comme nous l'avons vu tout à l'heure. Cette hausse, que j'appelle réelle, étant en moyenne de 70 %, il faudrait 17 milliards de monnaie d'or actuelle pour équivaloir à 10 milliards de la même monnaie avant la guerre : Il suffirait donc, pour faire remonter le franc au pair de l'or, au niveau du franc ancien, de ramener la circulation de 45 à 17 milliards - soit 28 milliards environ de trop-plein à faire disparaître. Cela fait, les prix devraient revenir, sinon au niveau d'avant la guerre, du moins à celui des pays ayant une bonne monnaie et la cherté n'aurait été qu'un fâcheux épisode qui serait classé dans l'histoire économique.

Cette solution est connue sous un nom emprunté à la langue anglaise et depuis peu connu de tout le monde : c'est la *déflation*, c'est-à-dire le système inverse de l'*inflation*. L'inflation c'est augmenter sur le marché la quantité de monnaie, la déflation c'est au contraire la diminuer.

Cette solution est préconisée par tous ceux qui ont en France une autorité quelconque, tous les ministres des finances, tous les présidents du Conseil, tous les directeurs et secrétaires de la Banque de France, tous les organes de la presse économique et de la grande presse libérale, tous les membres de la Société d'économie politique, de l'Institut, etc. Tous disent : il n'y a pas autre chose à faire, il ne faut pas hésiter; on y mettra le temps qu'il faudra, il faudra compter plusieurs années, mais l'intérêt et la dignité de la France ne nous laissent pas d'autre solution. Et cette solution paraît s'imposer avec d'autant plus d'autorité que la plupart des pays belligérants l'ont déjà réalisée, non seulement l'Angleterre, mais l'Allemagne, la Pologne et même la Russie.

Ce n'est pas moi qui critiquerai cette solution : je l'appellerai plutôt « la solution héroïque », car elle suppose un très noble effort.

La déflation aurait certains avantages qui sont indiscutables. D'abord en ce qui concerne le change, c'est-à-dire les rapports avec l'étranger. Cette solution nous permettrait de nous libérer vis-à-vis de l'étranger avec des francs qui auraient repris leur valeur d'avant la guerre; ainsi chaque dette d'un dollar ne nous représenterait plus qu'une dette de cinq francs, cinq francs d'or, au lieu de représenter 19 francs comme aujourd'hui (1). Ce serait une grande facilité pour les achats que nous sommes obligés de faire à l'étranger — 40 milliards d'importation! — et plus encore pour le remboursement des dettes contractées durant la guerre vis-à-vis de l'Angleterre et des Etats-Unis — 3 milliards de dollars d'un côté, plus de 600 millions de livres de l'autre — qui représentent environ 30 milliards de francs d'or, mais 130 à 140 milliards de notre franc actuel.

Et la déflation mettrait fin sinon à un danger, du moins à une humiliation, celle d'une expropriation de nos richesses artistiques par les étrangers. Vous voyez tous les jours dans les journaux des ventes de tableaux, tapisseries, livres rares, bijoux, où les acquéreurs sont des étrangers qui surenchérissent avec leurs dollars ou leurs livres et ne craignent pas de payer tel tableau 600.000 francs, puisqu'ils n'ont à débourser que 30.000 dollars. Le retour au franc d'or arrêterait cette fuite.

Mais en regard de ces avantages, il faut signaler les difficultés et même les dangers de cette solution.

D'abord il ne me paraît pas démontré qu'elle apportât le principal bienfait qu'on en attend, à savoir, la fin de la cherté. L'économiste qui fait la chronique financière du *Temps* dit : « plus la valeur du franc augmentera, plus elle agira dans le sens de la baisse ». Mais je n'en suis nullement convaincu, ou, du moins, il faut s'entendre. Sans doute il y aura une baisse nominale des prix en ce sens que les prix en francs or s'exprimeraient par des chiffres très inférieurs aux chiffres actuels, mais ces nouveaux chiffres représenteraient probablement une valeur supérieure à la valeur actuelle. Pour plus de clarté disons ceci : grâce à la déflation les prix deviendraient à peu près

____

(1) Au jour où ceci s'imprime, le dollar est à 22 francs.

les mêmes que ceux que nous payons quand nous allons en Suisse, 10 francs, par exemple, une journée de pension; mais ces 10 francs nouveaux représenteraient une valeur notablement supérieure au prix de pension français, qui varie entre 20 et 30 francs. Tout Français qui voyage en Suisse comprend cela (1).

Au reste, l'expérience de l'Allemagne et de la Pologne revenues à la monnaie d'or confirme cette prévision. Tout y est beaucoup plus cher qu'en France et plus cher qu'avant la guerre.

Il faut surtout considérer l'effort fiscal que cette solution suppose. En effet, pour ramener le chiffre de 45 milliards de billets existants au chiffre de 10 ou même 17 milliards, il faut, nous avons dit, supprimer 28 milliards de francs billets. Mais comment faire? Il n'est pas un de ces billets qui n'appartienne à quelqu'un; pensez-vous que leurs possesseurs seront disposés à les jeter au feu pour supprimer l'inflation ou, dans un élan patriotique, à les remettre à l'Etat en lui disant : autant de moins! J'ai vu dans un journal que quelqu'un — un étranger d'ailleurs — avait accompli ce beau geste; mais vous ne pensez pas qu'il pourrait être généralisé jusqu'à concurrence de 28 milliards.

Il y aurait un autre moyen auquel vous n'auriez certainement pas pensé et qui imposerait ce sacrifice aux porteurs de billets par la force, moyen qui a été employé en Tchéco-Slovaquie, par le ministre Razin — mais qui l'a peut-être payé de sa vie, car il a été assassiné — et aussi en Grèce, je crois. Il consiste à réduire de moitié la valeur des billets tout simplement en coupant les billets en deux; ainsi, de 45 milliards on réduirait la dette à 22 milliards. C'est un procédé de déflation par amputation, un peu brutal : autrement dit, une banqueroute (2)

-----

(1) Voir le premier chapitre, page 10.
(2) Si l'on traduit les nombres indices de tous les pays en francs d'or, on voit que le nombre indice de la France est le plus bas, avec celui de la Belgique. Voici la comparaison entre quelques pays :

Etats-Unis	162
Suisse	161
Angleterre	160
Italie	144
France	138

Si l'on ne veut pas recourir à ces mesures révolutionnaires ou, si l'on veut, mesures de salut public, il n'y
a qu'une catégorie de billets qui puisse être détruite : ce
sont ceux que l'Etat a empruntés à la Banque et qu'il lui
rapporterait en lui disant : je n'en ai plus besoin, vous
pouvez les mettre au pilon. Or, il y en a pour une forte
somme : 22 milliards prêtés à l'Etat français (plus 5 aux
Etats étrangers, avec garantie de l'Etat français). C'est
juste le chiffre nécessaire pour une déflation complète.

Mais pour que l'Etat puisse rapporter à la Banque ces
22 ou 27 milliards, de billets, il faut qu'il y ait des ressources
correspondantes, c'est-à-dire il faut qu'il trouve des excédents dans son budget, excédents qui lui permettraient de
rembourser peu à peu la Banque par annuités. C'était bien
son intention; il y a même une loi qui date du premier
emprunt et qui obligeait l'Etat à rembourser deux milliards
au minimum par an à la Banque de France à partir de
l'armistice jusqu'à complet remboursement. L'Etat a commencé, après un long retard; il a remboursé une fois les
deux milliards, puis un milliard, puis un autre, puis il s'est
arrêté, à bout de souffle (1). En effet, ses budgets, bien
loin d'être en excédent, étaient en déficit de plusieurs
milliards, déficits qu'il ne pouvait combler que par des
emprunts. Alors à quoi bon rembourser d'une main quand
on emprunte de l'autre? C'est le travail des Danaïdes, con-
damnées à remplir un tonneau percé (1).

Pour rembourser la Banque, il faudrait donc que l'Etat
majorât les impôts dans une proportion suffisante non seulement à combler les déficits mais à créer des excédents.

Or, est-il désirable, pour arriver à supprimer ou à diminuer l'inflation, d'accabler les contribuables de nouveaux impôts? C'est une question discutable et il est
certain que si on faisait voter les contribuables, ils répondraient tous par la négative (2).

---

(1) La dette de l'Etat vis-à-vis de la Banque avait été pourtant
ramenée de 27 milliards, en 1919, à 22 fin 1924. Mais elle vient
de remonter à 31 milliards depuis l'emprunt de juillet 1925.

(2) Ne pourrait-on affecter à ce remboursement l'annuité à
payer par l'Allemagne et qui doit prochainement s'élever à
1 milliard 300 millions de marks or? Sans doute ce serait le
meilleur emploi. Malheureusement elle sera absorbée par
d'autres trous à boucher, et d'abord par le paiement de nos
dettes à l'Angleterre et aux Etats-Unis.

La solution de la déflation ne se heurte pas seulement à des difficultés de réalisation, mais elle expose à des risques graves.

D'abord si, comme l'affirment ceux qui la préconisent, elle a pour effet une baisse des prix, cette baisse même sera une crise dont on ne peut mesurer la portée. Vous représentez-vous ce que serait la situation économique si demain, ou à bref délai, les prix actuels tombaient au quart des prix actuels? Pour s'en faire une idée, il suffit de se rappeler ce que fut, sur une plus petite échelle, la crise de 1920. A cette époque, par suite de causes qui ne sont pas encore éclaircies, une baisse notable des prix, près de 30 %, se déclancha : commencée au Japon, elle fit en quelques mois le tour du monde, de l'est à l'ouest, en passant par l'Amérique. Qu'avons-nous vu alors? Une allégresse générale? Tout le monde criant : voilà enfin la délivrance! Point du tout! Mais ce cri : voilà la catastrophe! En effet, faillites, fermetures d'usines, chômage, tout le cycle des crises, s'est déclanché — et même aussi la mévente! Les acheteurs cessaient d'acheter, résultat paradoxal et qui a déconcerté toutes les prévisions de l'Economie politique, car nous avons toujours enseigné que toute baisse des prix avait pour effet une augmentation de la demande.

Mais l'Economie politique ignorait un facteur psychologique qui s'est révélé surtout durant la guerre, l'état d'âme du consommateur qui le pousse à forcer ses achats quand les prix montent, par crainte qu'ils ne montent encore plus, et inversement à suspendre ses achats quand les prix baissent, dans l'espoir que demain ils baisseront encore plus!

Le risque d'une crise de mévente n'est pas encore le plus grave. Ce qui est grave c'est le trouble que la déflation va créer dans le monde des salariés — ouvriers ou fonctionnaires.

Si l'opinion publique accepte volontiers cette idée d'une déflation, c'est qu'elle n'y voit que la perspective d'une diminution du coût de la vie, mais il ne vient à l'esprit de personne qu'elle pût produire le même effet sur les revenus. Chacun, inconsciemment, pense bien conserver le même revenu. C'est une illusion. Si les prix baissent, tous les revenus, salaires, profits, traitements, devront baisser dans la même proportion. C'est une contradiction que de supposer une baisse des prix tant que la somme des revenus reste la même. Si tous les Français continuent à toucher les mêmes revenus, alors ils apporteront sur le marché la même quantité de billets et, par conséquent, les prix ne baisseront pas. Car les revenus et les prix ou, si vous voulez, les recettes et les dépenses, représentent des quantités égales.

Dire que les prix ont baissé des 3/4, c'est dire que les vendeurs — que ce soient les marchands, les patrons ou des ouvriers vendeurs de leur main-d'œuvre — ne toucheront comme bénéfice, profit ou salaire, que le 1/4 du taux actuel. Il est vrai qu'on leur dira que ce quart a la valeur du tout, mais ils ne le croiront pas. Quand on leur dira : « Il faut que nous ramenions vos salaires au taux d'avant-guerre, puisque nos prix de vente redescendent aux chiffres d'avant la guerre. Vous touchez vingt francs, vous n'aurez plus que cinq francs » — le résultat sera la grève générale. Même en supposant que le taux des salaires soit réglé d'après le nombre indice des prix, conformément au système de l'échelle mobile que nous avons exposé, restera à savoir par lequel des deux, des salaires ou des prix, la baisse devra commencer?

Et les fonctionnaires, dont on vient de relever les traitements, pensez-vous que ce sera facile de les ramener aux traitements d'avant guerre! Avant-hier j'ai lu dans un journal que le Sénat, en votant l'énorme augmentation de traitements de 1.600 millions, avait stipulé que cette augmentation serait soumise à revision en 1927, ce qui veut dire qu'à cette date on verra si le franc a remonté et, si oui, on supprimera l'augmentation. Je plains le ministre qui sera chargé de porter aux Chambres cette revision!

Enfin, le danger de la déflation, et le plus grave, c'est la faillite de l'Etat. Les engagements contractés par lui vis-à-vis de ses prêteurs sont en francs légaux, c'est-à-dire en francs tels qu'ils se comporteront au jour du paiement : tant que le franc n'est que du franc-papier au cours actuel de 0 fr. 25, l'Etat est libéré en les payant tels quels : tant pis pour le crédit-rentier. Mais s'ils redeviennent francs d'or, l'Etat devra payer en francs d'or. Pensez-vous que l'Etat puisse payer 22 milliards d'intérêt annuellement en francs d'or — ou rembourser en francs d'or les 140 milliards de sa dette à court terme! Comment voulez-vous qu'il puisse faire payer aux contribuables 34 milliards d'impôts (chiffre actuel du budget) en francs or, alors que par suite de la baisse des prix, leurs revenus seraient redescendus au chiffre d'avant la guerre? C'est précisément à ce chiffre de 33 à 35 milliards qu'on évaluait le total des revenus des Français!

Et même en supposant que l'Etat pût supporter cette charge effroyable, il en résulterait un avantage scandaleux pour les rentiers de l'Etat, du moins pour tous ceux qui ont souscrit aux emprunts de guerre en versant des francs papier. Pour ne citer qu'un exemple, prenons l'emprunt qui a été émis l'année dernière, en obligations émises au cours de 1.000 francs et remboursables à 1.500 francs dans dix ans. Supposons que dans dix ans le franc soit revenu au pair de l'or, comme nous le font espérer tous les hommes officiels, en ce cas, le souscripteur à l'emprunt de novembre 1923 qui a versé 1.000 francs en billets papier valant exactement 270 francs d'or, recevra dans dix ans 1.500 francs d'or, soit six fois ce qu'il a versé! Ne serait-ce pas là un « bénéfice de guerre » et à ce titre ne devrait-il pas être soumis au même prélèvement que celui exercé par l'Etat sur les bénéfices de guerre des industriels et commerçants?

Si l'on veut la déflation il faut alors qu'elle ait pour correctif la réduction — ou, si l'on préfère l'appeler ainsi, « la conversion obligatoire » des rentes émises depuis la guerre, en tenant compte de la valeur du franc au jour de la souscription. Si on revient au franc or, il sera juste d'y revenir rétroactivement aussi pour le passé (1).

----

(1) Il est vrai que les premiers emprunts de la guerre ont été souscrits alors que le franc n'était pas encore aussi bas; cependant le pouvoir d'achat moyen du franc pour les 5 emprunts de guerre était de 0,50 (voir p. 202), le retour au franc or ferait donc gagner aux rentiers 100 pour 100.

§ 2. — L'Inflationisme

Il y a une seconde solution qui est exactement l'inverse de la première; c'est ce que pourrait appeler la « solution casse-cou », celle des inflationistes, qui disent : il n'y a pas à s'inquiéter de l'augmentation de l'émission des billets. Mieux vaut cette solution que d'écraser le pays d'impôts. Sans doute, les prix monteront, mais ce ne sera pas un mal; ce sera un stimulant puissant pour l'industrie, les ouvriers ne craindront plus le chômage. Ce sera aussi une prime à l'exportation française, car la hausse des prix à l'intérieur ne compensant pas, en général, la dépréciation de la monnaie, les prix dans les pays à inflation restent au-dessous de ceux du marché mondial. Et ainsi les Etats à monnaie dépréciée peuvent plus facilement vendre leurs produits dans les Etats à monnaie d'or.

Voyez l'Allemagne! elle a multiplié ses billets jusqu'à ce que son mark représentât non pas, comme actuellement en France, le quart de son mark ancien, mais la trillionnième partie, douze zéros! Eh bien, elle n'en est pas morte et même son commerce et son industrie ont retrouvé leur prospérité d'avant-guerre.

Oui, mais elle a fait une banqueroute totale, car ce ne sont pas seulement les dettes de l'Etat, mais aussi les dettes des particuliers qui se sont volatilisées. Je ne suis pas de ceux qui croient que la banqueroute de l'Allemagne a été préméditée, elle peut avoir pour excuse la défaite, mais la France n'a pas cette excuse! un peuple vainqueur se doit à lui-même de ne pas perdre cette victoire par une telle défaite financière.

L'inflationisme n'est donc qu'une solution catastrophique, et immorale aussi. Je ne dis pas qu'elle ne puisse être avantageuse, de même qu'il peut être très avantageux pour un commerçant de faire faillite, et même il en est qui sont arrivés à la fortune en en faisant cinq ou six successives : il peut en être de même pour les Etats. Ils sont très nombreux, dans l'histoire financière, les Etats d'Europe, et surtout de l'Amérique du Sud, qui ont fait faillite — la France elle-même à l'époque des assignats.

Evidemment, si la France d'aujourd'hui pouvait se libérer d'un coup de balai de sa dette de 400 milliards en capital et 20 milliards d'intérêt, supprimer du même coup les deux tiers des impôts et, cela fait, repartir d'un pied léger, ce serait un immense soulagement, non seulement pour l'Etat mais pour le pays tout entier. Seulement ce serait une libération payée trop cher, ce serait la payer par la ruine de notre crédit national! Aussi, faut-il rendre cet hommage à l'opinion publique en France qu'elle est absolument hostile à l'inflation.

§ 3. — **La stabilisation**

Reste une troisième solution, que l'on appelle « la stabilisation ».

Ce mot est assez clair par lui-même. C'est dire au gouvernement : Ne tentez pas pour le moment l'effort héroïque d'un rétablissement, n'essayez pas de remonter la pente, mais contentez-vous de faire votre possible pour ne pas glisser à l'abîme. C'est bien là ce que s'efforce de faire en ce moment le Gouvernement : il se cramponne au barreau de l'échelle à laquelle le franc est suspendu et auquel il se trouve à peu près stabilisé depuis trois ans.

Cette stabilisation elle-même peut se réaliser sous deux formes différentes qu'il nous paraît nécessaire de distinguer.

Elle peut se faire sous forme légale, officielle; il faudrait pour cela qu'une loi change l'unité monétaire française. C'est ce qu'on appelle la dévalorisation. Il sera, par exemple, décrété par la loi que le franc, au lieu d'être défini « un lingot d'argent de 5 grammes au titre de 9/10 », ne sera plus qu'un « lingot d'argent de 1 gr. 1/4, c'est-à-dire frappé au quart du franc ancien — et le franc d'or sera 8 centigrammes d'or au lieu des 32 centigrammes qui constituent aujourd'hui son poids. Il y aura donc une nouvelle unité monétaire française, qui correspondra au quart du franc ancien.

Que pensera le public quand on lui dira : « Le franc dorénavant n'est que le 1/4 du franc ancien? Par conséquent, s'il vous reste une pièce d'or de 20 francs, elle vaut maintenant 80 francs nouveaux; ou s'il vous reste des pièces d'argent de 5 francs, elles valent désormais 20 francs nouveaux. Les 5 milliards qui se trouvent dans les caisses de la Banque de France valent maintenant 20 milliards de francs nouveaux : c'est une magnifique encaisse », et qui serait presque suffisante pour couvrir la circulation des billets de 41 milliards, car elle représenterait plus que la proportion généralement admise, qui est de 1/3 : on pourrait donc abroger le cours forcé. Le public ne sera-t-il pas un peu déconcerté? On pourrait peut-être, pour éviter le trouble et la confusion dans l'esprit du public, changer le nom de la monnaie; on trouverait facilement dans notre histoire monétaire quelque nom ancien : on n'aurait que l'embarras du choix. Le mieux serait de reprendre la « livre », qui était l'unité monétaire française jusqu'à la Révolution et est restée le nom classique dans bon nombre de pays. C'est ce qu'a fait la Russie : sans supprimer le nom du rouble, qui ne désignait plus qu'une valeur quasi nulle, elle a créé ou plutôt ressuscité, car il avait eu cours dans le passé, le tchernovetz, qui vaut dix roubles anciens, soit 26 fr. 60 (en francs d'or), l'équivalent de la guinée anglaise; et la Russie est repartie sur ce nouveau pied. Le public a parfaitement accepté la monnaie nouvelle.

La Pologne a fait de même. A vrai dire, elle n'avait plus de monnaie nationale puisqu'elle n'était formée que de provinces de la Russie, de l'Allemagne et de l'Autriche, et elle n'avait par conséquent que les monnaies de ces pays, selon la région, rouble, couronne ou mark. Il lui a donc été facile de les balayer et de les remplacer par une unité monétaire nouvelle qui s'appelle le zloty; c'est exactement l'équivalent de l'ancien franc français ou, si vous voulez, du franc suisse qui a gardé sa valeur d'autrefois. Puis la Pologne est repartie avec sa nouvelle monnaie.

Mais l'Allemagne, tout en jetant aux vieux papiers son ancien mark, en a gardé le nom. Seulement, le mark nouveau représente un trillion de marks anciens.

Evidemment, ce système de « dévalorisation » (on dit aussi de la « dévaluation ») est tout de même une banqueroute partielle. Vous allez payer toutes vos dettes, que vous soyez l'Etat ou un simple particulier, avec des francs nouveaux qui seront censés avoir le même pouvoir libératoire que les francs anciens, mais qui en réalité représenteront seulement le quart de l'ancien franc.

Vous avez entendu parler de la banqueroute « des deux tiers », qui eut lieu sous la Révolution au moment des assignats, ou, comme on dit aussi, la banqueroute « du tiers consolidé ». Le gouvernement se trouvait à cette époque dans la même situation qu'aujourd'hui, elle était même bien pire, il dit à ses crédit-rentiers : « Je ne peux pas vous régler la totalité de votre dette avec les francs nouveaux (qui furent établis après le régime des assignats): mais je vous remettrai, en échange de votre créance, 1/3 en rente payable en bonne monnaie et, pour les deux autres tiers, vous vous contenterez des assignats, c'est-à-dire de billets qui ne valaient rien du tout ». C'était donc bien une banqueroute des deux tiers.

Si on avait recours aujourd'hui au système de la dévalorisation, on pourrait l'appeler la banqueroute des « trois quarts » mais on trouverait cette récidive mauvaise.

Il est vrai qu'on pourrait alors dire aux rentiers : « Le quart qu'on vous donne vaudra autant que le tout que vous avez aujourd'hui. De quoi vous plaignez-vous? De ce qu'en échange de la situation actuelle on vous donne une pièce d'un franc qui ne vaut que le quart du vrai franc, du franc d'or? Mais que représente aujourd'hui votre titre de cent francs, au cours de la Bourse? Pas même 50 francs, et pas même 15 francs d'or; si donc on vous donne un titre de 25 francs mais en nouveaux francs, qui vaille 25 francs anciens, 25 francs or, vous y gagnerez! Ils répondront : C'est vrai, au cours actuel, mais nous avions l'espoir de voir rémonter et le cours de la rente et le cours du franc, tandis que par la dévalorisation, vous nous retirez toute chance de plus-value, vous consolidez définitivement notre perte (1).

On comprend donc bien que l'Etat ait quelques scrupules à édicter une dévalorisation légale; l'Etat démonétisant lui-même sa monnaie, cela rappelle trop les procédés fameux de nos rois, dits faux-monnayeurs, alors que pour diminuer le poids de leurs dettes ils faisaient frapper de nouvelles monnaies dont le poids ou le titre étaient diminués.

---

(1) Le système d'emprunt de M. Caillaux, annoncé au moment où s'impriment ces pages, est une sorte de stabilisation. Il assure au souscripteur une rente au moins égale à sa valeur actuelle, évaluée en livres sterling; et, tout en le garantissant contre toute dépréciation future, il lui laisse la chance de plus-value si le franc remonte au pair.

Mais on peut s'en tenir alors à la stabilisation de fait.

Cette solution de la stabilisation de fait a été réalisée en Autriche. L'unité monétaire autrichienne, qui est la couronne (presque exactement la valeur du franc or, 1 fr. 05), était tombée au 1/10.000 de sa valeur. Néanmoins, l'Autriche ne l'a pas dévalorisée ni remplacée par une autre monnaie, mais par une sage politique elle a réussi à la stabiliser à ce taux. Depuis plusieurs années, elle ne s'en écarte que très peu sur la cote des changes. Il est vrai que ce n'est pas commode dans la pratique d'avoir une unité monétaire exprimée par 4 chiffres, mais on en est quitte pour supprimer trois zéros sur les catalogues, sur les menus de restaurants, et dans toutes les additions — et cela n'a pas d'importance (1).

En France aussi on peut dire que la stabilisation du franc est à peu près obtenue depuis plus de deux ans; regardez la cote des changes, de préférence la cote de Genève, parce que la Suisse a la même unité monétaire que la France, vous verrez que le cours du billet de cent francs oscille aux environs de 27 francs. Il y a un an, il y eut une brusque chute du franc que l'on a attribuée, à tort ou à raison, à des manœuvres financières, qui le fit tomber presque à 20 centimes, mais trois mois après il avait repris son cours de 27 francs environ. Si donc on traçait sur le tableau noir la ligne indiquant les variations du franc depuis deux ans, vous verriez qu'en dehors de cette brusque chute de janvier 1924 le franc s'est à peu près stabilisé au quart de sa valeur ancienne.

Eh bien, il n'y a qu'à le surveiller et éviter toute augmentation de billets qui pourrait précipiter la chute du franc. Il s'agit de manœuvrer entre ces deux écueils — d'une part faire disparaître les déficits des budgets, afin de n'avoir pas à recourir à l'inflation — mais d'autre part éviter les impôts trop lourds ou trop vexatoires qui auraient pour résultat de déterminer les évasions de capitaux. Telle est bien la politique du Gouvernement.

Sans doute cette politique n'a rien d'héroïque et ne

______

(1) Cependant, en décembre 1924 la couronne a été remplacée par une unité nouvelle, égale au shilling anglais, qui vaudra 10.000 couronnes anciennes.

mérite pas ce qualificatif que je décernais à la solution de la déflation. Elle vit au jour le jour et s'inspire de la maxime anglaise *wait and see,* attendre et voir venir. Elle n'exclut pas l'espoir de ceux qui conservent la foi dans le relèvement éventuel de notre monnaie; s'il se réalise, tant mieux; mais, en attendant, elle ne croit pas devoir imposer au pays les sacrifices qui seraient nécessaires pour forcer ce relèvement, parce qu'elle estime que le résultat serait payé trop cher pour ce qu'il vaut.

Cette politique s'inspire surtout de ce principe que nous avons maintes fois rappelé, à savoir que ce qu'il faut chercher ce n'est pas la baisse ou la hausse des prix — que ce soit l'une ou l'autre, tout le monde finit par s'y adapter, bien ou mal, affaire d'habitude — mais c'est la stabilisation des prix. Ce qu'il y a de grave ce sont les variations de prix, qui ruinent tour à tour les débiteurs ou les créanciers, les vendeurs ou les acheteurs, les producteurs ou les consommateurs, l'Etat ou les contribuables.

La stabilité, voilà le bien inestimable que la monnaie d'or a procuré au monde pendant tant de siècles.

Comme c'est la nature seule qui l'a créé et que, par une dispensation qui semble providentielle, la nature ne le sort de ces cachettes, cet or, qu'avec une sage parcimonie au fur et à mesure des besoins — car n'est-ce pas un hasard heureux que les découvertes des mines d'or n'aient eu lieu qu'aux époques où les besoins du commerce les rendaient nécessaires? — il en est résulté que les variations de l'or, tant en quantité qu'en valeur, ont été très lentes, à peine sensibles, et qu'ainsi son règne a donné aux hommes et aux peuples le sentiment de la sécurité.

Néanmoins, même en la supposant réalisée, cette stabilisation ne voudra point dire que nous puissions revenir aux prix d'avant-guerre. La guerre de 1914 aura marqué une chute définitive dans la valeur de la monnaie d'or.

De même que sur les graphiques par lesquels les statisticiens représentent le mouvement des prix, on voit la découverte de l'Amérique, et la révolution monétaire qui a suivi, marquée par une brusque montée, de même ceux qui dans l'avenir traceront de nouveau la ligne des prix ne manqueront pas de faire remarquer un formidable « à pic » de 1914 à 1920, et ainsi le souvenir de la grande guerre restera inscrit à jamais dans l'histoire des prix.

Mais qu'importe? Elle laissera bien d'autres traces, hélas! plus funestes.

Je dirais même, comme conclusion, qu'il ne faut pas s'exagérer l'importance que peut avoir pour les destinées économiques d'un pays la dépréciation de sa monnaie et la hausse des prix.

Un professeur d'économie politique, M. Colson, qui est aussi président au Conseil d'Etat, a prononcé ces jours derniers, à l'Institut, une phrase qui a fait scandale dans la presse et dans le monde officiel — et dont on lui a imposé la rétractation, comme à Galilée : « Nous marchons à l'abîme; ce n'est plus qu'une question de jours ou de semaines. »

Je ne serai pas aussi pessimiste; d'abord parce qu'il n'est pas encore certain que notre franc marche à l'abîme, mais aussi parce que même s'il y était précipité, eh bien! il en remonterait. L'abîme monétaire n'a jamais englouti aucune nation. Ils sont nombreux les pays qui ont passé par ces périodes de dépréciation de l'unité monétaire et de sarabande des prix, toutes les Républiques de l'Amérique du Sud et la France elle-même à l'époque des assignats. Ils sont innombrables les pays qui ont connu la maladie de l'inflation; mais si l'inflation est une maladie fâcheuse, ce n'est pas une maladie mortelle; aucune nation n'en est morte. Hier, l'Allemagne, la Pologne, la Russie, l'Autriche, pour ne citer que les grands pays, avaient touché précisément le fond de cet abîme, que voyait s'ouvrir notre éminent collègue. Elles n'y sont pas restées!

Les vraies richesses d'un pays ne sont pas investies dans sa monnaie d'or, ou d'argent, ni moins encore dans des chiffons de papier monnaie. Ce sont là des instruments de mesure. Qu'importe que le baromètre soit détraqué, cela change-t-il le temps qu'il fait? Les vraies richesses d'un pays ce sont la fertilité de sa terre, les ressources de son sous-sol, les forces naturelles dont il dispose, le travail de ses habitants, le génie de sa race, et ces richesses-là demeurent intactes quand le papier a été balayé.

15

TABLE DES MATIÈRES

DEUXIÈME PARTIE

LA CHERTÉ CONSIDÉRÉE DU COTÉ MARCHANDISE

TROISIÈME PARTIE

LA CHERTÉ CONSIDÉRÉE DU COTÉ MONNAIE

L'ÉMANCIPATRICE, 3, RUE DE PONDICHÉRY, PARIS (XVᵉ) — 6588.11.25